中国の公的医療保険など保険制度にかかわる計量分析

－滋賀大学リスク研究センター東アジア保険プロジェクト報告－

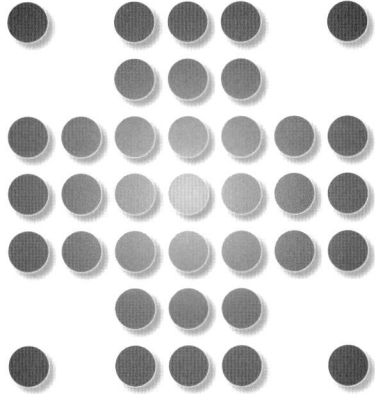

編著 久保 英也

はじめに

　世界経済の牽引役として中国の経済成長が著しい。ただ，すべての国がそうであるように，高い経済成長の裏には社会格差と環境負荷というマイナス面を伴う。また，経済のテイクオフ期に公平な競争条件を整えられる国は少なく，今日の格差が明日の格差につながる社会構造を内包するのが普通である。中国が真の大国になるために，これらの問題にどのように取り組むのか，その試金石になるのが国民の最優先事項である公的医療保険制度はじめ，社会保険制度の設計と運営である。日本ではあたり前の国民皆保険制度を名実ともに動かすには，①社会の不安を抑えるために必要な経済成長率の確保，②大きな地域間経済・社会格差の存在，③11億人（2013年の15歳以上人口）を一つの制度に組み入れる困難，④日本と同水準の高齢化社会到来までの少ない時間，という制約条件をクリアーする必要がある。中国においては，公的医療保険制度など社会的な保険制度の設計は試行錯誤の連続であろうことは想像に難くない。たとえば，国民が自由競争により一斉に成長に向って走り出す中で，病院経営の急速な市場化を進め過ぎ，適正な医療サービスの供給に失敗したこともある。

　公的医療保険制度のない社会は，人生のリスクへのセーフティーネットがないことを意味し，人口の7割を占める農村部では，未だに「看病難，看病貴」，「因病致貧，返貧」（病気で貧困になり，病気で貧困に戻る」と言われる厳しい現実が残っている。中国政府も賛否両論が激しく対立していた市場化を進め過ぎた医療制度改革の失敗を認め，改めて新医療制度改革では医療衛生事業を極めて公益性の高い制度と位置付けている。そして，国民皆保険という基本医療衛生制度を公共財として全国民に提供することを基本理念に置いている。そうであれば，現状を冷静に見つめ，新しい知恵を出し合う時期が到来していることになる。

本書では，中国農村部をカバーする公的医療保険制度である「新型農村合作医療保険制度（以下，新農合と呼ぶ）」の格差問題等の課題に加え四川大地震以降議論が進む中国地震保険制度のあり方や一部で実施されている環境賠償責任保険制度の問題点など保険諸制度について，計量分析を基礎に冷静に議論を進めていく。今後，同保険制度を公私一体となり支える民間の生命保険会社についても，効率性の観点から議論を進める。

　このため，本書の特徴として，①大半の章で比較的平易な計量分析を用い，多面的な切り口を用意したこと，②日本と中国の研究者がそれぞれの国のデータを融通しあい，また分析手法を共有化する中で進めた「国際共同研究」であること，が挙げられる。中国の壮大な社会実験や試行錯誤は逆に日本の社会保険制度や保険教育にも示唆を与えると考えられる。

　本書の構成は，11章からなる。まず，第1章から第4章は，中国農村部の公的医療保険制度である新農合における格差を多面的に分析した。次に，第5章から第7章は公的制度を側面から支える日本と中国の生命保険会社の効率性分析にあてた。残りの章は幅広く保険制度にかかわる内容とした。すなわち，第8章は，保険数理のベースとなる死亡率推計手法の改善提案を，第9章と第10章は，医療保険制度に次いで関心の高い中国の地震保険制度や環境汚染責任保険制度を取り上げた。そして第11章は，逆に中国の充実した大学における保険教育から日本の教育への示唆とした。

　具体的には，第1章と第2章は，新農合の制度の現状を概括すると共に地域格差の課題を明確化する。分析手法ではDEA（Data Envelopment Analysis）を用いて，新農合の給付効率（保険料と給付額の関係）や運営効率を分析している。そこでは，①重病による入院を優先的な保険給付対象とした結果，外来診療給付を排除せざるを得なかった新農合の問題点の明確化，②地域ごとに異なる運営がなされる同制度の地域間効率性の比較，③公平かつ効率的な医療保険制度への提案，を行った。

　第3章では，更に分析を進め，農村部と都市部住民を20の収入階層に分け，

医療保険サービスの受益額や未入院の状況についての格差分析を行い，第4章は，中国全土の平均像ではわからない問題点を一つの省の制度を詳しく分析することで明確にしようと試みた。対象とした省は国際共同研究を進めている東北財経大学（大連市）が位置する遼寧省である。ここでも倍差分析やティエル指数などを用いて新農合の制度運営の矛盾点を明確化した。

なお，1章から4章で分析した中国医療システムの課題については，ミネルヴァ書房から2014年4月に刊行される『中国における医療保障改革―皆保険実現後のリスクと提言』（久保英也編著）においてさらに詳細な分析と具体的な提言がなされている。

第5章から第7章は，公的医療保険制度を高額医療保障や医療事務の面から支える日中の民間生命保険会社の効率性についてDEAと確率的フロンティア生産関数という2つの代表的な計量分析手法を持ち込み分析した。多くの教訓を有する日本の生命保険会社の行動を軸に，中国の生命保険会社の経営戦略や今後の保険会社監督のあり方などを探る。

第8章は，やや切り口を異にする。中国の公的医療保険や民間の生命保険は標本数が制約となり安定的な保険料率の算定が難しい状況が存在する。標本数が少なく歪な死亡率統計を補正し，正しい系列に修復する新たな方策を検討する。そして，①修正後のデータ系列が観測データから大きくは乖離していない，②常に先験情報を使用すること，③そのデータ系列は円滑な序列であること，という3条件を満足する数学的スムージング手法を提案する。

第9章では，四川大地震以降，中国国内で検討が進んでいる新たな中国の地震保険制度について日本の経験を生かした提案を行う。また，難しいとされる地震保険の保険料も試算し，普及可能性を探った。

第10章では，既に動き出している中国の環境汚染責任保険制度における対象地域設定は同環境保険の効果に大きな影響を与えるが，実施地域設定に伴う問題点をDEA（Data Envelopment Analysis）を用いて明確にした。

終章となる第11章では中国の諸制度を日中比較で分析していく中で，実は日

本が，中国から学ぶ点も多いことに気付いた。代表的なものは大学における保険教育のあり方である。戦略的に保険分野を重要とする中国の大学での保険教育に焦点を当て，日本への示唆を探った。

　本書の刊行に至るまでに，実に多くの方の善意に浴した。とりわけ国際共同研究に理解を示していただいた中国側の東北財経大学の李維安元学長，馬国強副学長，邢天才金融学院学院長，そして，日本側の佐和隆光滋賀大学学長と北村裕明理事・副学長の誰一人が欠けてもこのような国際共同研究の進展はなかったと思われる。また，これらの共同研究を実質的に進めていただいた東北財経大学の劉波金融学院副学院長，董普副教授，そして日本語が堪能で共同研究を運営する大役を担っていただいた劉暁梅公共管理学院教授と施錦芳国際経済貿易学院副教授にはこの場を借りて深謝したい。

　一方，滋賀大学リスク研究センタースタッフである山本清子氏，高木一葉氏，同スタッフで現在中国の青島で日本語高校教師を務める北川美菜氏，そして膨大な翻訳を迅速に手掛けてくれた滋賀大学大学院経済学研究科に在籍した董妹宏氏や法律事務所で活躍する張露露氏，中国工商銀行に勤務している华毓（カイク）氏，滋賀大学経済学部卒でKDDI Singaporeに勤務している宋琦（ソウキ）氏にお礼を申し上げたい。

　なお，出版をお引き受けいただいたサンライズ出版社の岩根順子社長並びに多くのご配慮と的確なアドバイスをいただいた同社藤本秀樹氏に深甚な謝意を表したい。

　最後に，この本の出版に際し，丹羽宇一郎伊藤忠商事株式会社元会長並びに文部科学省からご支援を賜ったことに感謝の意を記したい。

2014年3月　琵琶湖の湖畔にて

滋賀大学大学院経済学研究科教授
滋賀大学経済学部附属リスク研究センター長
東アジア保険プロジェクトリーダー　　久　保　英　也

前　言

发挥着世界经济龙头作用的中国经济的增长异常显著。但是，正如所有的国家都面对的一些问题，高度经济增长的背后总是伴随着诸如社会差距与环境污染的负面问题。而且，在经济起飞期间公平竞争条件比较完善的国家是很少见的，通常都是今天的差距隐含着牵涉到明天的差距的社会结构。若要使中国成为真正意义上的强国，将如何面对这些问题呢？其试金石就在于如何设计和运行国民的头等大事社会医疗保险制度以及各种社会保险制度。若要名副其实地去驱动在日本看来是天经地义的国民皆保险制度，首先，为社会的稳定要确保相应的经济增长率；其次，有必要消除巨大的地区之间经济、社会差距的存在；其三，需要解决将11亿人（2013年15岁以上人口）统一收进一个制度里的困难；其四，必须应对老龄化社会与日本达到同等水平时的时间很短等制约条件。不难想象，在中国社会医疗保险制度等社会性的保险制度的设计，是需要反复试验历经多次失败的。比如，国民在通过自由竞争竞相朝着增长目标飞奔的过程中，医院经营就因过度推进快速市场化而在提供恰当的医疗服务方面有过某些失误。

一个没有社会医疗保险制度的社会，就意味着在人生应对风险中没有一个安全网。在约占总人口一半的农村，如今还存在着"看病难、看病贵"，"因病致贫、返贫"的严峻现实。中国政府也承认一直以来由赞成和反对两种意见激烈争论的，关于过度推进医疗市场化所造成的医疗制度改革的失败。并在新的医疗制度改革中将基本医疗卫生制度定位在公益性极强的位置上。而且，将国民皆保险这种基本医疗卫生制度作为公共财产提供给全国人民的理念设定为基本理念。只有这样才能迎来理性地关注现状，相互挖掘新的智谋的时代。

在本书中，除了覆盖中国农村社会医疗保险制度的"新型农村合作医疗保险制度（以下简称新农合）"的差异问题等课题之外，对因四川大地震而加快讨论进程的中国地震保险制度的现状，以及已有部分开始实施的环境污染赔偿责任保险制度的问题点等诸多保险制度，以计量分析为基础进行理性的分析。今后，对将该保险制度由公私共同来支撑的民营的寿险公司也要从效率观点来展开大讨

论。

为此，作为本书的特点可列举如下两点：第一，在多半的章节里使用比较通俗的计量分析方法，准备了多视角的切入点；第二，中日双方的研究人员将各自国家的数据融合在一起，并通过共享分析方法开展了"国际共同研究"。可以说中国宏大的社会实践以及反复试验历经多次失败，反过来对日本的社会保险制度以及保险教育亦有启示。

本书由 11 章构成。首先，第 1 章至第 4 章从多视角分析了中国农村社会医疗保险制度在新农合方面存在的差异。其次，第 5 章至第 7 章分析了从侧面支撑社会制度的日本与中国的寿险公司的效率性。其余章节则为大篇幅涉及保险制度的内容。即，第 8 章为对保险计算之基础的死亡率测算方法提出改善建议；第 9 章与第 10 章为关注度较高，仅次于医疗保险制度的中国地震保险制度以及环境污染责任保险制度；第 11 章为中国完善的大学保险教育对日本的保险教育的启示。

第 1 章与第 2 章，在概括新农合的制度现状的同时，明确区域间差异问题。分析方法采用 DEA（Data Envelopment Analysis）的方法分析了新农合的拨付效率（保险费与拨付额的关系）以及运行效率。具体如下三点：（1）明确了优先拨付给因重病住院为对象的结果，造成了将外来就诊者排除在外不拨付给他们的新农合问题；（2）该制度的运行因地而异，其区域间效率性比较；（3）对公平且高效的医疗保险制度的建议。

第 3 章，将农村与城镇居民划分为 20 个收入阶层，对医疗保险服务的收益额以及非住院情况下的差异进行了分析；第 4 章，从全国的平均值很难搞清的问题，我们试图通过详细分析一个省的数据去搞清它。选择的省份为我们共同研究的合作单位东北财经大学（大连市）所在省辽宁省。在此我们也使用了倍差以及泰尔指数等方法明确了新农合制度运行的矛盾点。

第 5 章至第 7 章，就从高额医疗保障以及医疗事务层面给予社会医疗保险支撑的中国民营的寿险公司的效率，进行中日比较的同时，纳入 DEA 与基于柯布·道格拉斯生产函数这两种典型的计量分析方法进行了分析。主要以积累了大量成

功与失败经验教训的日本的寿险公司的运行为例，探索中国的寿险公司的经营战略以及保险公司的监督管理模式。

第 8 章，略变换切入点。中国的社会医疗保险以及民营的寿险，因受到标本数量的制约测算其稳定的保险费率目前是比较困难的。修正其因标本数量较少而导致有些变异的死亡率统计，探讨将其纳入正确系统中的新的对策。并提出能满足如下三个条件的修匀的数学方法：(1) 修正后的数据系列与观测数据无太大的差异；(2) 总是使用已检验过的数据；(3) 其数据系列为完整的序列。

第 9 章，对四川大地震后，中国国内也积极推进的新的中国地震保险制度提出日本的经验。并探索了较有难度的地震保险的保险费测算及普及的可能性。

第 10 章，已开始启动的中国环境污染保险制度对象区域的选择对环境污染保险的效果有着很大的影响。使用数据包分析法（Envelopment Analysis）明确了伴随实施区域的选择出现的问题点。

终章第 11 章，在通过中日比较分析中国的各种制度中，我们意识到实际上日本要向中国学习的地方也很多。最具代表性的就是大学的保险教育的现状。我们以从战略角度重视保险领域的中国大学里的保险教育为核心，探索了对日本的启示。

本书得以付梓出版，承蒙各方大力支持。尤其对我们共同研究给予理解并大力支持的中方的东北财经大学李维安时任校长、马国强副校长、邢天才金融学院院长，以及日方的滋贺大学佐和隆光校长、北村裕明理事、副校长，诚挚地向他们道一声谢谢！笔者想说缺少他们之中任何一位的支持都不会有今天这份共同研究的进展和成果。并借此机会谨向将这项共同研究脚踏实地地给予实施的东北财经大学金融学院刘波副院长、董普副教授，以及精通日语并在共同研究中发挥了很大作用的公共管理学院刘晓梅教授、国际商务外语学院方爱乡教授、国际经济贸易学院施锦芳副教授致以深深的谢意。

另外，也向滋贺大学风险研究中心成员山本清子女士、高木一叶女士，以及目前在中国青岛任职于高校日语教师的北川美菜女士表示衷心的感谢；还有当时就读于滋贺大学大学院经济学研究科的董妹宏女士、活跃在法律事务所的张露

露女士、就职于中国工商银行的华毓女士、毕业于滋贺大学经济学部后工作在KDDI新加坡的宋琦女士，她们快速高质量地承担了大量的翻译工作，在此表示衷心的谢意。

而且，谨向承接本书出版的SUNRISE出版社岩根顺子社长以及给予诸多协助和宝贵建议的藤本秀树先生一并表示感谢之忱。

最后，在本书成书之际，谨向给予我们大力支持的丹羽宇一郎伊藤忠商事株式会社原会长及文部科学省道一声真诚的谢意，谢谢。

2014年3月于琵琶湖畔

滋贺大学大学院经济学研究科教授
滋贺大学经济学部附属风险研究中心主任
东亚保险课题研究小组组长　　久　保　英　也

目　次

はじめに …………………………………………………………………… i
はじめに（中国語）………………………………………………………… v
目　次（中国語）………………………………………………………… xi

第1章 「中国における医療格差の多面的考察」
　　　……………………………劉　波, 劉　暁梅, 久保英也　1

第2章 「中国新型農村合作医療保険制度の現状とDEAモデルを使用した制度運営効率の測定」……………劉　波, 久保英也, 劉暁梅　21

第3章 「収入階層別に見た中国の医療支出の格差分析」
　　　……………………………………………马　明煜, 权　娜　43

第4章 「遼寧省における新型農村合作医療保険制度の格差分析」
　　　………………………………………………王　靚, 久保英也　61

第5章 「確率的フロンティア生産関数を用いた中国生命保険会社の効率性分析」………………………………久保英也, 劉　璐　85

第6章 「DEAを用いた日本における国内生命保険会社と外資系生命保険会社の効率性分析」………………………劉　璐, 久保英也　105

第7章 「確率的フロンティア生産関数を用いた日中生命保険会社の経営行動と効率性の差異分析」…………………久保英也　121

第8章 「死亡率統計のスムージングにおける数学的手法の提案」
　　　………………………………………………董　普, 久保英也　137

第9章 「中国地震保険創設に向けた提案」…………施　錦芳, 久保英也　157

第10章 「中国の環境保険制度における地域指定の妥当性」
　　　………………………………………………权　娜, 劉　波　177

第11章 「中国の充実した保険教育と学生の早期就職決定が日本の保険教育に与える示唆」………………………………久保英也　187

おわりに ……………………………………………………………… 207
索引（巻末）………………………………………………………… 209

目 录

关于中国社会医疗保险等保险制度的计量分析
——滋贺大学风险研究中心东亚保险课题研究报告

前 言
第1章　中国医疗差异性的多视角考察·················· 刘波，刘晓梅，久保英也
第2章　中国新型农村合作医疗保险制度现状
　　　　及基于DEA模型的运行效率测算·················· 刘波，久保英也，刘晓梅
第3章　中国各收入阶层医疗费用支出差异性分析·················· 马明煜，权娜
第4章　辽宁省新型农村合作医疗保险制度差异性分析·················· 王靓，久保英也
第5章　基于柯布·道格拉斯生产函数的
　　　　中国寿险公司效率性分析·················· 久保英也，刘璐
第6章　基于DEA的日本内外资寿险公司效率性分析·················· 刘璐，久保英也
第7章　基于柯布·道格拉斯生产函数的日中寿险公司
　　　　经营效率差异分析·················· 久保英也
第8章　死亡率统计修匀的数学方法建议·················· 董普，久保英也
第9章　关于建立中国地震保险制度的建议·················· 施锦芳，久保英也
第10章　中国环境污染保险制度试点区域选择的合理性·················· 权娜，刘波
第11章　中国完善的保险教育对毕业生就业的
　　　　促进作用及其对日本保险教育的启示·················· 久保英也
后 记
索 引

第 1 章

中国における医療格差の多面的考察

劉　　　波（東北財経大学金融学院教授・副院長）
劉　暁　梅（東北財経大学公共管理学院教授）
久保英也（滋賀大学大学院経済学研究科教授）

要約：3つの中国の公的医療保険制度の中で大きな格差と課題を抱えるのは農民を対象とした新型農村合作医療保険制度（以下，新農合と呼ぶ）である。そこで，所得や医療支出について，都市と農村部との格差，そして，成長が先行した沿岸部である東部，中国内陸部の中部，アジアの西端に位置する西部の地域別格差を明らかにする。計量分析の結果，所得や医療支出についての格差はやや縮小傾向にあるものの，医療サービスの質に関しては依然大きな格差が存在していることが明確となった。

キーワード：ティエル指数，カクワニ指数，入院費填補率

はじめに

　2000年以降，中国では国をあげて公的医療保険制度の確立を目指している。2000年に都市部の労働者を対象に労働医療保険が実施され，2003年からは人口の3分の2を占める農民に対し新農合が導入された。その後順次制度の整備を進めてきたものの課題も大きく，2009年4月に中国政府は，「医薬衛生体制改革の意見」と「医薬衛生体制改革の中期重点実施案（2009～2011年）」と題した政策を公布し，新たに新医療制度改革をスタートさせた。まず，賛否両論が激しく対立し市場化を進めたこれまでの医療制度改革の失敗を認め，新医療制度改革では，医療衛生事業を極めて公益性の高い制度と位置付け，国民皆保険という基本医療衛生制度を公共財として全国民に提供することを基本理念に置いている。

新農合の問題点は，第2章に譲るが，課題の原点にあるのは都市部と農村部との格差問題である。そこで本章では，定性的には語られる地域間の医療格差の現状について，計量的手法を用いて定量的に把握することを目的とした。

医療保険に関する格差は縮小しつつあるものの，詳細にみると依然地域ごとに大きな格差が残っている。農村部における末端医療サービスの質の向上など政府の補助金の拡大を通じた更なる格差の縮小が求められている。

第1節　中国における所得格差と医療格差

大国への道をひた走る中国のアキレス腱として所得格差問題が連日マスコミからは伝えられるが，それと連動する医療における格差も大きいと推察される。まず，中国の所得格差は世界の中でどの程度の大きさなのかからみていきたい。表1にジニ係数（事象の集中度合いを把握するローレンツ曲線と45度線とで囲まれる部分の面積を2倍にした尺度で，0から1に分布し，数値が小さい方が所得格差が小さいことを示す）を用いた所得格差を示している。各国によりデータ，計算前提，手法が異なるため，統一性を持たせるため世界銀行のデータベースからアジアを中心にジニ係数を抽出した。中国は41.5と同じアジア諸国の中で韓国より10ポイントも高く，インド，ベトナムよりも4～5ポイント高いことから相対的に所得格差は大きい国と言える。一般に先進国のジニ係数は低いと言われるものの，アメリカは40.8ポイントと中国と変わらない水準である。ただ，自己責任主義が浸透し，実力次第でチャンスもあるアメリカの競争社会と，そのチャンスが少ない中国では数字の重みは異なると考えられる。

次に中国の医療における格差の状況をみてみよう。表2に中国の31の省などの行政区分ごとの医療支出について，新農合が本格化した2008年の実績をその10年前の1999年の数字と共に掲載した。また，31の行政区分の配列は，東部，中部，西部の3ブロック分類に準じた。

2008年の全国平均の医療支出は，都市部が年間699元に対し，農村部は246元

表1　世界各国のジニ係数（世界銀行）

	ジニ係数	計測年
中国	41.5	2005
韓国	31.6	1998
ベトナム	37.8	2006
インド	36.8	2005
インドネシア	37.6	2005
マレーシア	37.9	2004
タイ	42.5	2004
ロシア	43.7	2007
メキシコ	51.6	2008
アメリカ	40.8	2000
イギリス	35.9	1999
フランス	32.7	1995
日本	24.9	1993

（出所）　World Development Indicators（WDI：2011.3.10）
　　　　筆者がダウンロードし，作表。

と都市部の約3分の1に過ぎない。所得と連動する消費支出の中での医療支出の占める割合は約7％と都市部と農村部間で大きな差はないため，平均的には所得格差がそのまま医療費支出の格差につながっているものと考えられる。

　そこでまず，中国の2007年の省など31の行政単位について，都市部と農村部の2つに分け（計62標本）所得と医療支出についてローレンツ曲線を描いたのが図1である。ここから，2007年の所得のジニ係数を計算すると30.76と2005年から3.6ポイント低下し，所得格差は縮小している。同様に医療支出について2007年のジニ係数を見ると35.46と2005年から5.9ポイント低下しており，新農合の導入などの成果が出たように見える。所得の格差の解消ペースを勘案したうえで医療支出の格差解消を表すカクワニ指数（医療支出のジニ係数－所得のジニ係数）は2005年の0.0703から2007年には0.0469に改善している。医療の格差の改善は所得の格差の改善以上のスピードで改善していることが分かる。

　次に表2において，医療支出の2008年と10年前の1999年との変化を見ると，2008年の都市部の医療費を農村の医療費出で除した倍率（以下，格差倍率と呼ぶ）は1999年の3.51倍から2008年の2.84倍へ格差の縮小がみられる。ただ，こ

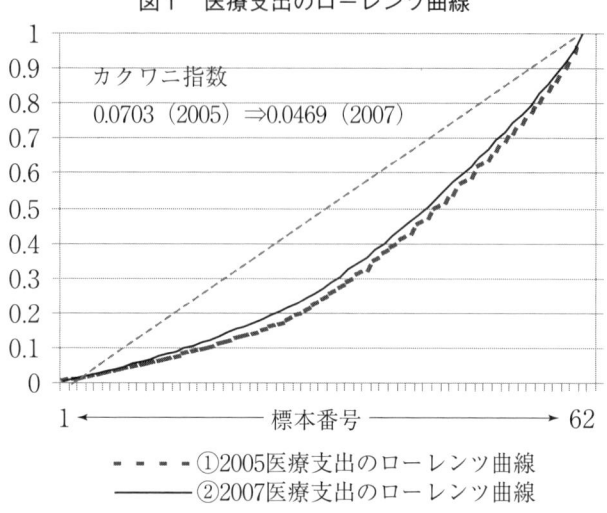

図1 医療支出のローレンツ曲線

(出所) 中国統計年鑑2005〜2009年版のデータを用いて，筆者が推計，作図。

の2.84倍を地域別にみると，上海エリアの1.23倍から西蔵エリアの5.07倍まで非常に大きなばらつきがある。上海エリア以外にも北京エリア，浙江エリア，福建エリアも1倍台であり，これらの地域については都市農村間の格差は小さい。

しかしながら，新農合が施行されても依然3倍以上の格差倍率を持つエリアが11エリアと全体の3分の1もある現実は直視するべきである。国全体の平均値では改善している格差も，個別の地域ではまだ大きく，とりわけ西部地域では12エリア中5エリアで3倍を超えている。

このように，所得や医療支出の地域間格差は全体としては縮小しているものの，格差自体は依然大きいように思われる。この偏在の中に新農合の課題があると考え，次節では，どのような地域でどのように格差の改善が進み，もしくは停滞が発生しているのかを計量分析を用いてさらに詳しくみてみよう。

表2 中国の都市部,農村部の医療格差(2008年)

地区		都市部			農村部			医療費の都市/農村倍率	
		医療支出(元)	対消費支出計:%	対1999(倍)	医療支出(元)	対消費支出計:%	対1999(倍)	2008(倍)	1999(倍)
	全国	699	7.0	2.85	246	6.7	3.51	2.84	3.51
東部	北京	1294	8.4	2.52	709	9.7	3.10	1.82	2.24
	天津	1164	9.7	3.84	301	7.9	2.54	3.87	2.55
	遼寧	879	9.3	3.14	283	7.4	3.49	3.10	3.45
	上海	857	5.0	2.47	697	7.6	4.36	1.23	2.17
	江蘇	689	6.4	3.25	291	5.5	2.70	2.37	1.97
	浙江	859	6.1	1.97	532	7.1	3.31	1.61	2.71
	福建	502	4.5	3.13	198	4.2	3.23	2.54	2.62
	山東	709	7.3	3.22	280	6.9	3.13	2.53	2.45
	広東	753	5.2	2.11	259	5.3	2.62	2.91	3.61
中部	河北	834	10.1	2.92	219	7.0	3.19	3.80	4.15
	山西	640	7.9	3.07	210	6.8	3.61	3.04	3.58
	吉林	855	10.0	3.91	381	11.1	5.73	2.25	3.28
	黒龍江	730	9.7	2.63	351	9.1	4.91	2.08	3.88
	安徽	554	6.5	4.39	199	6.1	3.86	2.78	2.45
	江西	386	4.9	3.58	206	6.2	3.36	1.88	1.76
	河南	627	8.0	3.01	215	7.1	4.28	2.91	4.14
	湖北	525	6.0	2.61	210	5.8	3.80	2.50	3.63
	湖南	669	7.4	3.24	244	6.4	3.94	2.74	3.33
	海南	504	6.1	2.93	124	4.3	4.22	4.07	5.86
西部	内蒙古	719	7.7	3.74	321	8.9	3.37	2.24	2.02
	広西	542	6.7	3.44	154	5.2	3.72	3.51	3.80
	重慶	750	7.6	3.17	197	6.8	4.12	3.80	4.95
	四川	512	5.9	2.52	209	6.7	3.66	2.45	3.56
	貴州	355	4.6	2.31	96	4.5	4.08	3.68	6.49
	雲南	632	8.0	2.53	182	6.1	3.12	3.47	4.27
	西蔵	273	3.6	1.30	54	2.4	3.16	5.07	12.29
	陝西	678	8.1	2.61	251	8.4	3.87	2.70	4.00
	甘粛	564	7.2	2.57	165	6.9	4.00	3.43	5.33
	青海	613	8.2	2.02	270	9.3	4.74	2.27	5.32
	寧夏	646	8.3	2.04	319	10.3	4.57	2.03	4.55
	新疆	599	7.6	2.54	245	9.1	3.36	2.45	3.24

(出所)中国統計年鑑2009年版から筆者が計算,作成。

第2節 都市と農村部との格差分析

　更に詳しく見るため,新農合が導入された2005年から2008年の4年について,①都市部と農村部,②3地域(東部,中部,西部)に分け,農村各地域の①収入,②医療支出,③基本医療保険の医療サービス,④基金を構成する各財源(中央政府補助,地方政府補助)について,格差の変化状況を分析する。この節では,①の都市部と農村部の間の格差分析を行う。なお,対象とした地域は前出表2の31の行政区域を都市部,農村部に分けた62のエリアで3つの地域

分類は同表の区分による。

　分析手法については情報量が少ないジニ係数ではなく，より資源配分の公平性を的確に計測できるTheil指数（以下，ティエル指数と呼ぶ：Theil, 1972）法を用いる。ティエル指数は格差を「グループ間格差」と「グループ内格差」の2つに分解するものである。そのアルゴリズムは以下の通りである。

$$T = \sum_{g=1}^{G} \sum_{p=1}^{P_g} \frac{Y_{gp}}{Y} \ln \left(\frac{Y_{gp}/Y}{N_{gp}/N} \right)$$

Tは全体の格差を表し，gはグループを示す。gpはグループに含まれる省の番号（第g組の第p番目の省）を表す。Nは全国の総人口を，Ngpは第gグループの第p省の人口を表す。また，Yは全国の経済関連指標を，Ygpは第g組の第p番目の省の経済指標を表す。データは，中国各省，自治区と直轄市（以下「省分」と略称）の統計を用いたため，グループは中国の31の省分を東・中・西の3つの地域に分ける。すなわち，G = 3である。

　ここで，Tgを第g組のティエル指数とすると，

$$T_g = \sum_{p=1}^{P_g} \frac{Y_{gp}}{Y} \ln \left(\frac{Y_{gp}/Y_g}{N_{gp}/N_g} \right)$$

になる。これを以下の通り分解すると

$$T^B = \sum_{g=1}^{G} \frac{Y_g}{Y} \ln \left(\frac{Y_g/Y}{N_g/N} \right)$$

$$T^W = \sum_{g=1}^{G} \frac{Y_g}{Y} T_g$$

ちなみに，$T = T^B + T^W$

　ここで，T^Bはグループ間の格差が格差全体に対する寄与を表し，T^Wはグループ内の各省の格差の格差全体に対する寄与を表す。グループ間の格差寄与とグループ内格差の寄与を分けて分析できるため，全体の格差がどのような要因で変化しているのかを掴むことができる。

（1）所得と医療保険支出における格差

　まず，大きく全都市部と全農村部の格差の変化を見てみよう。所得と医療費支出についてティエル指数を計算したものが図2である。収入，医療保健支出共，農村のティエル指数は都市部のそれより高く，農村部の中に大きな所得格差，医療費支出格差があることを示している。農村の所得格差は緩やかに縮小（同指数の低下は格差の縮小を意味する）してきているが，医療費支出については2007から2008年にかけ格差がむしろ拡大していることが分かる。大都市周辺の農村と僻地の農村の間で医療アクセスや医療費の支出額に変化が出たものと考えられる。一方，都市部の格差も緩やかに解消しているがその低下ペースは農村部より遅い。

　また，農村部では，医療支出のティエル指数が所得の同指数より上に位置し，所得以上に医療支出の格差が大きいことを示している。これに対し，都市部では，逆に所得の同指数が医療費支出より上にある。農村部では限界的に医療費を払えない地域が多いのに対し，都市部では保険制度も異なることもあり，必要な医療費支出はある程度可能な状況であり，むしろ所得格差の方が問題となることを示している。

　これを1人あたり所得と1人あたり医療支出の伸び率という別の角度から見

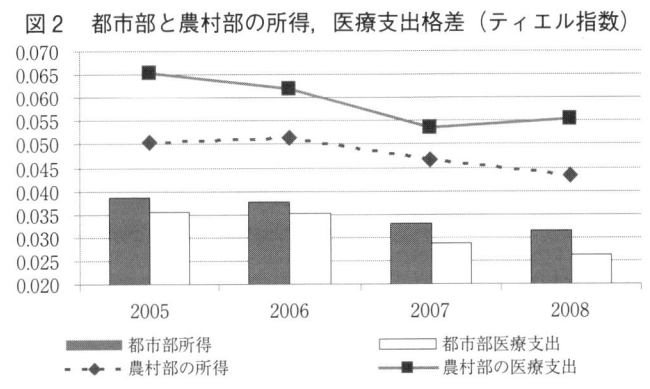

図2　都市部と農村部の所得，医療支出格差（ティエル指数）

（出所）中国衛生統計年鑑2006～2008年版を用い著者が推計，作図。

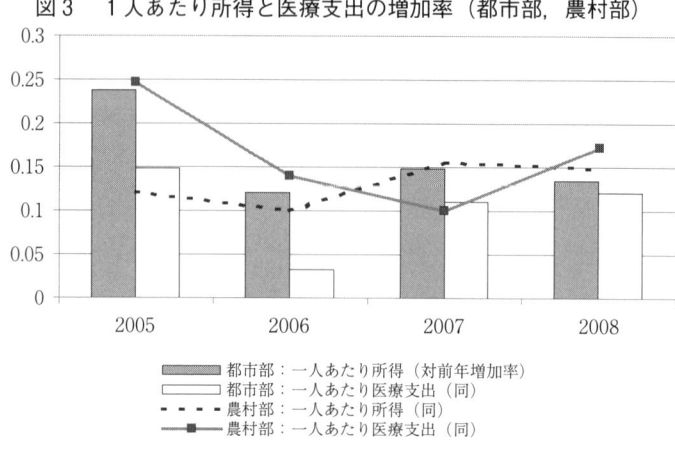

図3 1人あたり所得と医療支出の増加率（都市部，農村部）

(出所) 中国衛生統計年鑑2006～2008年版のデータを用いて，筆者が推計，作図。

てみよう。図3に示したように，都市部の1人あたり医療支出の増加率はこの4年間一貫して1人あたり所得の増加率より低い。所得の増加がゆとりを呼んでいることが分かる。一方，農村部の1人あたり医療支出の増加率は，2007年を除き1人あたり所得の増加率を上回り，農村における医療支出の過重感が見て取れる。

（2）医療サービス格差

都市部の労働者は「都市就業者基本医療保険制度」に加入するが，表3に示

表3　医療サービス利用者の初回受診場所

	年度	社区衛生スタンド/村衛生室	社区衛生サービスセンター/郷鎮衛生院	区/県級病院	市級病院	省級病院	その他
都市就業者保険制度利用者	2003	14.9	12.4	14.8	33.5	18.4	6.0
	2008	15.6	27.4	27.0	16.3	12.9	0.8
都市住民保険制度利用者	2008	32.6	18.3	27.0	10.5	9.6	2.0
新農合利用者	2003	54.1	26.0	10.0	1.9	0.8	7.1
	2008	57.0	25.6	14.8	1.2	0.6	0.9

(出所)『中国衛生サービス調査研究』2008年版，家庭健康諮問調査データより筆者作成。

したように，2008年の初回の外来診療は，県（日本の市に相当）立と市（日本の県に相当）立，省立病院を併せた利用が56.2％に達する。これに対し，農村部の新農合の利用者の同割合は16.6％しかなく，57％が村衛生室を利用している。同様に表4で見るように，2008年の入院も前者が同病院利用92.6％に達するのに対し，後者は56.2％に過ぎず，良質な設備を有する病院へのアクセスに大きな差があることが窺われる。農村部の末端医療サービスの品質向上が求められる。

一方，表5に見るように患者の不満割合については，外来診療，入院共に新農合利用者の不満度が都市就業者基本医療保険利用患者より高い。とりわけ，新農合の入院では49.7％と約半分にも達し，その数値は2007年調査より7.2ポイントも悪化している。

表4　医療サービス利用者の入院場所

	年度	社区衛生サービスセンター／郷鎮衛生院	区／県級病院	市級病院	省級病院	その他
都市就業者保険制度利用者	2003	5.0	20.5	42.9	27.1	4.5
	2008	5.4	40.8	29.6	22.2	1.7
都市住民保険制度利用者	2008	5.6	48.3	20.3	23.7	2.2
新農合利用者	2003	26.0	52.9	11.7	4.8	4.6
	2008	41.0	44.8	7.1	4.3	2.8

（出所）『中国衛生サービス調査研究』2008年版，家庭健康諮問調査データより筆者作成。

表5　利用者の医療サービスに対する不満度（2008年）

	医療保障利用者	不満患者の割合(%)	原因（比率：%）							
			設備環境	サービスレベル	態度	薬品種類選択小	不要なサービス	費用内容不透明	高額な医療費用	手続き煩雑	待時間
外来	都市就業者	35.8	6.8	4.4	―	5.4	―	―	14.6	5.8	8.8
	新農合	37.8	33.0	9.3	―	14.5	―	―	17.8	6.4	3.5
入院	都市就業者	33.2	5.7	―	4.5	―	7.0	―	23.2	7.3	4.9
	新農合	49.7	19.7	―	6.7	―	3.9	―	29.7	11.6	3.8

（出所）中国衛生サービス調査研究2008年版，家庭健康諮問調査データより筆者が作成。

最大の不満理由は病院の医療機器などの設備状況である。農村の小規模診療所では対応できない医療サービスが数多くあることが分かる。農民はアクセスと所得制約の両面から，低水準の医療に甘んじている。農民が享受できる医療サービスは都市就業者や都市住民よりサービス品質が劣り，それは農民の新農合の加入を消極的にさせ，末端医療サービス機構への補助金を通じた資金の循環も小さくなり，設備の改善が進まないという悪循環に陥ることとなった。

この悪循環を断ち切る政策が2009年以降強力に実施されることになる。

第3節　農村地域内の格差分析

本節では農村地域の格差の状況について，ティエル指数を用いて時系列で分析する。農村部全体の格差とグループ間（3地域間：東部，中部，西部）の格差，グループ内（同一域内）の格差の3つの格差を明らかにする。

（1）所得と医療支出の格差

図4から農村部の所得について，2005年から2008年の動きをみるとティエル指数は2005年の0.05から2008年の0.043まで低下し，格差はやや小さくなって

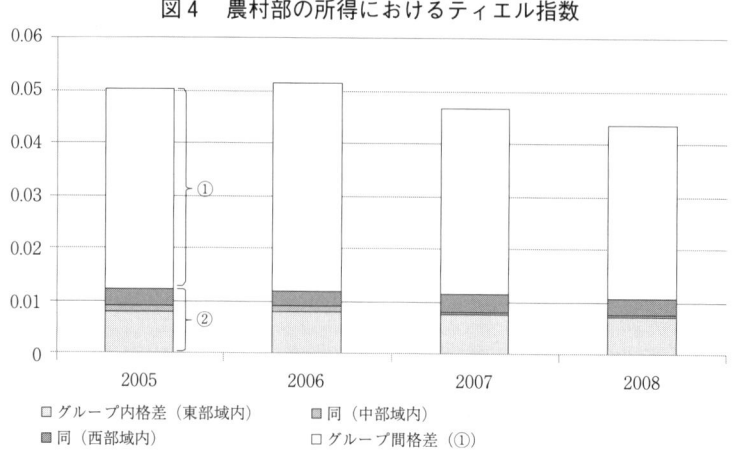

図4　農村部の所得におけるティエル指数

（出所）中国衛生統計年鑑2006から2008年版より，筆者が推計，作図。

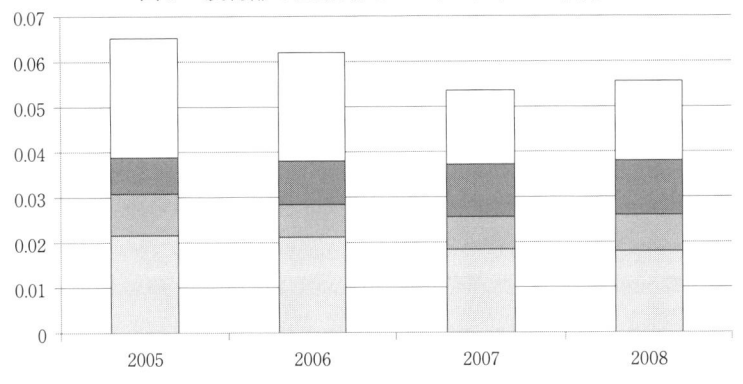

図5　農村部の医療支出におけるティエル指数

□ グループ内格差(東部域内)　■同(中部域内)　■同(西部域内)　□グループ間格差
(出所) 中国衛生統計年鑑2006～2008年版から筆者が計算，作図。

きている。なお，同指数は棒グラフの頂点の水準である。そして，その寄与度を①グループ間(東部，中部，西部)格差と②グループ内格差で表現している。東部，中部，西部の寄与度を足し上げれば「グループ内格差」となる。そして，①＋②がティエル指数になる。

　所得のグループ内の格差はさほど解消されておらず，もっぱらグループ間格差の解消により，ティエル指数は低下している。グループ内格差の多くは東部地域の寄与によるものであり，もっとも経済が進展したこの地域において，都市近郊農村と遠隔地農村との間の格差が未だ大きいことを示している。

　同様に，ティエル指数で，医療支出の格差を見ると図5に示した通り2005年の0.065から2008年の0.056に低下してきていることが確認できる。ティエル指数の絶対値は，所得より約0.01高く，医療格差は所得格差以上に大きな問題である。医療支出における格差は2007年までは縮小トレンドにあるが，2008年には格差が広がる方向に反転している。この拡大要因はグループ間格差である。

　ただ，所得の格差とは異なり，医療支出ではグループ間格差よりグループ内の格差の寄与が大きい。グールプ内では東部地域内での格差が最大であることは所得格差の場合と変わりないものの，中部や西部でもグループ内の格差が比

較的大きいのが特徴的である。医療格差はアクセス問題も含め，同一地域内でも所得格差以上に地域特性が色濃く出ることが分かる。

（2）医療サービス利用に伴う地域格差

　医療サービスの利用状況は3つの指標で示される。すなわち，①発病後2週未満は未受診，②同2週間目でも未受診，③入院すべき症状だったが未入院，である。表6に示したように，東部農村地域においては3標値とも数値が低く，重度の病気になれば比較的自然体で（我慢せず）医療サービスを利用していることが分かる。このように前倒しで診療を受けることが重病化を抑えることにもなり，入院率も5.5％と他の地域より2％程度低い。一方，中部農村地域では，①の発病後2週間未満で未受診率が46.4％にも及び医療へのアクセスが良くないことが分かる。入院率をみても7.6％と最も高いグループ（地域）となっている。1入院あたりの平均入院費用も最低水準であり，経済，所得環境も他の2グループに比べ悪いと推察される。しかしながら，新農合の入院費の保険により埋め合わせた割合は35.5％と最も高くなっており，重病化に伴う入院が多いのに加え，同保険制度の運営が柔軟である可能性がある。これを見ても3グループ（地域）間の格差の大きさが分かる。

表6　新農合加入者の医療サービス利用状況（2008年）

	発病後2週間未満は未受診（％）	2週間目での未受診率（％）	入院すべきだだが，未入院の比率（％）	入院率（％）	毎回の平均入院医療費用（元）	毎回の平均入院補償額（元）	保険による補填率（％）
農村合計	30.5	15.3	25.1	6.9	3,623	1,067	29.4
東部	23.9	11.1	21.8	5.5	5,473	1,441	26.3
中部	46.4	16	24.9	7.6	2,998	1,065	35.5
西部	30.5	14.1	26.8	7.4	3,022	799	26.4

（注1）　2週間での受診率：発病後2週間で100人あたりの受診者数。
（注2）　入院率：百人あたりの入院人数（年間）
（出所）　中国衛生サービス調査研究2008年版，家庭健康諮問調査データ，2004～2008年の衛生部『新型農村合作　医療情報統計手引き』より筆者が作成。

(3) 新農合の財源調達に伴う地域格差

新農合の財源調達に伴う格差について次の4つの指標から分析を進める。すなわち，①の中央政府からの財源補助，②地方政府からの財源補助，③個人の保険料，④財源全体（基金規模）の4つである。

図6は，2004年から2008年の5年間について①の中央政府の補助金についてティエル指数を用いて格差の変化をみたものである。新農合の給付対象の大幅

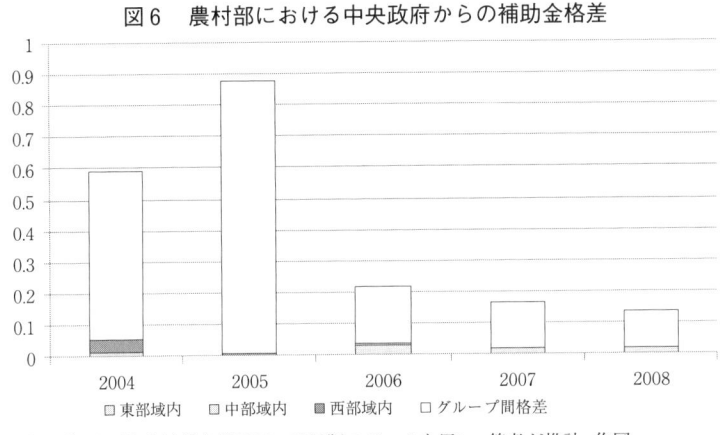

図6　農村部における中央政府からの補助金格差

（出所）中国衛生統計年鑑2006～2008版のデータを用い，筆者が推計，作図。

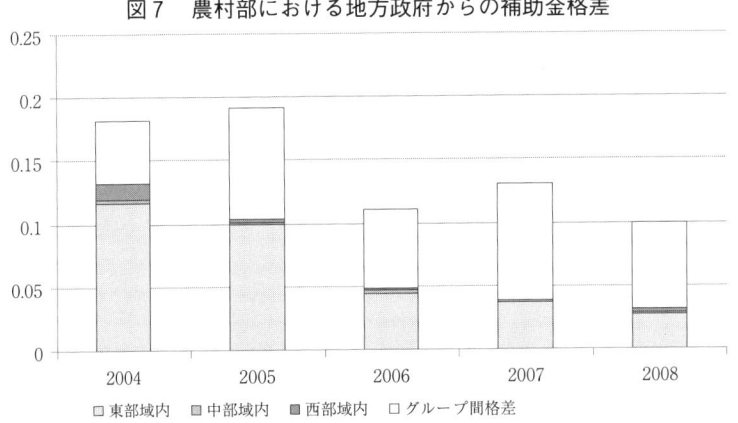

図7　農村部における地方政府からの補助金格差

（出所）中国衛生統計年鑑2006～2008年版のデータを用い，筆者が推計，作図。

見直しという制度改革があった2005年には，制度の開始時の混乱から投入財源を偏重させざるを得なかったため，ティエル指数は0.90まで上昇している。ただ，2006年には落着きを取り戻し，その後格差は小さくなっている。また，その主な変化はグループ間格差であり，各グループ内格差は微々たるもので，その変化幅も小さい。中央政府は，医療サービス提供が大きく出遅れていた中部，西部を中心に補助する政策から東部も含めた3地域すべてにバランス良く補助する政策へ変更したことが見て取れる。

　図7は，同様に地方政府の財政補助の格差の変化を示している。ティエル指数自体は2005年の0.2をピークに低下し2008年には0.1まで低下している。中央政府の補助金とは異なり，グループ間の格差は上下しつつも大きな変化を示しておらず，ティエル指数の低下の要因はグループ内（地域内）格差の縮小によるものであることが分かる。とりわけ，東部地域の域内格差の収縮がその寄与のほとんどを占めている。中部地域や西部地域の格差の縮小の影響は小さい。

　図8は，農民の支払う個人保険料の格差を見たものである。ティエル指数は，2004年の0.25から2007年の0.11まで低下したものの，その後2008年には0.14まで反転上昇している。それは，グループ内格差の縮小とグループ間格差の拡大の2つの要素の組み合わせにより発生している。グループ内格差の縮小は地方政府の補助においてみられたのと同じく東部地域内の格差の縮小によるものである。一方のグループ間格差は徐々に拡大しているが，これは保険料率の引き上げに際し，経済的に優位な東部地域は引き上げられる保険料水準も高く，また新保険料への移行もスムーズであったのに対し，他の2グループ（中部，西部）は保険料率の引き上げペースが遅く，その引き上げも時間がかかったため，グループ間格差が徐々に広がったと考えられる。

　中央政府・地方政府の補助金と個人保険料を合わせた財源全体すなわち保険基金について格差を見てみよう。そのティエル指数の変化は図9に示した。ティエル指数は，2004年の0.2から2008年の0.03まで大きく低下しており，基金についての格差は急速に縮小していることが分かる。中国政府が中央，地方の2

つの補助金と個人保険料料率を無理のない水準に決めたとも言える。基金のティエル指数の低下は主にグループ内の格差の縮小であり，とりわけ東部地域内の格差縮小が主である。グループ間の格差の変化は5年間で上下しつつもほぼ横ばいである。

時間の経過とともに新農合の財源格差は地域間，地域内ともに小さなものとなっている。図8でみた経済格差に連動する個人保険の保険料の地域間格差が

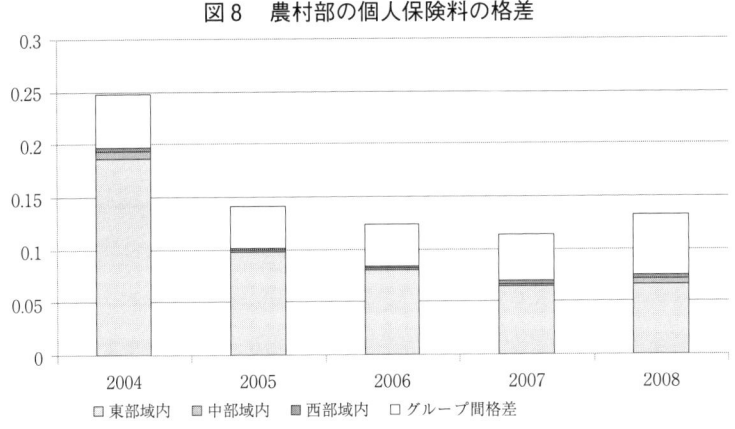

図8　農村部の個人保険料の格差

（出所）中国衛生統計年鑑2006～2008年版のデータを用い，筆者が推計，作図。

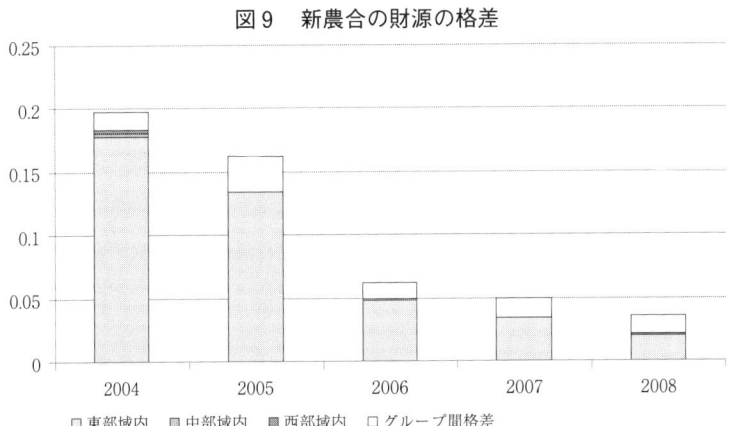

図9　新農合の財源の格差

（出所）中国衛生統計年鑑2006～2008年版のデータから，筆者が推計，作図。

拡大しなければ，保険基金全体の格差は一段と小さくなったと考えられる。保険基金の格差の縮小は全国規模で統合された医療保険制度の確立にむけた最低条件が満たされることになる。

(4) 保険による填補率の地域間格差

本来，重度入院だけを対象とした新農合であったが，2005年以降はその給付対象が拡大した。そこで，その前後の変化をみるため2004年から2008年に医療費支出に対する保険による填補状況（保険による給付額／医療費支出，以下，填補率と言う）の格差をティエル指数により分析した。まず，外来診療における填補率格差をみたのが図10である。同ティエル指数は2004年の0.3から2008年の0.06まで速やかに低下している。2004年の段階では，ティエル指数0.3の内0.12はグループ間格差であり，0.18がグループ内格差であった。それが2005年以降は，グループ間格差はほぼ消滅し，外来診療における保険による填補率は全国一律に向けた運営がなされていることが分かる。グループ内の格差が大きかった東部の域内格差が縮小したことで2004年から2006年まで低下トレンド

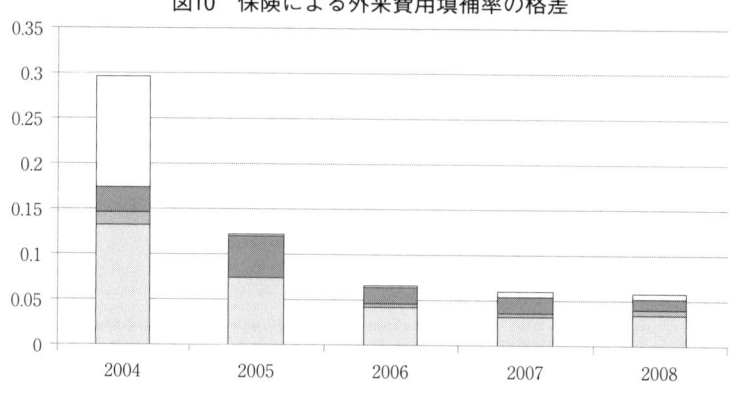

図10 保険による外来費用填補率の格差

(出所) 中国衛生部「新型農村合作医療情報統計手引き」2004～2008年版のデータを用い，筆者が推計，作図。

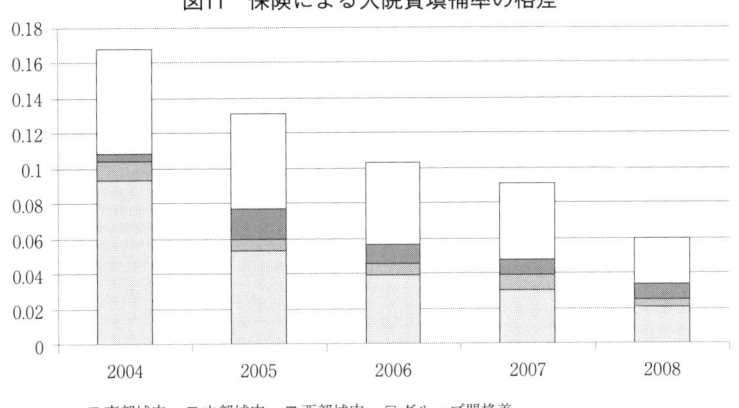

図11 保険による入院費填補率の格差

（出所）中国衛生部「新型合作医療情報統計手引き」2004〜2008年版のデータを用い，筆者が推計，作図．

となったものの，2007年以降は中部，西部の域内格差の縮小も停滞したため，全体の格差縮小は足踏み状態となっている．

一方，図11に示した入院費についての填補率は2004年のティエル指数0.17がその後低下し，2008年には0.06となった．その動きは，グループ間格差とグループ内格差の双方の縮小によってもたらされている．グループ内格差も3地域すべてが低下している．

ただ，前出表6のアンケート調査が示す東部，中部，西部の農村部の入院費填補率には約10ポイントの差があり，このデータに表れない地域間格差が現実に存在する可能性がある．

また，格差が小さくなったとしても，そもそも医療分野に投入する政府の予算が小さすぎるという問題は残る．表7は各国の医療支出のGDPに占める割合を抽出したものであるが，中国の同比率は欧米の3分の1程度，日本の半分に抑えられている．今後，中国の経済成長と共にこの割合は上昇してくると考えられるものの，医療費全体に占める民間の割合が極めて高いことは制度改革の必要性を感じさせる．その59.3%という水準は自己責任原則を徹底するアメリカを越える水準であり，日本の3倍にあたる．裏返せば，政府（中央政府と

表7　医療支出の国際比較　　　　　（単位：％）

	中国	日本	韓国	ドイツ	アメリカ	タイ
医療支出（全体）のGDP比率：2006	4.6	8.1	6.4	10.6	15.3	3.5
＜同2000＞	<4.8>	<8>	<5.1>	<10.6>	<14.7>	<3.7>
政府支出（国、地方政府：2006）	1.9	6.6	3.6	8.2	7	2.3
＜同2000＞	<1.7>	<6.5>	<2.7>	<8.4>	<6.6>	<2.3>
民間支出（個人、企業：2006）	2.7	1.5	2.8	2.4	8.3	1.2
＜同2000＞	<3.1>	<1.5>	<2.4>	<2.2>	<8.1>	<1.4>
医療費全体に占める民間の割合：2006	59.3	17.9	44.3	23.1	54.2	35.5
＜同2000＞	<64.2>	<16.7>	<46.5>	<20.8>	<55.4>	<36.5>

（出所）The world bank HNPstats より，筆者が作成。
http://web.worldbank.org/WBSITE/EXTERNAL/TOPICS/EXTHEALTH-NUTRITIONANDPOPULATION/

地方政府）の負担が少なすぎることを意味する。国の政策として公的医療の充実を標榜するのであれば，この政府負担比率を上げ，まずはその財源の多くを都市と農村の格差是正に回すのが妥当であろう。社会保障制度を通じた所得の再配分が医療保険制度を通じて行われることについて国民の納得感は高いと考えられる。

結　語

　基本医療衛生制度を公共財として全国民に提供するという中国衛生部の方針は，農民の医療サービス品質の向上と医療費の自己負担を低下させることにつながる。標榜する「十二五計画」期末において，個人医療費負担比率を30％以下の国際水準にすることをめざしている。

　しかしながら，これには医療サービスにおいて過大な格差のない制度の提供が前提となる。第2節の分析でみたように保険による医療支出の格差は縮小しているものの，医療サービスの質の格差は依然大きい。格差縮小が頭打ちの状況も出始めており，①中央，地方政府の更に大きな財源投入，②より細かく地域の所得階層別に補助額を調整，③高齢化も見据えた医療保険制度の長期設計，などが必要である。

主要参考文献

○中国語文献

［1］衛生部統計情報中心（2004）『2003年中国衛生サービス調査研究第三回国家衛生サービス調査分析報告』，中国協和医科大学出版社，2004年12月。
［2］衛生部統計情報中心（2009）『2008年中国衛生サービス調査研究第四回家庭健康諮問調査分析報告』，中国協和医科大学出版社，2009年12月。
［3］衛生部統計情報中心（2009）『中国基層衛生サービス研究第四回国家衛生サービス調査専題研究報告』，中国協和医科大学出版社，2009年12月。
［4］孟慶躍・厳非・程暁明（2008）「新型農村合作医療資金調達水平と資金調達能力分析」，『中国衛生経済』，2008年9月。
［5］中国衛生部 Web:http://www.moh.gov.cn/
［6］中国国家統計局 Web:http://www.stats.gov.cn/
［7］中国新型農村合作医療 Web:http://www.cncms.org.cn/

○日本語文献

［8］除林奔（2006）「中国商業健康保険の現状と展望」『立命館国際地域研究』第24号2006年3月，pp. 117-129。
［9］谷川佳澄（2006）「自治体病院の効率性分析—Translog 型費用関数および DEA によるアプローチ—」『青森公立大学経営経済研究』Vol. 12, No. 1, pp. 29～37。
［10］劉波，久保英也，劉暁梅（2011）「中国新型農村合作医療保険制度の現状と DEA モデルによる制度運営効率の測定」『保険学雑誌』第613号，2011年6月。

第2章
中国新型農村合作医療保険制度の現状とDEAモデルを使用した制度運営効率の測定[1]

劉　　波（東北財経大学金融学院教授・副学院長）
久保英也（滋賀大学大学院経済学研究科教授）
劉　暁梅（東北財経大学公共管理学院教授）

要約：中国農村部を対象とした公的医療保険制度である新型農村合作医療保険制度（以下，新農合と呼ぶ）は，国民が整備を切望する重要な社会保障制度である。

本稿は，①重病による入院を主な保険対象としたため，外来診療を結果として排除せざるを得なかった新農合の問題点の明確化，②地域ごとに異なる運営がなされる同制度の地域間効率性の比較，③公平かつ効率的な医療保険制度への提案，の3つからなる。

分析の結果，都市と農村間そして地域（東部，中部，西部）間の医療アクセスや医療給付水準の格差は縮小傾向にあるものの，依然格差そのものは大きい。また，DEAモデルを用いた地域ごとの医療保険制度運営効率は2006年に医療保険政策の変更を受け一時低下したが，その後回復を示し，地方政府の対応の速さが確認できた。今後，外来診療への政府財源の投入，農村の末端医療機構の改善などを通じ，患者の自己負担率3割の公的医療保険制度の確立が望まれる。

キーワード：外来診療，マルムキストDEAモデル，保険補填率

---

[1]　本稿は劉波により主催された遼寧省2009年高等学校科学研究プロジェクト「遼寧省新型農村合作医療保険研究」（番号：2009JD23）の研究成果の1つに位置づけられる。

はじめに

　中国の公的医療保険制度は，都市部の就業者を対象とした基本医療保険制度，その家族など都市部の非就職者を対象とした都市住民基本医療保険制度，そして農村住民向けの新農合という3つの医療保険制度により構成されている。そして，これら3つの制度をすべての地域に普及させることにより，日本と同様の「国民皆医療保険」を目指している。

　2009年4月6日に中国政府は，「医薬衛生体制改革の意見」と「医薬衛生体制改革の中期重点実施案（2009～2011年）」と題した政策を公布し，並々ならぬ決意で新医療制度改革をスタートさせた。まず，賛否両論が激しく対立していたこれまでの市場化を進めた医療制度改革の失敗を認め，新医療制度改革では医療衛生事業を極めて公益性の高い制度と位置付けている。国民皆保険という基本医療衛生制度を公共財として全国民に提供することを基本理念に置いている。

　具体的には，以下の6点を重点政策としている。①2009年～2011年の3年間で基本医療保障制度を確立し，医療保険のカバー範囲（加入者と医療内容）の拡大。現在2億人以上いると言われる無医療保険者の解消と医療保険金の支払水準の引上げ。②供給サイドである医療品の国家基本薬物制度を構築。国が基本薬品を認定した上で薬価の規制や流通の簡素化により，低価格での薬品提供を目指す。これにより，「高すぎる」医療費の引き下げ。③現地の医療拠点である診療所や病院の医療水準の引き上げ。末端医療衛生サービスシステムを再構築し，2,000ヵ所の県立病院（日本の市立病院に相当）と2.9000ヵ所の郷鎮クリニックセンター（日本の医院に相当）の設立と既存医療施設への設備投資支援，200万人前後の医療要員の研修などを実施。大病院でなくとも十分な医療サービスが受けられる体制作り。④基本の公衆衛生サービスの均質化を促進。⑤予防接種や国民健康記録システムを整備し，中央テレビ局健康専門チャンネルの設置などを通じて国民の病気予防を推進。⑥市場化を進め過ぎた公立病院の改革，である。⑥については利益偏重型経営から公共性と効率性のバラ

ンスのとれた公立病院を目指し，（ⅰ）医療施設の民営化，（ⅱ）公益医療分野への民間資本の進出，（ⅲ）医師の兼業や独立，などを奨励する。

政府の取り組みは進んでいるものの，制度上，国民皆医療保険を実現したとしても，現実の生活において，多くの国民は「医療費が高く，病院に行くのは最後の最後」という状況は残っている。また，中国の生活水準の上昇に伴い，より良質な医療保障や予防医療サービスについてのニーズも高まっているが，現在の医療保障制度では希望する医療サービスを手にすることはできない。計画経済時代から引き継がれている発想や業務運営（パス依存：Path Dependence）などの古い体質が医療保障，公共衛生，医療の流通体制における改革を遅らせている。

このような中で，医療保険制度改革を成功させる鍵は，①医療アクセスの平等化，②良質な医療を提供させる医療報酬制度の構築，③医薬品の供給システムの見直し，④予防医療体制の早期推進，などである。

本稿はまず，①重病による入院を主な保険対象としたため，外来診療を結果として排除せざるを得なかった新農合の問題点の明確にし，②地域ごとに異なる運営がなされる同制度の地域間効率性の比較を行う。そして，③公平かつ効率的な医療保険制度への提案を行う。

第1節　新農合の問題点

新農合は農民を対象に，2003年から始まった中国の基本社会医療保険の1つを構成する重要な制度である。農民の納付保険料，地域農村の集団支援金，そして中央・地方政府補助金からなる基金を作り，医療保険財政を賄う。保険制度の全体を企画し運用するのは県（日本の市に相当）であり，保険の管理部門は国の中国衛生部である。

新農合は農民が重病により貧困に陥ることを回避するため，農民の高額医療費用もしくは入院費用，薬剤費を給付する制度である。「試験導入─全面推進─制度見直し」の3段階を経て，2009年の普及率は94.2％と2004年の75.2％から

約20％も上昇し，表面上はほとんどの農村に浸透していることになる。農民1人当たり保険料も2009年には113.36元と2004年の50.4元から倍増し，2009年の医療保険給付金の受給回数も5.76億回まで増加した（2004年：0.76億回）。また，給付水準も向上している。

しかしながら，次に見るように「公平性」と「効率性」において多くの問題が残されている。すなわち，2009年現在，新農合への加入率が上がってはいるものの農民は未だに「受診料が高い」，「受診アクセスが難しい」として実質的にはこの制度を十分利用できていない。今後，人口の高齢化が加速し，高齢者の医療支出が急増することを勘案すれば，それ以前に現在の新農合の諸問題を早急に解決することが，中国政府の急務となっている。

（1）高い医療の受診料

中国衛生年鑑2010年版によれば，2009年の中国の医療支出は17,205億元と2003年の6,584億元の約3倍の規模となっている。6年間の年平均伸び率は26.9％にもなる。外来診患者と入院患者の医薬費用の1人あたりGDPに占める割合はこの6年間に低下しているものの，依然として25％を占めている。外来診療費など多くの医療費が患者の自己負担となる中では，医療費の上昇は病気による所得の中断と併せ，患者とその家庭に二重の負担を強いることとなる。中国の農村地区において患者を抱えた家庭において，「病気で貧困になり，病気で貧困に戻る」と言われる状況は大きくは改善されていない。

表1に示した『中国衛生サービス調査研究』第4回家庭健康アンケート調査分析レポート[2]にこの状況がよく表れている。2008年の農民の医療サービスの利用状況は2003年から多くの点で改善されている。たとえば，①本来診療や治療が必要にもかかわらず「未受診」や「未治療」，②入院すべき病状だが「未

---

2 『中国衛生サービス調査研究』は全国の31の省，自治区と直轄市から94の県（市・区）470の郷（街道），940の行政村（町），56400戸，18万個の調査対象を抽出した。全国は中国統計局の分類基準により東・中・西部と分けている。

第2章 中国新型農村合作医療保険制度の現状と DEA モデルを使用した制度運営効率の測定　25

表1　農民の不十分な医療サービスの利用状況

		農村 2003	農村 2008	都市 2003	都市 2008
病気になっても2週間未受診		45.8%	37.8%	57.0%	37.3%
	うち「経済困難」	38.6%	21.0%	36.4%	15.5%
病気になっても2週間未治療		14.4%	12.4%	9.7%	6.4%
	うち「経済困難」	38.6%	30.6%	36.4%	23.2%
病気になって2週間で自己治療の経済困難の割合		—	17.5%	—	14.6%
入院すべきだが未入院		30.3%	24.7%	27.8%	26.0%
	うち「経済困難」	75.4%	71.4%	56.1%	67.5%
自分から退院希望		47.0%	39.3%	34.5%	29.6%
	うち「経済困難」	67.3%	36.9%	53.0%	29.5%

(注1)「経済困難」の理由の比率とは，そうと回答した中で「経済困難」を挙げた割合。
(注2) 病気になって2週間で未受診比率＝病気になって2週間で未受診比率／病気になって2週経つ総患者数。
(注3) 入院すべきだが未入院比率＝診断により入院すべきだが未入院の回数／診断により入院すべき回数。
(出所) 2003，2008年『中国衛生サービス調査研究』家庭健康アンケート調査データ。

入院」，③本来はもう少し長く入院が必要だがあえて早期に自己退院を希望する「退院希望」などの比率は，都市でも農村でも減っている。しかしながら，入院費用の給付を掲げた新農合にもかかわらず，「未入院」の理由を経済的要因とする割合は70％もの高率となっている。さらに農村と都市との格差も歴然としている。2008年の「未受診」比率は都市部と変わらないものの，農村部の「未治療」は都市部の2倍，退院希望は10％高い。また，「未受診」，「未治療」の理由として「経済困難」を挙げた者の割合は，都市部に比べ5〜10％高く，2003年と比べても都市・農村間格差はむしろ広がっている。

また，表2に見るように2008年の外来1回あたりの診療費は159.5元（1,994円：1人民元＝12.5円で計算）とこの6年間で50元（625円）上昇し，年平均の上昇率は7.8％になった。同じく入院費用はこの間2,000元上昇し，年平均伸び率は8.7％となる。その間の消費者物価総合指数の上昇率は同4％程度であることから，医療費の上昇率が高いことが分かる。病院は，「病院経営の収支については自ら責任を負う」という政府の「自己責任政策」に過度に反応したために，必要以上の治療を行い，過大な処方箋を出すことが増えたと言われて

表2　外来平均費用、入院費用平均費用（総合病院）

年度	外来診患者回数当たり平均医療費（元）	割合（%）薬品費	割合（%）検査治療費	入院患者一人当たり平均医療費（元）	割合（%）薬品費	割合（%）検査治療費
2003	108.3	54.7	28.4	3,912	44.7	36.1
2004	119.1	52.5	29.8	4,327	43.7	36.6
2005	128.7	52.1	29.8	4,729	43.9	36.0
2006	130.3	50.5	31.0	4,727	42.7	36.2
2007	135.0	50.0	31.2	4,931	43.2	34.9
2008	142.0	50.5	30.9	5,298	43.9	34.5
2009	159.5	50.9	30.5	5,952	44.0	34.2

（出所）『中国衛生統計年鑑』2004～2010年版。

いる。過度の診療と過剰な薬剤投与が患者の医療負担を重くしている。

（2）診療機関へのアクセスの困難性

　国土が広い中国の農村部は分散しているため，医療サービス技術の高い先進的な設備を有する総合病院（都市部）から遠く離れている地域が多い。そのため，表3に見るように，2008年の農民の患者のうち81.7%は初診の場所として地域の診療所（郷鎮衛生院と呼ばれる農村の中核医療施設）とそれ以下の末端

表3　農民の初診場所とその選択理由

初診場所（規模小→大）	比率（%）	選択理由	比率（%）
村の個人診療所	17.8	距離が近い	57.8
村の診療所（衛生室）	39.5	医療技術が高い	15.4
地域の診療所（郷鎮衛生院）	24.4	医師の信頼感	9.6
県及び県レベルの市の病院	15.3	医療設備が良い	3.5
市及び地区レベルの市の病院	1.3	合理的な料金	4.5
省レベルの病院	0.7		

（出所）2008年『中国衛生サービス調査研究』第4回家庭健康アンケート調査データ。

表4　農村末端医療のインフラ状況

地域	年　度	2004	2005	2006	2007	2008	2009	平均伸率
農村	一人当たり衛生院数	0.42	0.41	0.40	0.41	0.40	0.39	-1.2%
	一人当たり郷村衛生技術員数	11.64	11.68	11.66	11.87	12.53	13.33	2.7%
	一病院当たり郷鎮衛生院ベッド数	21.15	21.96	23.37	25.35	29.53	33.24	9.5%
	一病院当たり郷鎮衛生院一万元以上設備数	4.80	5.46	5.78	32.32	44.11	66.12	69.0%
全国	一人当たり病院数	0.14	0.14	0.15	0.15	0.15	0.15	1.5%
	一人当たり衛生技術人員数	34.51	34.91	35.97	37.19	38.96	41.47	3.7%
	一病院当たり病院ベッド数	128.50	130.73	133.04	134.75	146.25	153.80	3.7%
	一病院当たり一万元以上設備数	58.10	67.36	72.87	134.75	84.80	92.22	9.7%

(注)　農村指標の分母は全国郷村人口（万人）と衛生院数（個），全国指標の分母は全国人口（万人）と病院数（個）。
(出所)『中国衛生統計年鑑』，『中国統計年鑑』2005～2010年版。

医療サービス施設を選んでいる。すなわち，末端医療サービス施設の医療水準がほとんどの農民の医療サービス水準を決定していることになる。

また，表4から分かるように，地域の診療所の平均設置数以外の指標は上昇している。農村の診療所（衛生院）の平均数は全国平均の約3倍近いものの，逆に医療技術士（衛生技術員と呼ばれる医師，看護士，医療技師など）の平均数は全国の1／3に過ぎない。また，1病院あたりの入院ベッド数は全国水準

表5　外来と入院における地域別不満度

地域	患者の不満の比率（%）	不満の要因構成（単位：%）								
		技術レベルが低い	設備環境が悪い	薬品種類が少ない	サービス態度が悪い	必要のないサービスを提供	料金が合理的ではない	医療費用が高い	受診手続きが煩雑	待ち時間が長過ぎる
外来計	39.4	16.9	59.6	28.3	4.7	1.4	5.8	22.6	7.1	4.4
うち：都市	33.8	13.9	32.6	28.4	7.6	3.6	8.8	31.1	8.5	16.0
うち：農村	40.4	17.3	63.3	28.3	4.3	1.1	5.4	21.5	6.9	2.8
入院計	41.8	16.9	58.8	15.8	7.2	2.4	6.3	26.6	11.4	3.7
うち：都市	31.8	7.8	33.3	15.7	5.9	5.9	9.8	33.3	21.6	5.9
うち：農村	42.5	17.4	60.0	15.8	7.3	2.2	6.2	26.2	10.9	3.6

(出所) 2008年版『中国末端衛生サービス研究』

の5分の1であり，1万元以上の設備数も増加率は年平均70％と高いものの，全国水準の6割にとどまっている。また，2005年，2009年郷鎮衛生院における「短大及び短大以上の学歴の人員」の比率はそれぞれ2.3％と5.3％になり，同全国水準のそれぞれ17.2％と24.3％と比べると低く，医療技術で見劣りがする。

　また，1村あたりの診療所（衛生室）の数は2004年の0.85室から2009年の1.06室に増えたものの，2009年の同衛生室の職員における「短大及び短大以上学歴者の割合」はわずか4.5％となっている。このように，末端医療サービス施設の医療水準は極めて低い。

　そして，表5に見るように，農村部の不満の割合は「外来診療」の40.4％にも及ぶのも驚きだが，更に都市部の同不満割合より7％も高い。同じく「入院」の不満も同10％高い。末端医療インフラである外来診療サービスと入院医療サービスとに対する農民の患者の不満は，主に低い技術水準，悪い医療設備環境，少ない薬品種類，高い医療費用，の4つである。新農合の実施に伴い，農村末端医療サービスインフラは量的に大きく改善されたものの，品質面では依然問題が多い。

（3）保険料と給付内容，水準に限度

　「医療機関の受診料が高い」，「受診へのアクセスが不便」という状況の中で，農村部の所得の上昇に伴い1人当たり保険料の引き上げは続いている。ただ，図1のとおり上昇ペースは緩やかで，2009年の1人当たり保険料は年間120元（約1,500円程度，2011年1月の平均為替レートで換算）未満となっている。中央政府，地方政府からの補助金が半分として，日本と中国とのGDP格差（約10倍）を勘案しても，日本の一人あたり医療費約28万円（2008年度）の約5％に過ぎず，これでは十分な水準の医療サービスの提供は難しい。

　ここで，時系列データが公表されていない新農合における「医療費」に対する保険による給付額の割合（以下，保険填補率と呼ぶ）を求めてみよう。まず，

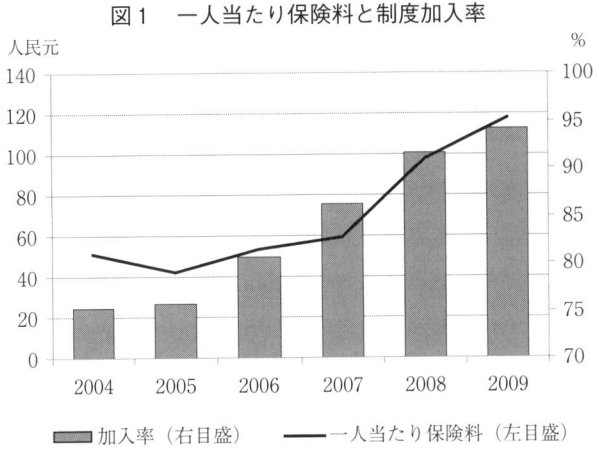

第2章　中国新型農村合作医療保険制度の現状とDEAモデルを使用した制度運営効率の測定　29

図1　一人当たり保険料と制度加入率

加入率（右目盛）　　一人当たり保険料（左目盛）

（出所）中国衛生統計年鑑2005〜2009版，衛生部「新型農村合作医療情報統計手帳」2004〜2008版から，筆者作成。

中国衛生統計年鑑2005〜2009年版の農村人口と1人当たり医療保険料より医療保険支出の総額を算出する。次に，『新型農村合作医療情報統計手帳』2005〜2008年版により医療給付総額を算出する。そして，新農合の医療給付総額が農民の医療保険料に占める割合を算出する。2008年『中国衛生サービス調査研究』家庭健康アンケート調査結果にみる新農合加入者の入院1回あたり保険による平均給付比率28.6％に対し，この計算方式で算出した2008年の数値は30.5％となり，近い数値となっている。同方式により，2004年〜2009年までの保険填補率を計算したものが表6である。

1人当たりの保険料の上昇に伴い新農合による給付率も上昇したものの，保

表6　新農合による保険填補率

年度	2004	2005	2006	2007	2008	2009
給付割合	2.3%	4.1%	9.1%	18.8%	30.5%	36.4%

（注）100％から上記の数字を引いたものが自己負担割合。
（出所）中国衛生統計年鑑2005〜2009年版，衛生部「新型農村合作医療情報」2004〜2008年版。

険給付金で填補された割合は2009年時点でも36.4％に過ぎず，医療費用の３分の２以上は自己資金で対応せざるを得ない状況にある。また前出の2008年『中国衛生サービス調査研究』家庭健康アンケート調査は，貧困化の原因の中で，「病気による労働の休止と病気の治療費の支払い」をあげた者の比率が全体の37.8％にも達し，とりわけ，中部農村地域は同比率が46.3％にも達し，病気の生活基盤に与えるリスクの大きさに対し，新農合の保障機能が十分でないことを示している。

第２節　DEA手法を用いた新農合基金（財源）の運営効率分析

　新農合の問題点は，前節でみた保険料水準や給付水準，医療機関へのアクセスという医療制度のインフラに加え，各地方自治体の保険制度の運営力にも問題があるのではないかと考え，本節ではDEA（Data Envelopment Analysis）を用いて，新農合の給付効率（保険料と給付額の関係），運営効率を分析する。

　一般に，DEAは切断面データ（たとえば特定年度）に対して，CRS Model（Constant returns to scale Model：規模に関して収穫一定を想定したモデル）とVRS Model（Variable returns to scale model：収穫可変モデル）を組み合わせることにより，効率性を，技術の効率性（Pure Technical Efficiency）と規模の効率性（Scale Efficiency）に分解する。また，規模効率について，変動係数に制約を加えることにより，NIRS Model（Non-increasing returns to scale model，収穫逓減モデル）を作成することにより，事業主体の効率性が逓増状態か逓減状態かの判断も行うことができる。

　アルゴリズムは以下のとおりである。X_jはj番目の事業体の総投入量を表し，Y_jはj番目の事業体の総産出量を表す。λ_jは，各事業体の加重係数を表す。以下の，$I\lambda = 1$の場合はVRSモデルに，$I\lambda < 1$の場合は，NIRSモデル（以下，NIRSと呼ぶ）となる。

$$\begin{cases} \min \theta \\ s.t. \sum_{j=1}^{t} \frac{Y_g}{Y} \lambda_j x_j \leq \theta x_0, \\ \sum_{j=1}^{t} \lambda_j y_j \geq y_0, \\ I\lambda = 1 \\ I = (1, 1, ..., 1)_{1*t \circ} \\ \lambda_j \geq 0, j = 1, 2, \cdots, t, \end{cases}$$

この3つのモデルの関係と技術の効率性と規模の効率を示したのが図2である。

新農合における効率性は，新農合に投入される基金（個人の保険料＋地域の基金＋政府の補助金）が医療給付額をどれだけ増やせるかの程度と理解できる。規模効率性は，投入額を増やすことによるそれ以上の医療給付額の増加の度合いであり，技術効率性は医療保険制度の運営効率のアップによりもたらさ

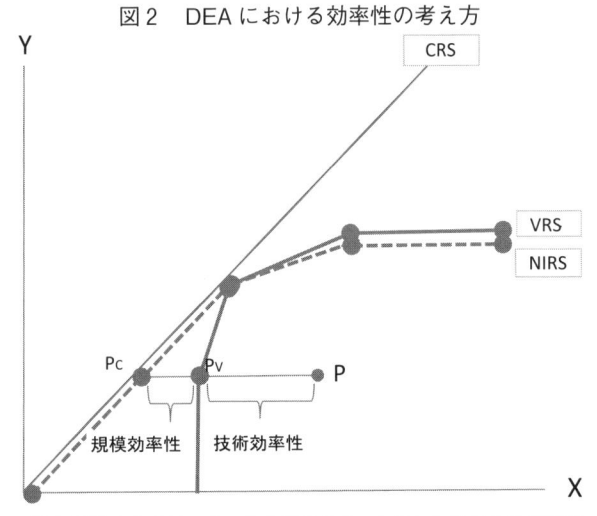

図2　DEAにおける効率性の考え方

(注)　事業主体Pは，もっとも効率の高い主体からPcP分効率が悪い。それは規模の効率性の劣後分PCPVと技術効率の劣後分PVPからなる。
(出所)　筆者が参考文献を参照し，作図。

れる給付額の向上と理解できる。

　本稿では，分析対象を中国の省，市，自治区から表7に示した31の地域ユニットを事業主体（DMU：Decision making unit，以下ユニットと呼ぶ）とした。投入物は多くの候補指標から，①1人あたり平均中央財政補助金，②1人あたり地方財政補助金，③1人あたり個人保険料を選択した。また，産出額は，①1人あたりの入院給付金額，②1回あたりの外来時給付額，③入院給付金受取人数，④外来診療給付金受取人数，の4つとした。使用したDEA分析ソフトはDEAP2.1で，誘導型計算方式（Output-Oriented Measurement）を用いた。

　各年の推計結果は同表7に示した。効率性（CRS）は技術の効率性×規模の効率性で求められる（定義式）。2004年の全国の技術の効率性，規模の効率性は各々0.806，0.877から2008年には同0.938，0.985に上昇していることから新農合全体の運営効率は改善していることがわかる。一方で，2008年でも技術の効率性で10のユニットが，規模の効率性で13のユニットが1に満たず，改善の余地は未だ大きいことを示している。また，2008年の規模効率欄にシャドーで示した逓増状況を見ると中部，西部に逓増状態を示す事業体が多くみられ，財源を拡大すれば給付効率が上がるエリアが数多くあることが分かる。

　地域別には，東部地区は両効率性とも2007年から1を越え，新農合の運営効率は高いと言える。逆に西部地区は各年技術の効率性と規模の効率性において最低のユニットを多く抱え，運営効率の引き上げが急務のエリアである。とりわけ，青海，寧夏，新疆は技術の効率性が低い。逆に，中国政府が経済支援を強めたチベットは2008年に技術の効率性，規模の効率性とも1と高い水準となっている。また，中部地区は東部と西部の間の効率性分布を示している。この傾向は中国の経済成長の地域別格差と同じ状況である。

　各年の切断面データによるDEA分析では，当該年における事業主体間の相対的な効率性比較しかできない。これをパネルデータとして時系列で把握するため，ここではマルムキスト（Malmquist）DEAモデルを使用する。モデルのアルゴリズムは紙面の関係から説明を割愛するが，参考文献Tim Coelly

表7 中国新農合制度の地域別運営効率比較（31ユニット）

		2004年			2008年		
		効率性CRS	技術効率性	規模効率性	効率性CRS	技術効率性	規模効率性
	記号表記	①CRS=②×③	②VRST	③SE	①CRS=②×③	②VRST	③SE
東部	北 京	1	1	1	1	1	1
	天 津	1	1	1	1	1	1
	遼 寧	0.683	1	0.683	1	1	1
	上 海	1	1	1	1	1	1
	江 蘇	1	1	1	1	1	1
	浙 江	1	1	1	1	1	1
	福 建	0.797	1	0.797	1	1	1
	山 東	1	1	1	1	1	1
	広 東	0.838	1	0.838	1	1	1
	河 北	0.651168	0.672	0.969	1	1	1
	海 南	0.806	1	0.806	1	1	1
中部	山 西	1	1	1	0.949144	0.952	0.997
	吉 林	0.622108	0.692	0.899	0.984	1	0.984
	黒竜江	0.735	1	0.735	0.655046	0.659	0.994
	安 徽	0.866943	0.891	0.973	1	1	1
	江 西	0.598901	0.613	0.977	0.903725	0.925	0.977
	河 南	1	1	1	1	1	1
	湖 北	0.59085	0.65	0.909	0.885654	0.891	0.994
	湖 南	0.654132	0.722	0.906	0.962	1	0.962
西部	内モンゴル	0.601676	0.698	0.862	0.997	1	0.997
	広 西	0.704	1	0.704	0.801	1	0.801
	重 慶	0.921	1	0.921	0.843	1	0.843
	四 川	0.327646	0.583	0.562	1	1	1
	貴 州	0.252	1	0.252	0.78228	0.795	0.984
	雲 南	1	1	1	1	1	1
	チベット	0.122544	0.184	0.666	1	1	1
	陝 西	0.46736	0.508	0.92	0.926	0.926	1
	甘 粛	0.46032	0.48	0.959	0.979	0.979	1
	青 海	0.4445	0.5	0.889	0.615384	0.616	0.999
	寧 夏	0.511488	0.512	0.999	0.76846	0.77	0.998
	新 疆	0.276208	0.283	0.976	0.560876	0.562	0.998
	全国	0.706862	0.806	0.877	0.92393	0.938	0.985

（注1）CRS効率性＝収穫可変モデル（VRSモデル）の純技術効率（VRST）×規模効率：同モデルの規模効率（SE）。
（注2）推計期間は，2004～2008年の5年間であるが，ここではうち，2004年と2008年の2年間を表示。
（注3）シャドウ部分は収益逓増局面にあることを示す。
（出所）筆者がDEAモデルで計算した結果を作表。

(1996) に詳しい。Malmquist DEA モデルの効率性変化率（以下，マルムキスト効率性と言う）は，隣接する年度について，①技術効率性の変化と②技術水準との積により表現される。また，技術の効率性の変化率は，③純技術の効

表8　各地区（事業主体）ごとのマルムキスト指数

		2005	2006	2007	2008
東部	北　京	1.17	0.99	1.06	1.25
	天　津	0.77	0.84	1.48	1.3
	遼　寧	1.33	1.11	1.54	1.12
	上　海	0.86	0.78	1.07	1.21
	江　蘇	1.76	0.38	1.08	0.88
	浙　江	1.8	0.47	0.86	0.91
	福　建	2.57	0.3	2.56	1.31
	山　東	1.25	0.46	1.22	0.85
	広　東	0.92	0.61	1	0.96
	河　北	1.17	0.93	1.16	1.24
	海　南	1.05	1.46	1.82	0.82
中部	山　西	1.13	0.73	1.08	1.19
	吉　林	1.92	0.73	1.01	1.19
	黒竜江	1.18	0.8	1	1.31
	安　徽	1.09	0.81	1.04	1.25
	江　西	1.09	0.89	1.2	0.99
	河　南	0.95	0.77	1.2	1.07
	湖　北	1.11	0.67	0.88	1.18
	湖　南	0.96	1.02	1.11	1.14
西部	内モンゴル	2.54	0.88	1.24	1.5
	広　西	0.68	0.82	1.08	0.97
	重　慶	0.95	0.75	0.96	1.07
	四　川	0.67	1.14	1.24	0.99
	貴　州	1.68	0.8	1.09	0.98
	雲　南	0.76	0.69	1.06	0.98
	チベット	9631.2	0.8	1.4	0.85
	陝　西	1.41	0.97	1.05	1.11
	甘　粛	1.18	0.93	0.96	1.54
	青　海	1.36	0.76	1.28	0.66
	寧　夏	1.13	0.85	1.07	1.24
	新　疆	1.43	0.67	0.99	0.79
	全国	1.59	0.77	1.16	1.07
	技術効率性	1.41	1.07	0.99	1.07
	純技術効率	1.29	1.07	1.07	1.02
	規模の効率性	1.09	1.00	0.98	1.06
	技術水準	1.13	0.72	1.17	1.00

（出所）筆者がMalmquist DEAモデルにより算出。

率性変化率と④規模効率の水準の2つに分解できる。このモデルを用いて，2005年から2008年の4つの変化率を前述のモデルにより計算し，マルムキスト効率性を算出したのが表8である。同効率性の変化率は2005年から2008年の各年について，1.59，0.77，1.16，1.07となった。2006年に効率性の改善が大きく低下したことを示している。それを構成する技術の効率性の変化を見ると2005年の1.41から2006年には1.07へ大きく低下し，2007年も0.99と低調である。2008年は少し持ち直したものの1.07と効率性の改善は低い伸びとなっている。2006年は中国衛生部など7部の委員会が合同で「新型農村合作医療テストの推進を加速する通知」を公告し，2006年の新たに配分した中央と地方政府の財政補助金は「本来重病に対する給付に使うべきだが，これを小額医療費用の補助に当て医療給付全体の引上げに使ってよい」と地方政府に指示した年である。医療保険基金の管理・運営に経験不足の事業主体では，1人あたり入院給付額と1回当たり外来診給付額の基準づくりや支給体制の整備が遅れる事態が発生した。このため，追加配分された財源（個人保険料や中央，地方政府の補助金分など）を消化しきれない事業主体が多く発生した。その混乱ぶりが2006年の技術水準の0.72という数字にうかがわれる。

　ただ，2008年に入ると各事業主体間の政策調整により，財源の増加は緩やかとなり，1人あたり平均入院給付額と1回あたり平均外来診療給付額も増加したため，マルムキスト効率性は回復している。

　これを東部，中部，西部に分けてみると，制度開始の次年度に当たる2005年は，当初インフラが整っていなかった西部地域において変化率を表す数字が非常に大きなものになっている。前述の2006年の混乱は全地域で生じたものの，東部，中部地域では2008年には改善しており，新農合の事業主体である地方政府に対応力があることを示している。このように，地方政府が主に運営する新農合は，中央の政策変化を地方の制度運用に迅速に織り込めるようにする必要があるが，今後これらの運営体制の整備やノウハウの蓄積が求められる。

第3節　新農合の改善に向けた提案

　第1節，第2節でみてきたように，新農合は都市部に比べ圧倒的に所得の低い農村部を対象としているため，保険料の水準を低く設定せざるを得ず，外来診療に伴う給付は抑制するなど給付内容や給付水準をかなり限定した制度となっている。しかもその運営を担当する地方政府は，各地域により運営効率が大きく異なり，制度全体の未熟さが目立つこととなった。しかしながら，新農合が中国の今後の社会保障制度の主柱の一つであることは間違いなく，医療は国民の不満が最も高い分野であることから，新農合の制度の見直しをさらに進める必要がある。本節では，新農合の制度の見直し提案を行いたい。

（1）外来診療への給付拡大と政府による財源のテコ入れ

　第1節でみたとおり，2008年現在では新農合は当初期待されたほどには農民の病気に伴う貧困リスクへの対応や医療サービスの利用度の向上に貢献していない。現行制度では，農民の外来診療費用や軽度の入院費用などは保険対象外として全額自己負担になるのに加え，保険範囲に入る重病の入院でさえかかった費用の40～50％は自己負担になる。この医療費の高負担構造が農民の「未受診」，「未治療」，「未入院率」を増加させ，その結果，病状の悪化とさらなる医療支出の増大を招来することになっている。また，残念ながら，貧困リスクをヘッジする仕組みにはなっていない。

　外来診療費への保険適用は農民の疾病予防意識の高揚や早期受診による大病の回避につながり，結果として医療費用の膨張を抑える効果も期待される。2010年に中国衛生部は，今後の農民医療費の自己負担比率を順次引き下げていく方針を打ち出した。この「十二五計画」の最終年には，いわゆる基本医療衛生制度を公共財として全国民に提供することとし，自己負担比率30％以下という国際レベルを目標としている。自己負担比率の引き下げの最優先順位には外来診療費用への保険給付の拡大を掲げている。

　しかしながら，経済成長の地域格差から農民の所得水準が都市部に比べ大き

く見劣りする中では，利用頻度の高い外来診療費まで保険の給付範囲を一気に広げることは財政的に難しい。農民の所得が十分な保険料を支払える水準に達するまでは，医療保険の財源（基金）に占める中央政府と地方政府の補助金の割合を増やすことはやむをえない。ただ，この場合も前提として第2節でみたように，地域ごとに制度の運営効率を改善する地方政府の努力やきめ細かな制度設計が求められる。この過程で，保険金支払制度の改革，病院の効率化，内部管理の強化，基本薬品制度の更なる改革，などにより，医療費用の総額をコントロールし，無駄な費用をカットする工夫は不可欠である。

（2）地方政府の新農合の運営の効率化

　第2節のDEAを用いた効率性分析から，地域間で同制度の運用効率に差があることが明らかになった。投入額（基金財源）が多ければ産出額（医療保険の給付額）が多くなるのは自然だが，それ以外の効率性を示す技術の効率性は年度ごと地域ごとの格差が大きい。新農合を管理する地方政府は保険制度の運営経験が浅く，2006年に見られたように中央政府の基本政策の急な変更が地方の保険制度運営を不安定にし，運営効率を落とすことになる。

　中央政府の長期安定的な政策スタンスの確保と地方政府レベルの安定的な保険制度運営に不可欠な医療保険データの収集や統計分析ができる体制を作る必要がある。

（3）農村の末端医療サービス品質の向上

　農村の末端医療衛生機構（郷鎮衛生院，村の衛生室，村の個人診療所）は農民にとって基本医療と公共衛生サービスの担い手であるが，医療インフラは量的にも質的にも劣っている。第2節の分析は現行の行政区域に準拠して分析したものであるが，現実には，更に細かい市（日本の県に相当）や県（日本の市に相当）での医療政策は経済発展状況や保険制度の管理者能力により相当なばらつきがある。同行政区域内でも，都市，区，県によりとられる医療政策が異

なる場合も多い。

　そこで，まず第1に中国の中央，地方政府の新しい医療改革政策目標の中に明確に農村末端医療の医療サービス品質を改善し，都市住民とほぼ同水準の医療サービスを享受することを国家目標とする必要がある。「収入の範囲で給付額の設定と単年度収支の黒字」という新農合の執行原則は，各地域間の保険給付水準に大きな格差を生んでいる。とりわけ，経済発展が先行する東部地区各省とその他の地域との格差を是正し，全国共通制度としての新農合の均衡のとれた発展を重視する必要がある。その上で，中央政府は末端医療サービスの保険制度運営の効率性によって地域を細分化し，個別の新農合政策の指針を出すことが重要である。

　第2に，全国の半数以上の末端医療衛生機構が基本薬品制度を採用することにより患者の薬品費用負担は減ったものの，同機構の経営は厳しくなった。末端医療衛生機構の安定的な経営を保証する仕組を導入し，末端医療衛生機構とその医師に良質な医療の提供に向けたインセンティブを持たせることが重要である。その結果，基本薬品制度の浸透と定着も期待できる。

　第3に，地域農村部（郷鎮）における医師への支援である。村の診療所（衛生室と呼ばれている）に対しては，①一定の基本公共衛生サービスを委ね，そのサービス対価を同診療所に安定的に支払う仕組みの導入，②一定の条件を備えた同診療所の外来診療に新農合を適用する，③同診療所の良質な施設建設や医療設備の導入，そして職員の技能訓練などに一定の優遇措置を与える，などの対応を行う。

結　　語

　以上のように，抜本的な農村の医療保険制度改革が進む中国であるが，日本の公的医療保険制度の構造をベースに新農合の現状と今後の方向を考えてみよう。図3に示したように日本の医療保険制度は非常に自由な医療アクセス（横軸）と高い医療資源の利用度（縦軸）の組合せにより医療サービスを提供して

図3　医療保険制度の改革の方向

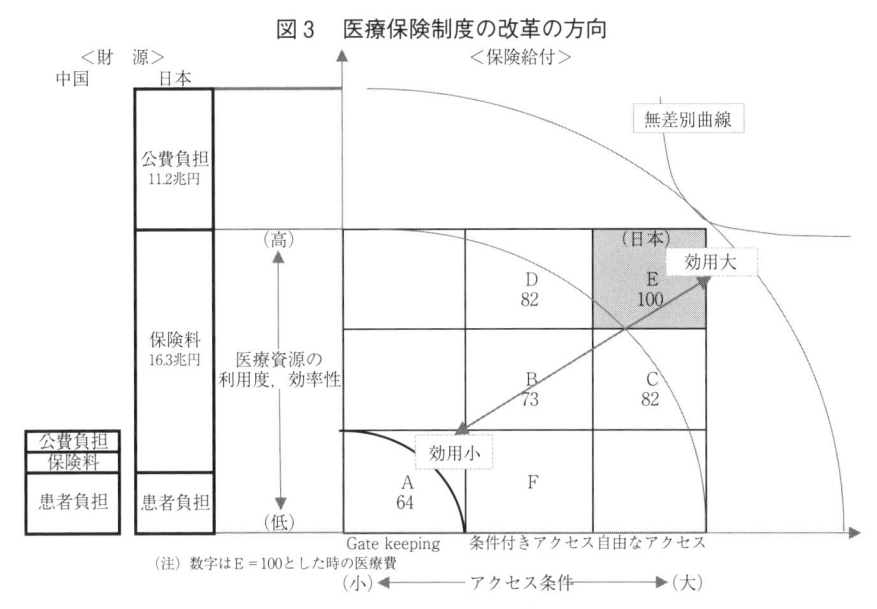

（注）著者が日本との比較で中国の今後の医療保険制度の方向性を作図。

おり，図の中ではEの部分に位置する。一方，給付を可能にする財源は図の左の棒グラフに見るように大きな公費や社会保険料により調達されている。このため，患者の自己負担が1割～3割に収まり，いわば所得の再配分を重視した制度設計となっている。日本では高齢化の進展により右のグリッドが大きくなってきたため，国民に優しい恵まれた制度は財政的な困難に直面している。図で言えばEからB，C，Dへの制度変更を進めていることになる。

中国の新農合の場合は，医療施設の地理的制約や保険給付率の低さ（自己負担の高さ）から横軸のアクセスは実質的には制約され，また給付が重病入院に限定されるなどから考えて図のAの位置にあると考えられる。図の左の棒グラフで示した財源も小さく，かつ内訳も患者負担が半分以上を占めることから，「原点に近い」Aに位置していると考えられる。すなわち，所得の再配分効果が小さく，国民が感じる医療保険の効用も非常に低い位置にある。

今後，限られた予算の中で外来診療の給付を徐々に拡大することによりA

からＦに移動させ，そして医療の質の改善を進めたＢの位置に新農合を持っていくことが目標となろう。中国の経済成長と所得の地域間格差を埋める政策と歩調を合わせながら，財源の負担割合を見直し，患者の自己負担率を現在の５～６割から３割を目途に引き下げる制度設計が求められている。

　高い経済成長が見込まれるうちに，将来の社会インフラである公的医療保険制度を安定的で国民の効用の高い制度にすることが喫緊の課題である。

主要参考文献
〇英語文献
［１］Cooper W. W, Seiford L. M, Tone K.（2000）"Data Envelopment Analysis［M］." Boston Kluwe, Academic Publisher.
［２］T. Ahn, A. Charnes, W. W.（1998）"Coopering Data Envelopment Analysis to Measure the Efficiency of Not-for-Profit Organizations" Managerial and Decision Economics, Vol. 9, No. 3, Sep,1988, pp.251-253.
［３］Tim Coelly（1996）"A Guide to DEAP Version 2.1 A Data Envelopment Analysis Program" CEPA Working Paper 96/08, pp. 1～49.

〇中国語文献
［４］衛生部統計情報中心（2004）『2003年中国衛生サービス調査研究第三回国家衛生サービス調査分析報告』，中国協和医科大学出版社，2004年12月。
［５］衛生部統計情報中心（2009）『2008年中国衛生サービス調査研究第四回家庭健康諮問調査分析報告』，中国協和医科大学出版社，2009年12月。
［６］衛生部統計情報中心（2009）『中国基層衛生サービス研究第四回国家衛生サービス調査専題研究報告』，中国協和医科大学出版社，2009年12月。
［７］除林奔（2006）「中国商業健康保険の現状と展望」『立命館国際地域研究』第24号2006年3月, pp. 117-129。
［８］孟慶躍・厳非・程暁明（2008）「新型農村合作医療資金調達水平と資金調達能力分析」，『中国衛生経済』，2008年9月。
［９］瀚・朱喬・呉広某等（1996）『DEA 理論，方法及び応用』，科学出版社。

〇日本語文献
［10］尾関淳哉（2008）「「Malmquit 指数」を用いた地方空港の生産性変化の計測」『日本経済研究』日本経済研究センター，NO. 59, pp. 22-41。
［11］谷川佳澄（2006）「自治体病院の効率性分析―Translog 型費用関数および DEA によるアプローチ―」『青森公立大学経営経済研究』Vol. 12, No. 1, pp. 29～37。
［12］刀根薫（2001）「経営効率性の測定と改善―包絡分析法 DEA による―」日科技連出版社。
［13］播磨谷浩三（2004）「信用金庫の効率性の計測―DEA と確率的フロンティア関数との比較―」『金融経済研究』，第21号，pp. 92～111。
［14］堀江康熙・川向肇（1999）「小規模金融機関の経営地盤」『経済学研究』第66巻第3号，九州

大学経済学会，pp. 197～225。
[15] 宮尾龍義（1993）「信用金庫における範囲の経済性と規模の経済性―地域別検証―」『経済研究』Vol. 44, No. 3，pp. 233-242。
[16] 山本　俊（2009）「地域銀行技術効率性と営業地盤―Non Discretionary DEA モデルによる実証分析」http://www.shiratori.riec.tohoku.ac.jp/~takita/ARSC2009/Paper/ARSC2009_37.pdf。

# 第3章
収入階層別にみた中国の医療支出の格差分析

马明煜（東北財経大学金融学院大学院生）
权　娜（東北財経大学金融学院大学院生）

要約：新型農村合作医療保険制度（以下，新農合と呼ぶ）について東部，中部，西部などエリア別に制度が持つ不公平性などを分析した研究は多いものの，所得階層別に分析した研究は見当たらない。そこで，都市部と農村部に各5つの所得階層を設定し，各層が他の所得層との関係（20～27のクロスセクション）において医療支出や未入院について制度導入前後でその行動が構造的に変化したかを計量的に検証した。

分析の結果，①所得階層別にみた都市住民や農村住民の医療サービスへの利用には大きな偏りがある，②高所得者の医療支出は高くかつ未入院率が低いのに対し，低所得者はその逆である，③新農合の制度導入前後でその状況に変化は無い，ことが判明した。

すなわち，新農合は中低所得階層の医療サービス支出を増加させたという政策的効果は認められるものの，所得再配分を加速するほどのものではないと言える。

キーワード：分散分析，倍差法，未入院率

はじめに

2000年に出された「世界衛生レポート」（WHO, 2000）は，世界191ヶ国の衛生システムを評価し，中国の医療衛生に関する公平性ランキングが188位とした。また，2003年に中国衛生部が公表した第3回全国衛生サービス調査（中国衛生統計提要，2005）は，①中国の医療衛生支出は食料品，教育支出に次ぐ第3位に大きな消費支出，②病気になっても経済的に医療費を負担できず受診で

きない農民の割合は45.8％（2003年），入院できない農民の割合は30.3％（同），③79％の農民が私費で診療を受けた（同），などを示した。都市部の基本医療保険制度に比べ農民向け医療衛生サービスは極めて劣悪で，不平等かつ不十分と結論づけている。

　医療サービスにおける公平性確保は国の医療衛生政策の重要な目標であり，学術的にも先行研究が多い。IlmoKeskimaki（2003）は，国民に提供する医療サービスの不平等は高所得者層のより良い医療サービスを受けたいという要請に一因があるとし，Dror,Jacquier（1999）は，農村における医療保険制度は農民に必要な前任の医療保障の提供は必須でありが，医療費の高い個人負担は低所得者農民の医療需要を押さえ込むとした。

　一方，魏衆（2005）は中国の都市部と農村部，また東部と中西部との医療支出において明らかな不平等があることを証明している。史清華ら（2004）は収入階層別，地域別に農民の医療支出を丁寧に分析し，また，徐剛（2009）は新農合が低所得農民層の外来や入院サービスへの利用増加に貢献し同サービスの利用度を高めたが，現在の同制度では農民の医療サービスに対する需要を満たせないと指摘している。

　本稿は計量的手法を用い，新農合の医療支出や未入院率について都市部と農村部を収入階層別に分析し，医療サービスにおける格差を分析することを目的としている。

第1節　研究方法
（1）分散分析
　観測データが有する差異を分析するには本書で前出したティエル指数や分散分析がよく用いられる。ティエル指数は観測データ間の差異の大きさを，分散分析はその差異を生む諸要素の分析も目的にしている。また，分散分析は分析結果を検定し結果の精度を検証できる。本章では，後者の諸要素の格差への影響を分析するため，分散分析を用いる。

分散分析は1920年代にイギリスの統計学者であるR. A. Fisherが提唱し，利用が広がった。1つの複雑な事象の中で，互いに制約もしくは依存する要素が数多く存在する。分散分析は，複雑な事象において，①顕著な影響がある諸要素，②各要素間の交互作用，そして③顕著要素の有意水準を分析することができる。また，分散分析はデータグループにある各データとその間の差異についても各源泉ごとに分解する。差異の測定については，データの分散成分の平方和を用いる。分散分析の方法としては，データ分散成分の総平方和から指定源泉の部分平方和に分解することとする。今回用いる分散分析のアルゴリズムは以下のとおりである。

①一元配置分散分析

1つの変動要因がある分散分析は一元配置分散分析という。総体分散はグループ間分散とグループ内分散に分解され，つまり $S_T = S_t + S_e$ である。

総体分散：$S_T = \sum_{i=1}^{m} \sum_{j=1}^{k} (X_{ij} - \overline{X})^2$

グループ間分散：$S_t = \sum_{i=1}^{m} \sum_{j=1}^{k} (\overline{X_i} - \overline{X})^2$

グループ内分散：$S_e = \sum_{i=1}^{m} \sum_{j=1}^{k} (\overline{X_{ij}} - \overline{X_i})^2$

その中，$i = 1, 2, \cdots, m$，$j = 1, 2, \cdots, k$。m は要因水準の個数であり，k は実験回数である。総体自由度，グループ間自由度，グループ内自由度はそれぞれ，$nr-1$，$r-1$，$nr-r$ である。したがって，F は以下のようになる。

$$F = \frac{S_t(r-1)}{S_e/(nr-r)} \sim F(r-1, nr-r)$$

分散分析のポイントは F 値である。F 値は大きいほど，グループ間分散は主要分散であり，当該要素の影響が顕著である。逆に，ランダム分散は要素の影響が小さい。

②二元配置分散分析

2つの要素からなる分散分析は2元配置分散分析という。それは，無交互作用分散分析と有交互作用分散分析に大別される。両者の差は要因間の交互作用が要因に影響するか否かというところである。その分析方法は一元配置分散分

析方法とほぼ同じである。

　ア．無交互作用分数分析

　一元配置分散分析と類似して，総体分散が A，B 要因のグループ間分散とグループ内分散に分解されうる。つまり，$S_T = S_A + S_B + S_e$ である。

　総体分散：$S_T = \sum_{i=1}^{m} \sum_{j=1}^{k} (X_{ij} - \overline{X})^2$

　要因 A のグループ間分散：$S_A = \sum_{i=1}^{m} \sum_{j=1}^{k} (\overline{X_i}. - \overline{X})^2$

　要因 B のグループ間分散：$S_B = \sum_{i=1}^{m} \sum_{j=1}^{k} (\overline{X}._j - \overline{X})^2$

　グループ内分散：$S_e = \sum_{i=1}^{m} \sum_{j=1}^{k} (X_{ij} - \overline{X_i}. - \overline{X}._j + \overline{X})^2$

　総体自由度，要因 A のグループ間自由度，要因 B のグループ間自由度，グループ内自由度はそれぞれ $nr-1$，$n-1$，$r-1$，$(n-1)(r-1)$ である。その結果は以下のようである。

$$F_A = \frac{S_A(n-1)}{S_e/(n-1)(r-1)} \sim F[n-1,(n-1)(r-1)]$$

$$F_B = \frac{S_B(r-1)}{S_e/(n-1)(r-1)} \sim F[r-1,(n-1)(r-1)]$$

　イ．有交互作用分数分析

$\overline{X}_{ij}. = \dfrac{1}{m} \sum_{l=1}^{m} X_{ijl}$　$\overline{X}_i.. = \dfrac{1}{nm} \sum_{j=1}^{n} \sum_{l=1}^{m} X_{ijl}$

$\overline{X}._j. = \dfrac{1}{rm} \sum_{i=1}^{r} \sum_{l=1}^{m} X_{ijl}$　$\overline{X} = \dfrac{1}{rnm} \sum \sum \sum X_{ijl}$

$S_T = S_A + S_B + S_{AB} + S_e$。その中，

総体分散：$S_T = \sum \sum \sum (X_{ijl} - \overline{X})^2$

要因 A のグループ間分散：$S_A = nm \sum (\overline{X}_i.. - \overline{X})^2$

要因 B のグループ間分散：$S_B = rm \sum (\overline{X}._j. - \overline{X})^2$

交互作用の分散：$S_{AB} = m \sum \sum (\overline{X}_{ij}. - \overline{X}_i.. - \overline{X}._j. + \overline{X})^2$

グループ内分散：$S_e = \sum \sum \sum (X_{ijl} - \overline{X}_{ij}.)^2$

　総体自由度，要因 A のグループ間自由度，要因 B のグループ間自由度，交互作用の自由度，グループ内自由度はそれぞれ $rnm-1$，$r-1$，$(r-1)(n$

− 1），$rn(m-1)$ である．結果は以下で示している．

$$F_A = \frac{S_A(n-1)}{S_e/(rnm-rn)} \sim F(r-1, rnm-rn)$$

$$F_B = \frac{S_B(n-1)}{S_e/(rnm-rn)} \sim F(n-1, rnm-rn)$$

$$F_{AB} = \frac{S_{AB}(r-1)(n-1)}{S_e/(rnm-rn)} \sim F[(r-1)(n-1), rnm-rn]$$

（2）倍差分析（Different-In-Different）

収入階層別にみた医療支出には差異があり，その差異は時間が経つに伴って増加する．本章では，新農合の実施前後にどの階層の医療支出がより速い速度で増加しているのか，あるいは政策がどの収入階層の農民に効果を与えているのかを分析する．政策効果を評価する際に，よく用いられる手法が倍差法である．図1に倍差法の概要を図示した．

倍差法を用いるためには，2つのグループの観測データが必要である．1つは政策に明らかな影響のあるグループ（「作用グループ」という），もう1つは政策にあまり影響のないグループ（「対照グループ」という）である．作用グループと対照グループについて，政策実施前後の作用グループにおけるある指標（例えば，医療支出）変動額と対照グループの同指標の変動額を推計し2つ

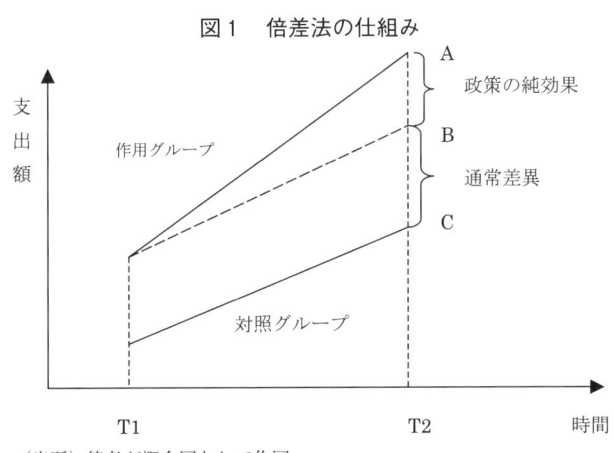

図1　倍差法の仕組み

（出所）筆者が概念図として作図．

の変動額の差を算出する。これが政策の「純効果」である。

　ここでは，農民の医療支出の変化について時間推移による通常変化と政策変更による変化とに振り分ける。すなわち，

　　「医療支出の変動額」＝「時間推移による変動額」＋「政策変更による変動額」

である。

　前出図1に示したように，横軸は医療支出の時系列の変動額である。図から，どの収入階層の医療支出であっても，年々増加の傾向が見える。まず新農合実施前の作用グループ（例えば，高所得階層の農民）と対照グループ（例えば，低所得階層の農民）のそれぞれの医療支出変動額，つまり通常差異を計算し，次にその変動額と政策実施後の同変動額と比較するのである。同図で言えばBCが「通常差異」，ABが「政策の純効果」である。ここでは，各収入階層の時間による医療支出の変動額が同じであると仮定する。すなわち，収入階層別の農民に対しては，経済発展，医療条件の改善といった要素の影響が同じであると仮定する。また，低収入グループを対照グループ，他の4グループを作用グループとする。倍差法により時間による影響を除去することができ，政策による純粋な影響が推計される。

（3）データの出所

　収入階層別医療支出のデータは「中国衛生サービス調査研究第3次国家衛生サービス調査分析報告」と2002～2009年の「中国統計年鑑」を使用した。また，収入階層別未入院率のデータは「中国衛生サービス調査研究第4回家庭県級諮問調査分析報告」である。収入階層は1人当たり収入によって5グループに区分されている。

第2節　収入階層別にみた医療支出の分散分析

　ここでは，収入階層別の医療支出について無交互作用二元配置分散分析と倍

(1) 都市部における収入階層別分析

分散分析は，収入階層別に農民の医療支出の差異と年次別の医療支出の変動を分析することを目的とする。まずは都市部を分析し，次に農村部を分析する。そして，都市と農村との差異を検討する。都市部における分析の結果は以下のとおりである。

表1 都市部要因間の検定

被説明変数：医療支出					
	III 型平方和	自由度	平均分散	F値	P値
矯正モデル	112465.333a	6	18744.222	4.832	0.022
切片	412344.6	1	412344.6	106.298	0
年次	51007.6	2	25503.8	6.575	0.02
収入階層	61457.733	4	15364.433	3.961	0.046
誤差	31033.067	8	3879.133	—	—
総計	555843	15	—	—	—
矯正後の総計	143498.4	14	—	—	—

(注) $R^2 = .784$（自由度調整後の $R^2 = .622$）

表2 都市部の年次別医療支出の2時点間比較

(I) 年次	(J) 年次	平均値の差 (I-J)	標準誤差	P値	95% 下限	95% 上限
1993	1998	-15.2	39.39103	0.71	-106.0359	75.6359
	2003	-130.6000*	39.39103	0.011	-221.4359	-39.7641
1998	1993	15.2	39.39103	0.71	-75.6359	106.0359
	2003	-115.4000*	39.39103	0.019	-206.2359	-24.5641
2003	1993	130.6000*	39.39103	0.011	39.7641	221.4359
	1998	115.4000*	39.39103	0.019	24.5641	206.2359

（注1） 平均値をベースとする。誤差は平均値の誤差である＝3879.133。
（注2） ＊は平均値の差が5％有意であることを示す。

都市部における年次別，所得階層別に医療費支出の断層があるかどうかを検証したのが表1である。年次のp値が0.02，収入階層が0.046と共に0.05を下回り，医療支出において大きな変化が確認できる。

時点間の変化を確認してみよう。1993年，1998年，2003年の3時点で大きな変化が生じているかを検証したのが表2である。1993年〜1998年では大きな変化は確認できないが，1993年〜2003年，1998年〜2003年のp値は各々0.011，0.019と明確な変化を示す期間となっている。都市住民基本医療保険制度の改

表3　都市部の収入階層別医療支出における2対象間比較

医療支出：LSD

(I)収入階層	(J)収入階層	平均値の差 (I-J)	標準誤差	P値	95% 下限	95% 上限
低所得	中低	−24.3333	50.8536	0.645	−141.602	92.9353
	中間	−61.6667	50.8536	0.26	−178.9353	55.602
	中高	−96.6667	50.8536	0.094	−213.9353	20.602
	高	−183.0000*	50.8536	0.007	−300.2686	−65.7314
中低所得	低	24.3333	50.8536	0.645	−92.9353	141.602
	中間	−37.3333	50.8536	0.484	−154.602	79.9353
	中高	−72.3333	50.8536	0.193	−189.602	44.9353
	高	−158.6667*	50.8536	0.014	−275.9353	−41.398
中間所得	低	61.6667	50.8536	0.26	−55.602	178.9353
	中低	37.3333	50.8536	0.484	−79.9353	154.602
	中高	−35	50.8536	0.511	−152.2686	82.2686
	高	−121.3333*	50.8536	0.044	−238.602	−4.0647
中高所得	低	96.6667	50.8536	0.094	−20.602	213.9353
	中低	72.3333	50.8536	0.193	−44.9353	189.602
	中間	35	50.8536	0.511	−82.2686	152.2686
	高	−86.3333	50.8536	0.128	−203.602	30.9353
高所得	低	183.0000*	50.8536	0.007	65.7314	300.2686
	中低	158.6667*	50.8536	0.014	41.398	275.9353
	中間	121.3333*	50.8536	0.044	4.0647	238.602
	中高	86.3333	50.8536	0.128	−30.9353	203.602

（注1）平均値をベースとする。誤差は平均値の誤差である＝3879.133。
（注2）＊印は，平均値の差が5％有意であることを示す。

正などがその要因として考えられる。

更に詳しく格差の状況を見るため，5つのグループ間で医療支出に大きな格差が確認できるかを検証した。表3に見るように低所得層と高所得層（p値0.007），中低所得層と高所得層（p値0.014），そして中間所得層と高所得者の間（p値0.044）で医療支出に際して，大きな支出行動の差を確認できる。

（2）農村部における収入階層別への分析

次に農村部について，年次別の医療支出と収入階層別の医療支出の変化の状況を分析したのが表4である。年次別のp値は0.002，所得階層別のp値が0.012と都市部の数値よりかなり小さく，都市部以上に明確な医療支出の変化

表4　農村部の要因間の検定

	III型平方和	自由度	平均分散	F値	P値
矯正モデル	24943.067a	6	4157.178	9.105	0.003
切片	112493.4	1	112493.4	246.39	0
年次	12788.8	2	6394.4	14.005	0.002
収入階層	12154.267	4	3038.567	6.655	0.012
誤差	3652.533	8	456.567	—	—
総計	141089	15	—	—	—
矯正後の総計	28595.6	14	—	—	—

（注）被説明変数は医療支出，$R^2 = .872$（自由度調整後の$R^2 = .776$）

表5　農村部の年次別医療支出の2時点間比較

医療支出：LSD

(I)年次	(J)年次	平均値の差 (I-J)	標準誤差	P値	95% 下限	95% 上限
1993	1998	-14.8	13.51394	0.305	-45.9632	16.3632
	2003	-68.0000*	13.51394	0.001	-99.1632	-36.8368
1998	1993	14.8	13.51394	0.305	-16.3632	45.9632
	2003	-53.2000*	13.51394	0.004	-84.3632	-22.0368
2003	1993	68.0000*	13.51394	0.001	36.8368	99.1632
	1998	53.2000*	13.51394	0.004	22.0368	84.3632

（注1）平均値をベースとし，誤差は平均値の誤差である＝456.567。
（注2）＊印は平均値の差が5％有意であることを示す。

が確認できる。

表5が示すとおり，農村部の時点間比較を見ると1993年と2003年（p値0.001），1998年と2003年（p値0.004）と大きな段差が存在する。この傾向は都市部と同じであるが，農村部ではより明確である。

農村部の行動格差についてさらに詳しく見るため，5つのグループ間での影

表6　農村部の収入階層別医療支出の2対象間比較

医療支出：LSD

(I) 収入階層	(J) 収入階層	平均値の差 (I-J)	標準誤差	P 値	95% 下限	95% 上限
低所得	中低	-6.3333	17.44643	0.726	-46.5649	33.8982
	中間	-14	17.44643	0.445	-54.2315	26.2315
	中高	-32	17.44643	0.104	-72.2315	8.2315
	高	-79.0000*	17.44643	0.002	-119.2315	-38.7685
中低所得	低	6.3333	17.44643	0.726	-33.8982	46.5649
	中間	-7.6667	17.44643	0.672	-47.8982	32.5649
	中高	-25.6667	17.44643	0.179	-65.8982	14.5649
	高	-72.6667*	17.44643	0.003	-112.8982	-32.4351
中間所得	低	14	17.44643	0.445	-26.2315	54.2315
	中低	7.6667	17.44643	0.672	-32.5649	47.8982
	中高	-18	17.44643	0.332	-58.2315	22.2315
	高	-65.0000*	17.44643	0.006	-105.2315	-24.7685
中高所得	低	32	17.44643	0.104	-8.2315	72.2315
	中低	25.6667	17.44643	0.179	-14.5649	65.8982
	中間	18	17.44643	0.332	-22.2315	58.2315
	高	-47.0000*	17.44643	0.027	-87.2315	-6.7685
高所得	低	79.0000*	17.44643	0.002	38.7685	119.2315
	中低	72.6667*	17.44643	0.003	32.4351	112.8982
	中間	65.0000*	17.44643	0.006	24.7685	105.2315
	中高	47.0000*	17.44643	0.027	6.7685	87.2315

（注1）平均値をベースとし，誤差は平均値の誤差である＝456.567。
（注2）＊印は平均値の差が5％有意であることを示す。

響を検証したのが表6である。これから，都市部と同じ，低所得層と高所得層（p値0.002），中低所得層と高所得層（p値0.003），中間層と高所得層（p値0.006）には明確な行動格差を認めることができるのに加え，中高所得層と高所得層（p値0.0027）においても同格差を検出できた。農村部では，ごく少数の高所得層のみ医療支出を大きく伸ばし，他の所得階層との支出行動の差を広げている。

（3）都市，農村を併せ見た収入階層別分析

次に，都市部や農村部という囲みを外し，都市部と農村部を一つにして格差の状況を検証する。表7のとおり，年次比較のp値は0，収入階層のp値は0.001と極めて小さい数字となっており，各時点間，各層間で大きな差がある

表7　要因間の検定（都市・農村間）

	III型平方和	自由度	平均分散	F値	P値
矯正モデル	177963.400a	11	16178.491	7.072	0
切片	477793.2	1	477793.2	208.869	0
年次	57306.6	2	28653.3	12.526	0
収入階層	120656.8	9	13406.311	5.861	0.001
誤差	41175.4	18	2287.522		
総計	696932	30			
矯正後の総計	219138.8	29			

（注）被説明変数は医療支出。$R^2 = .812$（自由度調整後の$R^2 = .697$）

表8　年次別医療支出（2対象）の比較（都市・農村間）

医療支出：LSD

(I)年次	(J)年次	平均値の差 (I-J)	標準誤差	P値	95% 下限	95% 上限
1993	1998	−15	21.38935	0.492	−59.9374	29.9374
	2003	−99.3000*	21.38935	0	−144.2374	−54.3626
1998	1993	15	21.38935	0.492	−29.9374	59.9374
	2003	−84.3000*	21.38935	0.001	−129.2374	−39.3626
2003	1993	99.3000*	21.38935	0	54.3626	144.2374
	1998	84.3000*	21.38935	0.001	39.3626	129.2374

（注1）平均値をベースとし，誤差は平均値の誤差である＝2287.522。
（注2）＊印は平均値の差が5％有意であることを示す。

ことを示している。

また表8で、年次格差を見ると、都市部だけや農村部だけの場合と同様に、1993年と2003年、1998年と2003年の間に大きな段差が存在する。

表9-1　収入階層別医療支出の2対象間比較（都市・農村合算）

医療支出：LSD

(I) 収入階層	(J) 収入階層	平均値の差 (I-J)	標準誤差	P値	95% 下限	95% 上限
都市低所得	都市中低	-24.3333	39.05144	0.541	-106.3774	57.7107
	都市中	-61.6667	39.05144	0.132	-143.7107	20.3774
	都市中高	-96.6667*	39.05144	0.023	-178.7107	-14.6226
	都市高	-183.0000*	39.05144	0	-265.044	-100.956
	農村低	32.3333	39.05144	0.419	-49.7107	114.3774
	農村中低	26	39.05144	0.514	-56.044	108.044
	農村中	18.3333	39.05144	0.644	-63.7107	100.3774
	農村中高	0.3333	39.05144	0.993	-81.7107	82.3774
	農村高	-46.6667	39.05144	0.248	-128.7107	35.3774
都市中低所得	都市低	24.3333	39.05144	0.541	-57.7107	106.3774
	都市中	-37.3333	39.05144	0.352	-119.3774	44.7107
	都市中高	-72.3333	39.05144	0.08	-154.3774	9.7107
	都市高	-158.6667*	39.05144	0.001	-240.7107	-76.6226
	農村低	56.6667	39.05144	0.164	-25.3774	138.7107
	農村中低	50.3333	39.05144	0.214	-31.7107	132.3774
	農村中	42.6667	39.05144	0.289	-39.3774	124.7107
	農村中高	24.6667	39.05144	0.536	-57.3774	106.7107
	農村高	-22.3333	39.05144	0.574	-104.3774	59.7107
都市中所得	都市低	61.6667	39.05144	0.132	-20.3774	143.7107
	都市中低	37.3333	39.05144	0.352	-44.7107	119.3774
	都市中高	-35	39.05144	0.382	-117.044	47.044
	都市高	-121.3333*	39.05144	0.006	-203.3774	-39.2893
	農村低	94.0000*	39.05144	0.027	11.956	176.044
	農村中低	87.6667*	39.05144	0.038	5.6226	169.7107
	農村中	80	39.05144	0.055	-2.044	162.044
	農村中高	62	39.05144	0.13	-20.044	144.044
	農村高	15	39.05144	0.705	-67.044	97.044

（注1）平均値をベースとし、誤差は平均値の誤差である = 2287.522。
（注2）＊印は平均値の差が、5％有意であることを示す。

第3章　収入階層別にみた中国の医療支出の格差分析　55

表9-2　続き1：収入階層別医療支出の2対象間比較（都市・農村合算）
医療支出：LSD

(I) 収入階層	(J) 収入階層	平均値の差 (I-J)	標準誤差	P値	95% 下限	95% 上限
都市中高所得	都市低	96.6667*	39.05144	0.023	14.6226	178.7107
	都市中低	72.3333	39.05144	0.08	-9.7107	154.3774
	都市中	35	39.05144	0.382	-47.044	117.044
	都市高	-86.3333*	39.05144	0.04	-168.3774	-4.2893
	農村低	129.0000*	39.05144	0.004	46.956	211.044
	農村中低	122.6667*	39.05144	0.006	40.6226	204.7107
	農村中	115.0000*	39.05144	0.009	32.956	197.044
	農村中高	97.0000*	39.05144	0.023	14.956	179.044
	農村高	50	39.05144	0.217	-32.044	132.044
都市高所得	都市低	183.0000*	39.05144	0	100.956	265.044
	都市中低	158.6667*	39.05144	0.001	76.6226	240.7107
	都市中	121.3333*	39.05144	0.006	39.2893	203.3774
	都市中高	86.3333*	39.05144	0.04	4.2893	168.3774
	農村低	215.3333*	39.05144	0	133.2893	297.3774
	農村中低	209.0000*	39.05144	0	126.956	291.044
	農村中	201.3333*	39.05144	0	119.2893	283.3774
	農村中高	183.3333*	39.05144	0	101.2893	265.3774
	農村高	136.3333*	39.05144	0.003	54.2893	218.3774

（注1）平均値をベースとし，誤差は平均値の誤差である＝2287.552。
（注2）＊印は平均値の差が5％有意であることを示す。

　更に詳しく見るために，都市部の低所得層，中低所得層，中所得層，中高所得層，高所得層の5区分と農民の同5区分をマトリックスにして，行動格差状況を検証したのが表9-1，9-2である。都市部の低所得層は，都市部の中高所得層，高所得層との都市部内部の行動格差は存在するが，農村部の各層との間の行動格差は検出されなかった。都市部の高所得層は，同じ都市内部の全ての所得層はもちろんのこと全ての農村の各所得層に対しても医療費支出が圧倒的に高いことを示している。また，都市部の中高所得層も全ての農民所得各層との行動格差を示している。中国の医療保険制度について所得の逆再配分が起こっている可能性が高い。

第３節　収入階層別にみた医療支出の倍差分析

　1993年から1998年にかけ農村における所得階層別の医療支出が増加しているが，高所得階層は低所得階層よりその増加幅が大きい。1998年から2003年の農村の医療支出の伸び率は前の５年間より高い。所得階層から見れば，農村医療支出の増加幅は「両側が高く，中間が低い」という特徴がある。すなわち，低所得階層と高所得階層の医療支出の伸び率が高い（13％強）一方，中間所得階層の同伸び率（8.3％）は相対的に低い。それは，農村の医療制度改革が低取得階層に大きな影響を大えたことを意味する。

　ここでは，新農合の実施の前と後で医療支出がどのように変化したかを分析する。前節の倍差分析を用いて，新農合の実施がどの所得階層の医療支出に影響したかを分析する。

　データは，2003年以前は「中国衛生サービス調査研究第３回国家衛生サービス調査分析報告」で，2003年以降は2003〜2009年の「中国統計年鑑」のデータを用いた。所得階層は前と同じように，一人あたり所得によって５グループに区分され，また，７年間の所得階層別の名目消費支出額も同年鑑から取得した。医療支出の変動をより正確に説明するため，実質消費支出を算出する。実質消費支出は，2002年〜2008年の医療消費価格指数をデフレーターとして算出する。

　新農合は2003年に試行実施され，2006年以降に全国に拡大した。時系列における段差を避けるため，2002年〜2003年，2003年〜2006年，2006年〜2008年のデータを比較分析し，各収入階層の各期間における年平均増加率を算出することとした。また，低所得層を対照グループ，他の４つの所得階層を作用グループとする。その理由は，①低所得層の医療支出は全所得階層で最も低い水準にあり，それを対照グループとすることで分析の結果が明確化する。②低所得層は新農合の最重要グループであり，政策効果をより分析しやすいからである。分析結果は図２に示した。

　低所得層に比べ，中低所得層の医療支出は制度実施後に大幅な増加傾向を示

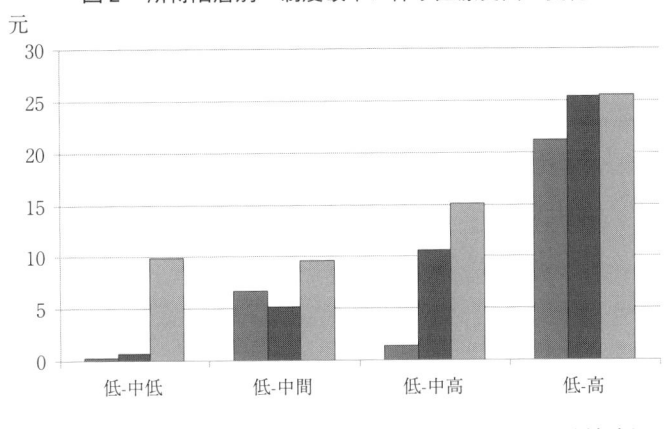

図2 所得階層別 制度改革に伴う医療支出の変化

元

■ 2002-2003増加幅　■ 2003-2006増加幅　■ 2006-2008増加幅

(出所)「中国衛生サービス調査研究第3回国家衛生サービス調査分析報告(2003)」、「中国統計年鑑 (2003〜2004)」から筆者が作成。

している。それは、制度の実施が中低収入層の医療支出を増加させ、中低所得層は制度の恩恵を受けたことを意味する。それに対して、中間収入層の医療支出は低収入層に比べ、変動幅がさほど大きくない。また、中高収入層は制度試行中に大きな差異を示しているが、実施後には変動幅が小さくなっている。制度の試行時は、自主加入であるにもかかわらず、多くの中高所得層者はこの制度に加入し、この時点で既に医療支出は大きかったと考えられる。高所得層は低所得層に比べ、制度試行段階であっても制度実施段階であっても医療支出に大きな差異がない。新農合は高所得にも低所得層にも影響はほぼ同じと言われる所以である。低所得層は私費負担の医療費を負担できないため、十分な医療の支出ができず、高所得層は経済的な余裕から政策の有無にかかわらず十分な医療支出を行うからである。

第4節 農村の「未入院率」についての分散分析

都市部と農村部の未入院率を表10に示した。2008年の農村部の低所得層の未入院率は31％と1998年の51.4％から低下しているものの、その水準は依然高

い。所得ランクが上がるにつれて未入院率は低下し，2008年の高所得層の同率は16.5％である。都市部の低所得層は農村からの流入者（農民工）等の影響もあり，農村部より高く38.9％となっている。

次に，農村における収入階層別への分散分析を行う。表11に示したとおり，収入の農村未入院率に対する影響が大きい。

所得階層別にみた農民の医療サービスに対する利用が非常に大きな偏りがあることを意味している。

以上から，収入が未入院率に依然として大きな影響を与えていることがわかる。

表10　農村部と都市部の収入階層別患者の未入院率

年次	農村				
	低所得層	低中所得層	中所得層	中高所得層	高所得層
1993	44.2	39.5	35.4	28.2	25.3
1998	51.4	48.3	43.8	39.2	29.9
2003	41.0	33.8	31.3	26.4	19.5
2008	31.0	28.7	23.7	22.9	16.5

年次	都市				
	低所得層	低中所得層	中所得層	中高所得層	高所得層
1993	31.7	23.8	22.4	21.0	16.9
1998	46.8	42.6	33.0	29.0	27.4
2003	41.6	32.3	22.7	28.2	17.2
2008	38.9	32.3	24.2	19.4	17.2

（出所）「中国衛生サービス調査研究第四回家庭県級諮問調査分析報告」

第3章　収入階層別にみた中国の医療支出の格差分析　59

表11　収入階層別未入院率2対象間の比較（農村）

医療支出：LSD

(I) 収入階層	(J) 収入階層	平均値の差 (I-J)	標準誤差	P値	95% 下限	95% 上限
低所得	中低	4.3250*	1.26776	0.005	1.5628	7.0872
	中間	8.3500*	1.26776	0	5.5878	11.1122
	中高	12.7250*	1.26776	0	9.9628	15.4872
	高	19.1000*	1.26776	0	16.3378	21.8622
中低所得	低	-4.3250*	1.26776	0.005	-7.0872	-1.5628
	中間	4.0250*	1.26776	0.008	1.2628	6.7872
	中高	8.4000*	1.26776	0	5.6378	11.1622
	高	14.7750*	1.26776	0	12.0128	17.5372
中間所得	低	-8.3500*	1.26776	0	-11.1122	-5.5878
	中低	-4.0250*	1.26776	0.008	-6.7872	-1.2628
	中高	4.3750*	1.26776	0.005	1.6128	7.1372
	高	10.7500*	1.26776	0	7.9878	13.5122
中高所得	低	-12.7250*	1.26776	0	-15.4872	-9.9628
	中低	-8.4000*	1.26776	0	-11.1622	-5.6378
	中間	-4.3750*	1.26776	0.005	-7.1372	-1.6128
	高	6.3750*	1.26776	0	3.6128	9.1372
高所得	低	-19.1000*	1.26776	0	-21.8622	-16.3378
	中低	-14.7750*	1.26776	0	-17.5372	-12.0128
	中間	-10.7500*	1.26776	0	-13.5122	-7.9878
	中高	-6.3750*	1.26776	0	-9.1372	-3.6128

（注1）平均値をベースとする。誤差は平均値の誤差である＝3.214。
（注2）＊印は，平均値の差が1％有意水準であることを示す。

結　論

　新農合の導入により，農民の医療サービスの利用は年々高まり，医療支出額が増加するともに，未入院率は低下しつつある。

　一方で，所得階層別に都市および農村の住民の利用度をみると，医療サービスへの利用には大きな偏りがある。高所得層の医療支出は高く未入院率が低いのに対し，低所得層はその逆である。また，新農合実施を挟んだ時期で見ても，所得階層別にみた農民の医療支出行動は同じである。それは，新農合実施後に，

低所得層の農民の医療支出とその他の所得階層の農民との医療支出に引き続き差があることを意味する。すなわち，新農合は中低所得階層の医療サービス支出を増加させたという政策効果は認められるものの，社会保障制度を通じた所得再配分効果は認められないと言えよう。

主要参考文献

[1] Ilmo Keskimaki [2003] "How did Finland's Economic Recession in the early1990s Affect Socio-economic Equity in the Use of Hospital care". Social Science and Medicine, (56): 1517-1530.
[2] Dror,Jacquier [1999] "Micro-insurance:Extending Health Insurance to the Excluded". International Social Security Review, 52（1）: 71-78.
[3] 魏衆（2005）「中国居民医療支出不公平性分析」,『経済研究』
[4] 史清華（2004）「農民消費行為及家庭医療保障」,『華南農業大学学報』
[5] 徐剛（2010）「新農合制度対貧乏農民医療服務需要及利用的影響分析」,『消費導刊』
[6] 解垩（2008）「新型農村合作医療的福利効応分析—微観数拠的証拠」,「山西財経大学学報」
[7] 「中国衛生サービス調査研究第3次国家衛生サービス調査分析報告」
[8] 「中国統計年鑑」（2002～2009年版）
[9] 「中国衛生サービス調査研究第4回家庭県級諮問調査分析報告」

第4章
遼寧省における
新型農村合作医療保険制度の格差分析

王　　観　（東北財経大学金融学院大学院生）
久保英也[※]（滋賀大学大学院経済学研究科教授）

要約：新型農村合作医療制度（以下，新農合と呼ぶ）は，もともと地域の特色に応じた設計が認められている。そこで，大連，瀋陽という大都市周辺の農村部と地域（郷鎮）の本来の農村部を共に抱える遼寧省の同制度の地域間格差などを分析する。その結果，①本来の農村部における医療サービスの供給力とその品質は十分とは言えず更なる支援が必要である。②所得水準が都市部に比べ低い農村部は農民の拠出する保険料が少なく，給付も限定的なことから，当面は政府の支援金を拡大する必要がある。地域の実情に応じた新農合を設計し経済成長の遅れている地域へ重点的に財政支援を行うと共に地方政府の各層により異なる補助指針を調整し，効率的に補助金が行き渡るよう調整する必要がある。

キーワード：基金使用率，看病難，看病貴，財政支援金

はじめに

　中国の新農合は2003年からスタートし，中国における巨大な人口を抱える農村の医療保障問題を解決する有効な社会保障政策として評価されている。新農合は保障対象範囲，資金調達，補償給付，制度管理を改善しつつ，農民が抱える「看病難，看病貴（受診が難しく，かつ高い）」という問題や「因病致貧，返貧（病気で貧困に陥る，もしくは貧しくなる）」という状況の改善に一定の

※　第4章は王観の分析を基に久保英也が，その内容を全面的に加筆・修正したものである。

役割を果たしてきた。

2008年末に，中国全土で新農合を展開する県，市，区の数は2,789に達し，加入者数は8億人を突破した。それは2004年の各々8.2倍，10.2倍である。2009年末までは，新農合の全加入人数は8.3億人，加入率[1]は93%となった。とりわけ，「五保戸人口，特困人口〈共に農村部の貧困層を指す〉」と呼ばれる低所得農民層の加入率は政府の政策により上昇し，2008年の五保戸人口の加入率は98.3%，特困人口の加入率は同89.2%に達した。新農合が社会の下位階層に医療を提供する社会福祉としての一面がうかがわれる。

新農合の財政収入1人あたりの保険料と政府の財政支援額を合わせた「拠出額」も増加した。2005年から2008年の間の各年の拠出額の伸び率は87.0%，183.3%，100.4%，83.4%と好調であった。また，2008年の1人あたり拠出額も63.5%増加となった。2009年の同額は113.37元となり，新農合の導入期である2004年の1.25倍となっている。

保険給付については，新農合の支出総額（給付額）と収入金額（保険料などの収入）との差は年々縮小し，基金余剰率（(収入−支出)／収入）は，2009年は2.3%まで低下した。新農合は従来の重度入院に対する重点保障から，「より広い受益範囲で通常の外来診療（中国語では門診）費用の補償」と「より高い補償水準で高額入院，重病医療費用を補償する」方向に転換している。受益人数（給付金を受け取った総人数）と補償総額（給付金総額）は共に増加しているが，相対的に患者数は少ない入院患者への補償額は外来診療の補償額をはるかに上回る。それは，「重病リスク対応が主で，小額・多頻度の外来診療費対応は従」とする新農合の理念に沿った結末である。

このように一見，制度の全体運営はうまく進んでいるように見えるが，中国各地域の自然条件や経済の発展段階が異なり，各地域における同制度の運営には複雑な問題や困難を抱えている。例えば，全国の加入率がほぼ100%に達し

---

1 データは「中国衛生事業発展統計公報」（2009）から収集。

たものの，下位階層にある都市農民工（農村部から都市への出稼ぎ労働者）と都市住民基本医療保険との保障の格差などは大きな問題の1つである。

また，新農合は「収入の規模から給付額を決める」という原則で運営されているため，拠出額の増加が見込みにくいと給付額の増加ペースも自ずと鈍くなる。給付範囲と給付水準は改善しつつあるものの，2009年の1人あたり給付回数は0.91回と1回にも満たず，1人当たりの保険制度からの補填額も121.6元にすぎなかった。中国の医療費用の持続的な上昇と比較すると新農合の医療保障水準はかなり低い。「看病難，看病貴」，「因病致貧，返貧」，そして広く存在する地域格差などの問題は根本的には解決されたとは言えず，今後も新農合のモニターと制度の見直しが必要と考えられる。

全国の動きと同様に，遼寧省は2004年に省内5カ所で新農合の導入を始め，同制度の適用範囲の拡大と給付水準の引き上げに努めてきた。しかしながら，①省内各都市の経済水準，②人口構成，③自然環境や医療の供給体制等の差も新農合の地域格差に影響している。社会資源の配分と新農合制度の効果とのズレが調和の取れた社会の発展に逆効果になっている可能性もある。

本章では，実証分析により遼寧省における新農合制度の効率性や地域間格差を分析する。同制度の効果を合理的に評価し，改善策を提案することは，今後の遼寧省の新農合の運営や農民の医療負担や給付方策の見直しにも通じると考えている。

第1節　医療サービスの効果分析

新農合は医療供給インフラを効率的に活用し，被保険者（加入者）の医療水準を押し上げ，健康を促進することを目的としているため，医療サービスの供給体制自体が新農合の効果を左右する。

（1）医療サービスの供給

遼寧省の医療サービスの供給体制は，図1の通り村の診療所が主で増加傾向

図1　遼寧省の医療提供機関数の推移

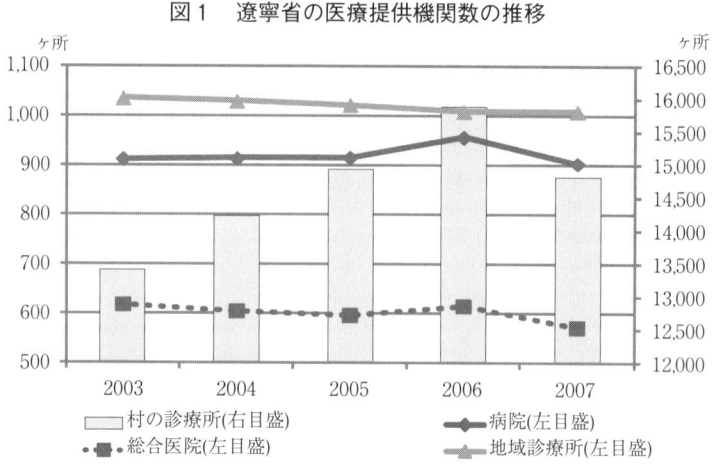

（出所）遼寧省衛生部の医療統計から，筆者が作図。

にあり，都市部の病院，総合病院そして地域の診療所数はほぼ横ばいである。また，医療従業員，医療技術者，医師の数もほぼ横ばいで推移している。

遼寧省における1人あたりの医療サービスを全国的にみると，1万人あたりの医療機関数，医療従業員数，医療技術者数，医師数，そして総合病院の利用率において，図2-1の通り全国や東部地域平均を上回っている。ここで言う東部地域とは経済成長の高い中国沿海部の地域を言い，遼寧省もここに含まれ

図2-1　遼寧省の医療従事者の推移（1万人あたり）

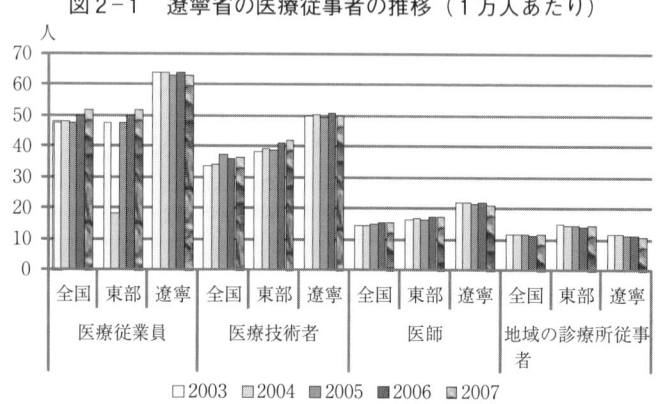

（出所）遼寧省衛生部の医療統計から，筆者が作図。

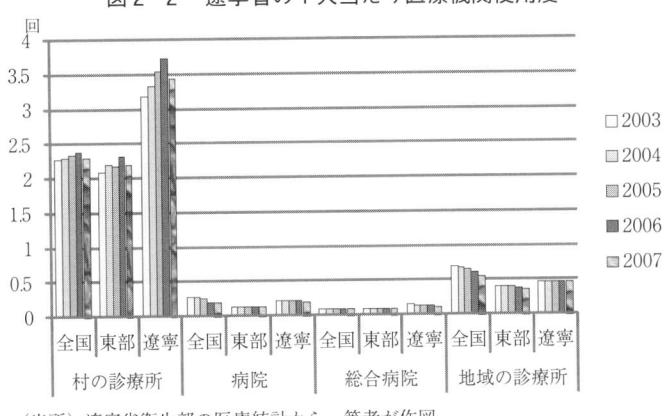

第4章　遼寧省における新型農村合作医療保険制度の格差分析　65

図2-2　遼寧省の1人当たり医療機関使用度

(出所) 遼寧省衛生部の医療統計から，筆者が作図。

る。ただ，医療の供給量は優れているが，地域の診療所に従事する医療スタッフの数は見劣りする。

図2-2は遼寧省の住民1人当たりの医療の利用度をみただが，村の診療所での受診が圧倒的に高いことを示している。

2003年から2007年の地域の診療所，病院，総合病院における1人当たりベッド数は全国平均を大きく上回るが，1地域あたりの地域の診療所のベッド数は

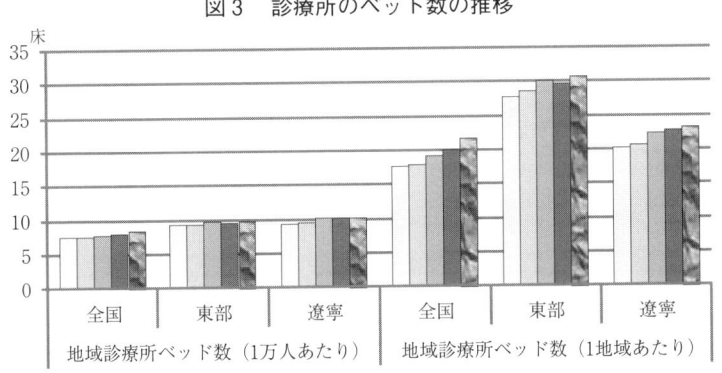

図3　診療所のベット数の推移

(出所) 遼寧省衛生部の医療統計から，筆者が作図。

表1　住宅から最も近い医療センターまでの距離，時間構成に関する調査(%)

		2003		2008	
		瀋陽大東区	遼寧灯塔市	瀋陽大東区	遼寧灯塔市
医療センターまでの距離構成	1キロメートル以内	98.0	99.0	94.7	96.7
	1キロメートル	1.7	1.0	2.7	3.0
	2キロメートル	0.2	0	1.5	0.2
	3キロメートル	0	0	0.7	0.2
	4キロメートル	0.2	0	—	—
	5キロメートル以上	0	0	0.5	—
医療センターまでの時間[1]構成	10分以内	89.2	93.5	88.7	91.3
	11〜20分	10.8	6.0	9.8	8.0
	21〜30分	0	0.5	1.2	0.5
	30分以上	0	0	0.3	0.2

（出所）2003，2008年の「中国衛生サービス調査研究」から筆者が作成。
（注）当該調査は世界衛生組織の基準をベースとする。当該時間は単純な方式で最も近い基層衛生組織（交通機関の利用も含む）までの時間をさす。

図3に見るとおり，東部地域の中ではかなり低い。

一方で，表1に見るように農村部に位置する灯塔市の2008年の居住地から医療センターまでの距離や時間は2003年と変わりがなく，医療にアクセスするに際し，遠いもしくは長時間を要する（2キロメートル以上あるいは20分以上）世帯はさほど多くはない。住民の医療センターまでのアクセスは，距離でも，時間でもむしろ灯塔市（農村部）の方が瀋陽大東区（都市部）より短くなっている。

医療への従事者や村の診療所の数が多くアクセスは良いものの，質の高い医療の提供という視点で見ると都市部と農村部との医療格差が大きい地域の1つが遼寧省ということになる。

（2）医療サービス利用度

表2は，発病率（もしくは病気の認知率）と医療費の消費支出全体に占める割合とを示したものである。灯塔市の調査日前2週間で病気になった比率[2]は2003年と2008年のいずれも瀋陽大東区の水準を下回る。これは，調査が自己申

表2　発病率と医薬衛生費用比率：2003年および2008年調査（％）

	調査時点前2週間での病気比率			消費に占める医薬医療費支出の割合	
	2003	2008	2008（合作医療下）	2003	2008
瀋陽大東区	18.0	23.8	25.0	10.8	9.8
遼寧灯塔市	11.83	9.3	9.5	12.3	10.6

（出所）「中国衛生サービス調査研究（2003, 2008)」から，筆者が作成。

告で行われるため，農村部の同比率が都市部より低いのは農村住民の健康状況が良いわけでなく，病気であることの認識が低いことを表す。

一方，農村部住民の医薬費用の消費支出に占める割合は都市部住民より高い。それは，農村住民の所得水準の低いことや農村住民の負担する医薬品の価格が相対的に高いことなどが要因としては考えられる。ただ，医薬品のコストについては都市部住民と農村部住民との格差は新農合によりかなり改善されてきた。

また，2008年に都市部住民の病気比率が18％から25％に上昇したのは所得の上昇に伴う健康意識の高まりからである。一方，農村部では，同数値は上昇せず，新農合が広がる中でも農村住民の健康意識は低いままである。

本来入院すべき病気であるにもかかわらず入院しない，いわゆる「未入院率」を表3に示した。農村部の2008年の同比率は38.9％と都市部を約7％上回る。最大の理由が「経済的要因」であり，「看病貴」という問題は根本的に解決されていないことが分かる。また，「医療サービスの質が悪いため，入院したくない」とする割合は灯塔市の調査人口の6.3％を占めて，大東区の0％と比べ

2　「中国衛生サービス調査研究」は医療衛生サービス需要の視点から被調査者の疾病に対する自己感覚を判断する。いわゆる自己申告の「病気」である。具体的には，①体調不良を実感し，医療衛生機構で診療を受けるもの，②体調不良を実感し，医療衛生機構で診療を受けないが，薬を飲んだり補助治療をしたりするもの，③体調不良を実感し，②のような治療を一切受けていないが，1日以上の休みをとるもの，からなる。上述したいずれかの条件を満たすものは，「病気になる」とみなす。本報告は調査前の二週間の間に被調査者の「病気になった比率」を推計する。その結果は，千人ごと被調査者の2週間での「病気になる人数」で示される。

表3　未入院の状況及びその理由の推移

		2003		2008	
		瀋陽大東区	遼寧灯塔市	瀋陽大東区	遼寧灯塔市
未入院の比率	①入院すべき人数	—	—	210	108
	②未入院人数	—	—	68	42
	未入院比率（②/①：%）	—	—	32.4	38.9
未入院の原因（%）	入院の必要がない	4.0	16.7	13.6	9.4
	入院の時間がない	—	—	6.8	9.4
	経済上の制約	92.0	80.0	70.5	65.6
	医療サービスが悪い	—	—	0	6.3
	空いているベッドがない	—	3.3	2.3	—
	入院しても効果がない	—	—	6.8	3.1
	その他	4.0	—	—	6.3

（出所）「中国衛生サービス調査研究（2003, 2008)」から，筆者が作成。

ると高く，農村部の医療サービスの質に大きな問題があることが分かる。

　また，初診の場所をどこにするかも医療の質と関係している。表4に示したとおり，都市部の住民の83.5％が初診地を病院等の設備の整ったところを選択

表4　初診地とその選択理由（構成比率：%）

初診地		個人病院	地域の診療所	行政区の診療所：社区センター	県，市，区の病院	地級市病院	省級病院	軍隊病院	その他
2003	瀋陽大東区	—	10.7	22.7	9.3	37.3	12.0	2.7	5.3
	遼寧灯塔市	—	75.5	6.1	9.2	4.1	4.1	1.0	—
2008	瀋陽大東区	2.5	6.3	7.6	29.1	29.1	25.3	—	—
	遼寧灯塔市	38.5	36.9	1.5	12.3	1.5	9.2	—	—

選択理由		距離近い	価格低い	良質	設備良い	サービス良い	定番病院	知り合いがいる	医者への信頼	その他
2003	瀋陽大東区	38.7	9.3	20.0	—	2.7	12.0	1.3	8.0	8.0
	遼寧灯塔市	48.0	7.1	21.4	—	1.0	—	3.1	16.3	3.1
2008	瀋陽大東区	36.4	1.3	23.4	9.1	1.3	11.7	7.8	2.6	6.5
	遼寧灯塔市	66.2	4.6	15.4	—	1.5	1.5	3.1	6.2	1.5

（出所）「中国衛生サービス調査研究（2003, 2008)」から，筆者が作成。

しているのに対し，農村部では同割合は23％に過ぎない。多くの初診場所は個人病院や村の診療所である。また，本来基礎診療を受け持つ地域の診療所で受診する農村住民の減少は，医療機関の役割分担がうまく機能していないことを示す。農村部と都市部の住民の間で医療の質に大きな差があることが分かる。

次に表5において受診費用を見てみよう。外来の受診費用は都市部で657元（2013年12月末の為替レートで約11,000円）に対し，農村部は211元（3,600円）と大きな差がある。一方，入院費用については農村部の費用の急増により，両者の差が縮小している。気になるのが本来所得の低い農村部の方が都市部より各医療費に占める自己負担の割合が高いという点である。2008年の農村住民の自己負担比率は外来で90.8％，入院で50.8％に達し，都市住民の同46.1％，17.1％を大きく上回る。入院費用に占める農村住民の保険給付など保険補填割合はわずか9.3％に対し，都市部住民は60.2％である。都市部と農村部の保険給付に格差があることが端的に表れている。

また，保険の給付方式は都市住民の65％が直接減免方式で入院費の清算時に入院費用の補填を受けることができるが，農村住民の同割合は18.6％に過ぎな

表5　医療費用と支払い方式（構成比率％）

（1）外来の受診費用（元）と支払い方式の構成比率（％）

		1回あたり受診費用	1回あたりの他の費用	医療費用の支払い方式			
				個人アカウント	部分公費	全部公費	全部自費
2003	瀋陽大東区	308	16	—	—	—	—
	遼寧灯塔市	82	10	—	—	—	—
2008	瀋陽大東区	657	57.1	31.6	17.1	5.3	46.1
	遼寧灯塔市	211	20.3	3.1	6.2	0	90.8

（2）入院の医療費用（元）と支払い方式の構成比率（％）

		入院費用			公費/医療費用(％)	支払い方式の構成比率			
		1回あたり医療費用	1回あたりの他の費用	1回あたりの公費費用		直接減免	病院で清算	管理機構で清算	全部自費
2003	瀋陽大東区	13,900	653	—	—	—	—	—	—
	遼寧灯塔市	3,078	538	—	—	—	—	—	—
2008	瀋陽大東区	7,224	803	4345	60.2	65.0	5.1	12.8	17.1
	遼寧灯塔市	5,180	782	483	9.3	18.6	23.7	6.8	50.8

（出所）「中国衛生サービス調査研究（2003, 2008）」から，筆者が作成。

表6　退院区分と自己申告退院理由（％）

		2003		2008	
		瀋陽大東区	遼寧灯塔市	瀋陽大東区	遼寧灯塔市
退院区分	全快で医者のアドバイスを受けて退院	43.5	46.8	55.5	47.5
	未全快で医者のアドバイスを受けて退院	―	8.5	16.8	―
	未全快で自己申告退院	52.2	36.2	26.1	50.8
	その他	4.3	8.5	1.7	1.7
自己申告退院の理由	長い病気で治せない	4.2	―	16.7	3.3
	経済困難	66.7	80	30	43.3
	病院の治療能力の限界	8.3	6.7	3.3	0.0
	高額費用	―	―	33.3	46.7
	態度不良	―	―	―	―
	患者の全快実感	―	―	6.7	6.7
	その他	20.8	13.3	10	―

（出所）「中国衛生サービス調査研究（2003，2008）」から，筆者が作成。

い。多くの住民が一旦自己負担しその後還付を受けるため，一時的な資金負担が多くかつ手間のかかる形になっている。農村住民の入院費の補填方式を改善することは，新農合の今後の重要な課題となる。

　日本では，退院は病気の完治，もしくは自宅で療養する方が望ましい場合などに限られるが，中国における退院は，①日本と同じ完治退院，②完治はしていないが医師と相談し退院，③完治していないが自己申告で退院，という3つに分かれる。表6にみるとおり，2008年の都市住民に占める①と②の割合は73％に達するのに対し，農村部は逆に③の自己申告退院が51％にも達する。同住民の自己申告退院の理由は医療費用を支払い続けることへの経済的困難，または高額治療費を挙げた割合が90％を占める。一方で，理由の中で「病院の治療能力の限界」が都市部と農村部住民ともに減少しているのは，医療の質が改善してきたことを示す。

第2節　新農合の実施効果分析

（1）遼寧省新農合のカバー範囲

遼寧省は2004年に新農合を実施し，制度の対象範囲の拡大と加入率（中国語で参合率）の押し上げに努めてきた。図4に見るとおり，2005年には遼寧省14地域のうち6地域の加入率が80％割れであり，新農合の平均加入率は60.3％にとどまっていた。その後，貧困農民の制度への加入勧奨を積極的に進めた結果，図4の折線に見るように2009年にはすべての地域で80％以上の加入率となり，地域の平均加入率も91.1％に達した。遼寧では，比較的迅速に新農合の農村への浸透が実現している。

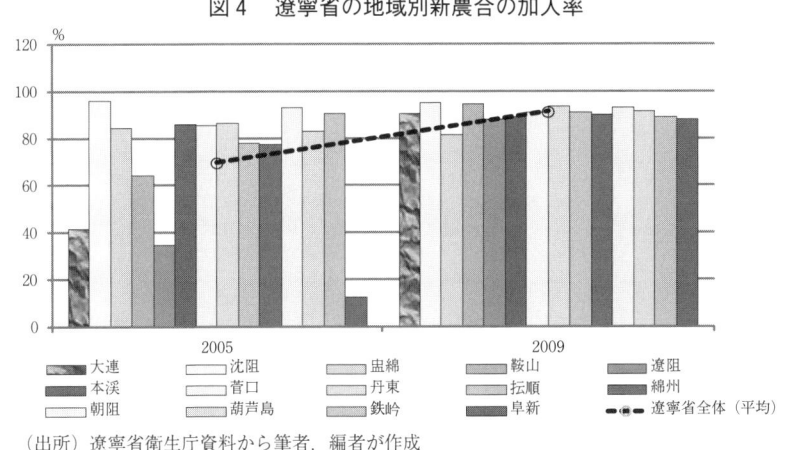

図4　遼寧省の地域別新農合の加入率

（出所）遼寧省衛生庁資料から筆者，編者が作成

（2）遼寧省の新農合の拠出額（財政収入）の状況

①基礎分析

ア．1人当たりの財源

新農合の財源は，個人，集団，政府の3者の拠出からなる。一般的には，農民個人からの保険料（拠出金），中央政府からの財政支援，地方政府からの財政支援の3つである。新農合制度の拡大に伴いこの3つを合計した「拠出額」

は図5の通り年々拡大し，2009年の総拠出額は21.3億元に上った。

拠出額（財源規模）は「加入者の数」と「1人当たりの拠出額」で決定される。加入者数は加入率の上昇と共に順調に増加し，また1人あたりの拠出額（農民保険料と中央・地方政府補助の合計額／加入者数）も増加し，とりわけ瀋陽市と大連市の同保険料水準は全国平均水準を上回り，2009年に農民1人当たり100元を超えた。これは2004年の2.85倍の水準である。

イ．中央政府の財政支援

中央政府の新農合に対する財政支援は主に経済成長の緩やかな中部，西部地域[3]に集中し，成長で先行する東部地域に対する財政補助は少ない。表7に示したように，東部地域に位置する遼寧省は2005年までは中央からの補助金はゼロであったが，2006年以降，中央からの財政支援が始まり，その額は東部地域平均より高くなった。2009年の1人あたり補助額は11.73元と東部地域平均9.67元より2割程度高い。

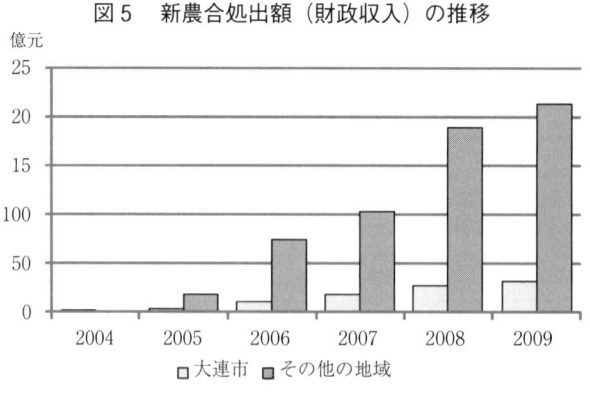

図5　新農合処出額（財政収入）の推移

(出所) 遼寧省衛生庁資料より，筆者，編者が作成

---

3 「2004〜2008全国新型農村合作医療情報統計手引き」に掲載される地域区分によって，東部地域は北京，天津，遼寧，上海，江蘇，浙江，福建，山東，広東の＋9省（市）を含め，中部地域は河北，山西，吉林，黒竜江，安徽，江西，河南，湖南，湖北，海南の10省を内包する。そして西部地域は内モンゴル，広西，重慶，四川，貴州，雲南，チベット，陝西，甘粛，青海，寧夏，新疆の12省（市）を指す。

第4章　遼寧省における新型農村合作医療保険制度の格差分析　　73

表7　遼寧省新農合の中央財政補助総額（2004年～2008年）

	2004	2005	2006 総額	2006 一人当たり額	2007 総額	2007 一人当たり額	2008 総額	2008 一人当たり額
遼寧	0	0	8,403	4.64	9,010	4.77	22,915	11.73
東部地域	0	0	63,780	3.65	99,463	4.45	229,707	9.67

（注）一人あたり額＝年間中央財政補助金額／年間参入人数：単位は元、なお、総額の単位は万元。
（出所）「全国新型農村合作医療情報統計手引き（2004～2008）」

ウ．地方政府の財政支援

　地方政府の財政補助金は，省，市，県，郷鎮の各級政府から提供される財政支援からなる。2006年から2008年の1人当たり支援金の伸び率は各々113.9％，63.6％，88.1％と急増した。とりわけ，2006年以降の大連市と瀋陽市の1人当たり地方政府の財政支援額は高い。

　まず，省レベルの2009年の財政支援金は2004年の10.6倍の34.3元に達した。また，同政府は各市の経済状況に配慮して重点的な財政補助を行うため，経済状況が悪い下位地域の各都市に対しては厚い支援を行っている。

　次に，市レベルの財政補助金額も年々増加している。経済・所得水準が上位にある大連，瀋陽，盤錦，鞍山各市の1人当たり支援金額は省の平均水準を上回り，2009年の大連，瀋陽両市の1人当たり財政支援金は省の同水準の各々2.93倍，2.15倍である。市の支援金は省のそれとは逆に，経済状況が劣後する地域への補助額は小さく，特に最下位地域の各都市への支援額は省平均水準を大きく下回っている。すなわち，市レベルの財政の補助状況は，各都市の経済状況と「正の相関」がある。

エ．個人拠出概況

　遼寧省の新農合への農民個人拠出金は，①個人保険料，②医療救援（社会福祉）納付額，③その他の寄付額からなるが，医療救援納付額やその他の寄付額の割合はわずかであり，保険料が全体の95％を占めている。

　図6に見るように，2005年から2009年の間に，省内各市の新農合の個人拠出金総額は大きく上昇し，遼寧省平均の2005年の1人当たり保険料10.76元は折

図6　新農合への住民個人拠出額

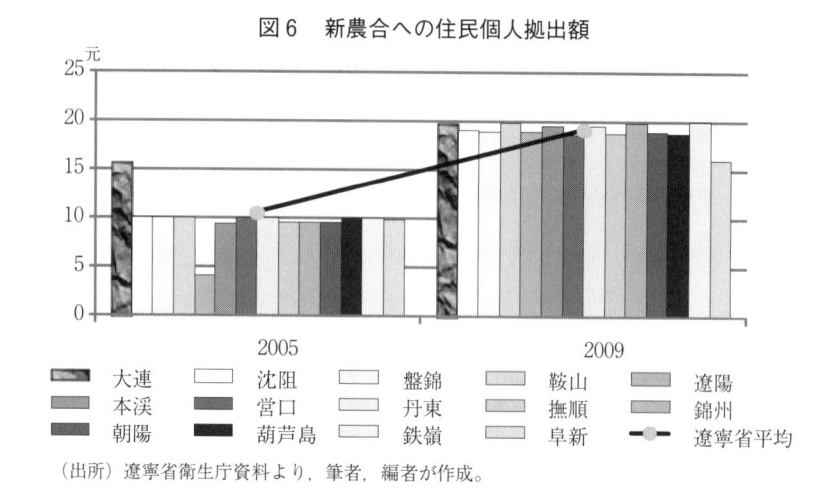

（出所）遼寧省衛生庁資料より，筆者，編者が作成。

線に見るように2009年には19.19元と倍増している。その背景には新農合の試行エリアの拡大と給付水準，給付範囲の引上げがあった。

②基金額の地域間公平性分析

中国の地方政府の財政支援は，省や市以外に更に小さな行政区分である県レベル（日本の市に相当）でも補助金を提供するため，各組織の支援金の支出基準に合理性があってもこれらを合わせると結果として偏在のある補助金となる可能性もある。そこで，本章ではティエル（Theil）指数を用いて，遼寧省における各地域や各都市間の財源状況の格差について分析する。

まず，1人あたりの農業生産高を基準に遼寧省の14都市を4グループに分ける。グループ1は大連市（1つの市だけであるので，グループ1ではグループ内格差はない），グループ2は瀋陽，盤錦，鞍山の各市，グループ3は遼陽，本渓，営口，丹東，撫順の各市，グループ4は錦州，朝陽，葫芦島，鉄嶺，阜新の各市である。

（ア）基金総額と年間資金調達額の格差分析

2005年から2009年にかけて，遼寧省の新農合における財政収入のティエル指

第4章　遼寧省における新型農村合作医療保険制度の格差分析　75

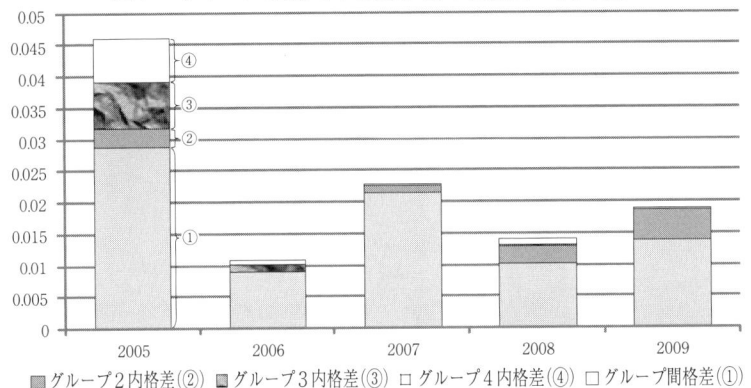

図7　ティエル指数でみた遼寧省の新農合の収入格差

■グループ2内格差(②)　■グループ3内格差(③)　□グループ4内格差(④)　□グループ間格差(①)

（出所）筆者が計算し，編者が作図。

数は図7に見るように，2005年には0.045と高かったものの，その後の4年間は0.015前後に低下している。年ごとの変動はあるものの，グループ間差異（地域間差異）は引き続き大きく残っている。それは，大連市の1人当たりの財政収入額が他の地域をはるかに上回ることに主に起因している。グループ内差異についてみれば2005年と2006年において主にグループ3とグループ4に見られる。2007年以降のグループ2内格差の主因は瀋陽市の1人あたり財政収入額が同グループの盤錦市，鞍山市等他市を大きく上回ることによる。

イ．地方政府の財政支援金の格差分析

3つの大きな財政収入の内，地方政府による財政支援の格差について検証してみよう。地方政府の財政支援金についてのティエル指数は穏やかな動きとなり，制度導入初期の2005年を除き同指数に大きな変動はない。多くの格差はグループ間差異（地域間差異）であり，それは大連市への1人あたり地方財政補助額が他地域より高いことが原因である。しかし，省レベルの財政支援金に関しては，経済発展が進んだ大連市は獲得できないため，経済状況が下位に位置し高額の補助金を受ける，例えばグループ4地域との地域間差異は逆の意味で大きくなる。

市レベルの財政支援金格差について分析したのが図8である。5年間のティ

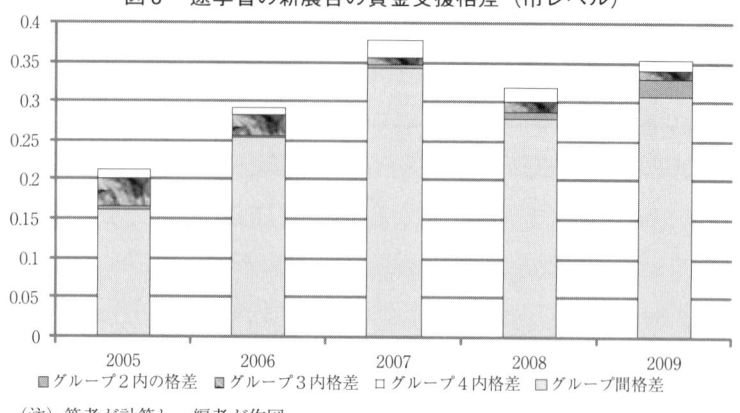

図8 遼寧省の新農合の資金支援格差（市レベル）

■グループ2内の格差　■グループ3内格差　□グループ4内格差　□グループ間格差

（注）筆者が計算し，編者が作図。

エル指数は0.3前後で横ばい，省級の財政支援の動きとは大きく異なる。全体の格差に影響しているのは地域間差異である点は共通しているが，これは大連市の1人あたり補助額は他の地域，とりわけグループ4地域を大幅に上回ることが大きな要因である。2008年と2009年のグループ2地域の地域内格差は盤錦市，鞍山市について市レベルの財政補助金額が瀋陽市より低いことによる。

（ウ）保険料（個人拠出額）の差異分析

個人拠出額についてのティエル指数は2005年から2007年の間に縮小している。2008年にティエル指数は大きくジャンプしたが，これはグループ4に属する鉄嶺市の1人あたり保険料が大きく改定されたためグループ4内格差を大きく拡大させたことによる。

（3）遼寧省新農合の保険給付の状況

①基礎分析

（ア）保険給付状況

新農合が農民の「看病難，看病貴」，「因病致貧，因病返貧」を改善したかどうかを判断するもう一つの視点は，保険給付における公平性である。前述の通り，2004年以降，遼寧省および省内各市の新農合の財政収入は年々増加し，

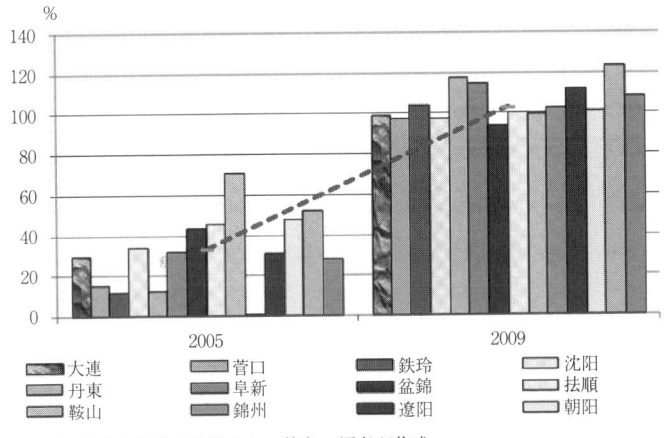

第4章　遼寧省における新型農村合作医療保険制度の格差分析　77

図9　遼寧省内各市の新農合基金使用率の変化

（出所）遼寧省衛生庁資料より，筆者，編者が作成。

2009年には21億9,497万元に達した。しかし，新農合の財政収入が増えてもそれをどの程度保険給付に回すのかは別問題である。収入のうち保険給付に回した割合を「基金使用率[4]」という指標で見てみよう。図9に「基金使用率」を掲載したが，2005年には40％に満たない同使用率が2009年には100％を越えている。中国政府は基金使用率の最低基準[5]は85％としているが，2007年にはほぼこれをクリアーしたことになる。2009年にはすべての都市の基金使用率は85％を越え，遼陽市，本渓市，丹東市などの9都市は余剰金も活用したため，遼寧省の資金使用率は100％を超えている。

（イ）外来診療における補填状況

　遼寧省の新農合の外来診療における補填方式は，「外来診療家庭アカウント方式」と「外来診療積み立て方式」の2つがある。2004年から2009年にかけて遼寧省および省内各市の外来診療に対する保険給付は上昇したが，外来診療家庭アカウント方式での支出額は2009年に減少しているのに対し，外来診療積み

4　基金使用率＝（基金支出総額／年間資金調達総額）×100％
5　「新型農村合作医療補償法案の健全化に関する指導意見」（衛農衛発［2007］253号）では，新農合の基金余剰率は15％以下（15％も含む）にコントロールすべきことが規定される。

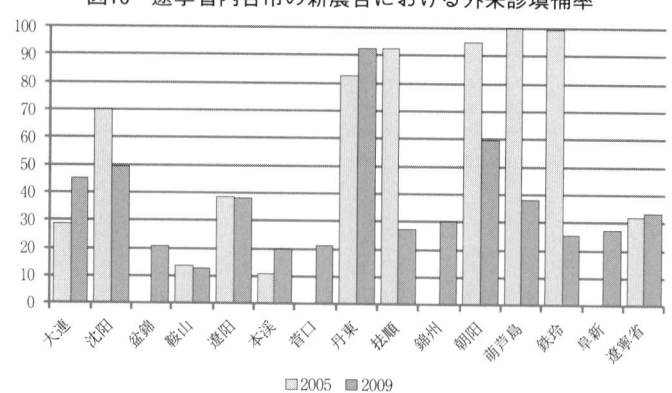

図10 遼寧省内各市の新農合における外来診填補率

（出所）遼寧省衛生庁資料より，筆者，編者が作成

立て方式による保険支払いは，補償額，補償人数，回数とも増加している（2009年伸び率は各々48.91％，28.33％，16.06％）。家庭アカウント方式の改善が必要となっている。

一方，図10に示した通り，2005年と2009年の外来診療費の填補割合が大きく変動している。それは，新農合が重病リスクに限定していた給付範囲を広げ，外来診療補償方式を円滑に選択できるようになったことが影響している。

ウ．入院時の保険填補状況

次に入院医療費の保険支払状況を見てみよう。2004年から2009年の6年間において，遼寧省の新農合は，入院費填補額，入院人数，入院回数および入院填補率のすべてで上昇している。図11に示した通り，2009年の遼寧省の省内各市の入院填補率は2005年の23.5％から2009年には42.1％まで上昇した。

ただ，地方政府による医療機関への入院填補率は各政府レベル（市，県，郷鎮）で大きく異なるため，各政府レベルの同填補率を開示すれば，住民は病状や所得や病院までの距離などに応じ，受診機関を選択できることになる。それは病院の混雑や受診渋滞の緩和，そして，医療サービス資源の合理的利用につながると考えられる。

第4章　遼寧省における新型農村合作医療保険制度の格差分析　79

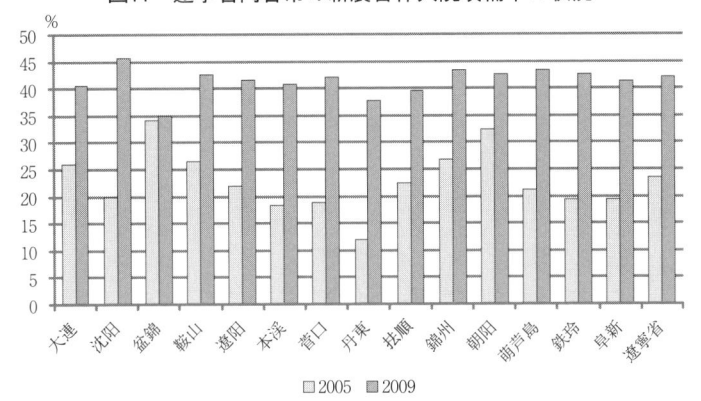

図11　遼寧省内各市の新農合作入院填補率の状況

（出所）遼寧省衛生庁資料より，筆者，編者が作成。

②公平性分析

（ア）基金支出総額の差異分析

2005年から2009年における遼寧省における新農合の保険支払い額についての地域間格差を図12で見てみよう。2005年のティエル指数0.46は2009年には0.06迄縮小しており，全体的には格差は縮小している。2005年には大きかった地域

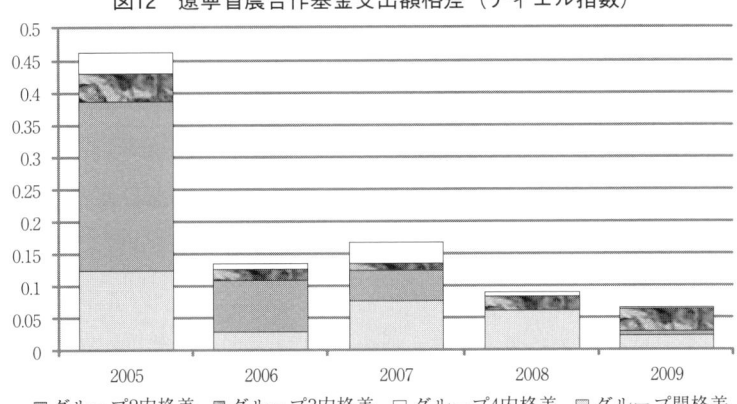

図12　遼寧省農合作基金支出額格差（ティエル指数）

■グループ2内格差　■グループ3内格差　□グループ4内格差　■グループ間格差

（出所）筆者が計算し，編者が作図。

内格差も縮小しているが，2005年から2007年にかけての「グループ２」地域の格差主因は，盤錦市の１人あたり保険金支払い額が同グループの瀋陽市，鞍山市をはるかに上回っていたからである。2008年と2009年の「グループ３地域」の内部格差はそれぞれ丹東市，営口市の１人あたり基金支出額が同グループの他の都市より高いことによる。

2008年以降は地域内格差も落ち着き，地域間格差の影響が大きくなっている。

（イ）外来診療における保険補填率の格差分析

外来診療費用への保険による補填については，図13のとおり2005年のティエル指数0.13が2007年には0.05と小さくなり縮小傾向にはあるが，2007年以降横ばいであり格差縮小の兆しは見えない。その原因は主に地域内格差である。

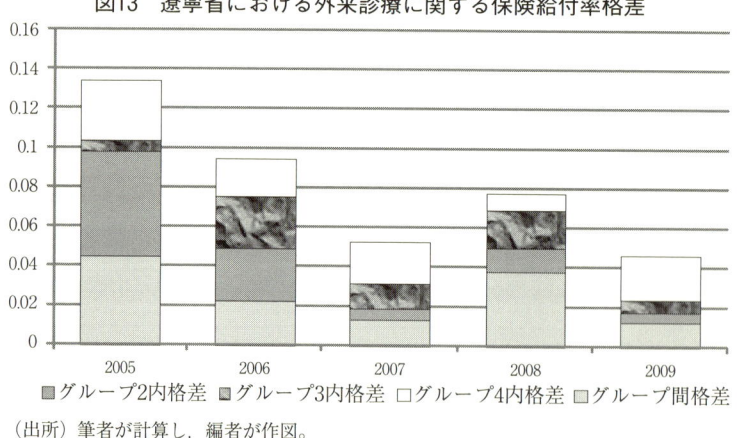

図13　遼寧省における外来診療に関する保険給付率格差

（出所）筆者が計算し，編者が作図。

（ウ）入院補償（入院費における保険補填率）の格差分析

一方，入院補償に関する保険での補填に関する格差は図14のとおり年々縮小している。2005年のティエル指数0.11が2009年には0.001まで減少し，格差が小さくなっていることを示している。

全体の格差は，主に地域内部の格差による。2005年と2006年の「グループ２」

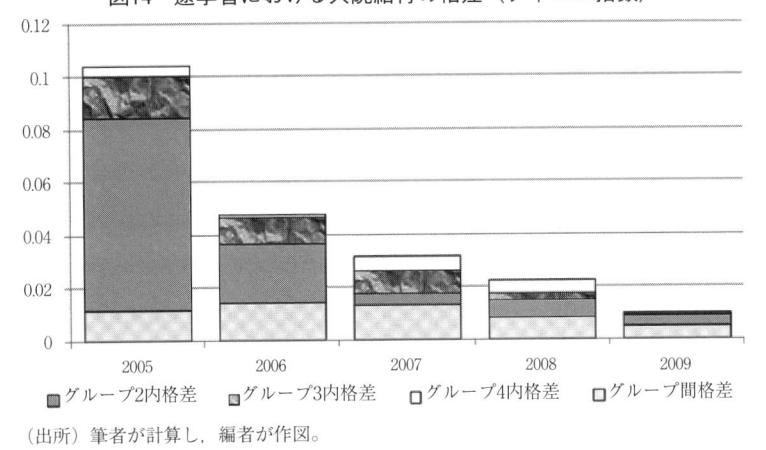

図14 遼寧省における入院給付の格差(ティエル指数)

(出所)筆者が計算し,編者が作図。

地域の内部格差の要因は,盤錦市の一人あたり入院補償支出額が同グループの鞍山市を大幅に上回ったからである。2008年と2009年の格差は,主に瀋陽市の1人あたり入院補償額が盤錦,鞍山市よりかなり高いことによる。「グループ3」地域の内部差異の主因は,撫順市,丹東市の1人あたり保険による入院補償水準が2007年以前に同グループの他都市より低かったことによる。

地方政府の補填状況を政府階層別にみると県レベル以上医療機構の入院補償支出額のティエル指数は2005年から2007年に次第に上昇し,その後小幅の変動となっている。

次に県レベル,地域(郷鎮)レベルの入院補償支出額ティエル指数は低下し,格差は新農合実施初期に比べ,改善されつつある。両者の全体格差は2007年を除き,基本的に地域内格差によりもたらされている。2005年と2006年における,「グループ2」内部の格差は主に盤錦市の1人あたり入院補償額が鞍山市を上回ることにより,2008年,2009年は主に瀋陽市の1人あたり入院補償額が盤錦市より高いことにより生まれた。2007年と2008年の「グループ4」地域の内部格差は,朝陽市の1人あたり補償水準が同グループの他地域を上回ったことによる。

第3節　結論と改善策の提案
（1）結論
これまでの分析から以下の4つことがわかる。

①遼寧省の都市部の医療サービスと農村部のそれとは大きな格差がある。遼寧省農村部の医療サービスの状況は全国平均を下回り，さらに遼寧省が属する東部地域の平均水準をも下回る。また，所得を勘案すると都市住民に比べ，農民の医療費の支出負担は過重である。農村部の「看病難，看病貴」という課題は依然残っている。

②2009年に遼寧省の新農合の加入率は91％に達し，同年度の全国水準（94％）に近づいており，とりわけ，所得が低い農民階層の加入状況が良好な点が評価できる。また，入院費の格差が縮小してきていることは新農合の成果である。

③新農合の政府による財源支援は強化されたものの，市レベルの財政補助が各都市の経済力格差に比例して行われるのに対して，省レベルの財政補助は主に経済成長の遅れている地域へ重点投入される。財政支援の方向性が異なるため，総合的に見て支援金の有効性や効率性を冷静に観察する必要がある。

（2）考えられる改善策
このような問題の解決には時間を要するものの，以下3つの取り組みを遼寧省でも進める必要がある。

①農村部における医療サービスの供給力と品質は未だ十分とは言えず更なる見直しと政府の財政支援を行う。

②所得水準が都市近郊農村に比べ低い本来の農村部は，農民が拠出する保険料も少なく，給付も限定的になることから，当面は同農村部に対し政府支援金を厚めに積む。

③地域の実情に応じた新農合を設計し経済成長の遅れている地域への財政支援を強化すると同時に政府各層により異なる財政支援指針を調整し，効率的に

補助金が行き渡るよう調整する。

　遼寧省の新農合は，全国の新農合の縮図であり，本章で分析したこれらの示唆が他の地域の新農合における改革にも参考になると幸いである。

主要参考文献
［1］遼寧省衛生部（2009）「中国衛生事業発展統計公報」(2009)
［2］遼寧省衛生部（2003, 2009）「中国衛生サービス調査研究」(2003, 2009)
［3］中国衛生部（2004～2009）「全国新型農村合作医療情報統計手引き2004～2009」

第5章
確率的フロンティア生産関数を用いた中国生命保険会社の効率性分析

久保英也（滋賀大学大学院経済学研究科教授）
劉　　璐（東北財経大学金融学院副教授）

要約：中国では一人当たり GDP が6,000ドルを超え，生命保険は一般大衆が購入する財・サービスとなる一方，外資による保険業参入規制の緩和が中国の生命保険業界の成長と競争を加速している。規制緩和は多くの生命保険会社を生んだが，その効率性は不明である。本稿はデータ制約の強い中国の生命保険会社の効率性を評価することを目的とする。

確率的フロンティア生産関数を用いて計測した結果，次の3点が明確となった。①売上（収入保険料）は好調だが，1999年から2008年にかけ売上の効率性は低下している，②利益の効率性も同様に低下している，③規模の大きな保険会社の効率が必ずしも優れているわけでない，など規模の効率性が働きやすいと考えられる生命保険業において，中国では必ずしも同効率性は働いていない。

おそらく効率性より市場シェア重視主義がとられていると考えられるが，効率性の悪化が生命保険会社の健全性に影響しないかを見極める必要がある。

キーワード：確率的フロンティア生産関数，売上の効率性，利益の効率性

第1節　中国生命保険市場の概要と先行研究

　中国における保険事業の歴史は1805年の清代にイギリスが広州保険行（Canton Insurance Company）を設立したことに始まる。その後1865年には上海に国内資本として初めて「義和保険公司」が設立された。本格的な保険会社としては，洋務運動が盛り上がった1875年に設立された「仁和保険公司」，「済和保

険公司」が最初である。第 2 次大戦後の1948年には外資の保険会社が64社，国民党の党営会社が 6 社，そして内国会社が数社存在していた。

　しかしながら，1949年の中華人民共和国建国に伴い国営の保険会社（中国人民保険公司，以下 PICC）が設立され，外資を除くすべての保険会社がここに整理，吸収されることとなった。また，このような状況下で1952年には外資系保険会社は中国からすべて撤退した。1959年にはその PICC の国内保険業務もすべて停止され，保険会社が中国国内には存在しない時代が続くことになる。その後，1978年の改革開放の方針に沿い1980年に PICC が業務を再開したのを皮切りに，1986年に新疆建設兵団保険公司，1988年に平安保険公司，1991年に太平洋保険公司が相次いで開業した。一方，1992年には外資系企業として初めてアメリカの保険会社 AIG が進出した。

　法制度の整備も進み，1995年に「保険法」の施行され，1998年には監督機関である「中国保険監督管理委員会」が誕生。そして，2001年には WTO に加盟するなど，規制緩和を進める体制づくりが大きく進んだ。

　Swiss Re 社（2012）の「World insurance in2010」によれば，2010年の中国の保険市場の規模は，損害保険が1,043億ドル（世界順位 5 位），生命保険が1,412億ドル（世界順位 5 位）と生命保険市場と損害保険市場は同規模となっている。世界の生命保険の収入保険料に占めるシェアは5.4％とアメリカの同21.7％，日本の同20.0％には及ばないものの，ドイツ4.1％，イタリア3.6％を上回る規模となっている。また，現地通貨建てでみた生命保険市場は1998年の885億元（約1.1兆円）から2012年には8,908億元（16兆円，2014年 2 月の為替レートで換算）とこの15年間で約10倍の規模まで急成長している。

　生命保険会社の数は，外資の初参入が認められた1992年にはわずか 4 社（内国資本会社 3 社と外国資本会社 1 社）であったものが，2001年の WTO 加盟時に13社（同 5 社と 8 社），そして，2010年には60社（同33社，27社）まで増加している。しかしながら，業容を内外資別にみれば，保険会社の数とは異なり内国生保が収入保険料シェアの94.7％を握り，かつ上位 3 社（中国人寿，平安

人寿, 太平洋人寿)の同シェアが57.9％に達する内国会社による寡占市場となっている。一方, 外国資本のシェアは5.3％で, その中の首位である友邦人寿(アメリカ資本のAIA) でもシェアはわずか0.7％に過ぎない。規制緩和は進んだものの, 外国資本に対する厳しい参入規制の存在がうかがわれる。この5.3％は商業銀行分野における外国銀行のシェア2.1％よりは高い。ただ, ①商業銀行は内国銀行そのものに資本参加, ②多くの金融スキルにおいて差別化ができている, など外資銀行のシェアの持つ大きな存在感とは事情が異なる。

　図1は中国の生命保険会社数（右目盛）とハーフィンダール指数（市場の集中度を示す指標で, 各社のシェアの2乗を足し上げた数値。同数値が高いほど市場の集中度が高い。）を1999年から2008年までプロットしたものである。保険会社数の増加に伴いハーフィンダール指数は1999年の0.5182から2008年0.2042まで低下し, 市場集中度は低下している。ただ, 少数生保による競争が激しい市場とされる日本の2008年同指数水準が0.1012であることを考えると, まさに少数の大規模会社による高い市場集中度が見られる。

　現在, 中国では生命保険は保障より貯蓄の代替商品として捉えられているため, 販売されている商品は養老保険と終身保険が中心で, 日本における主力商

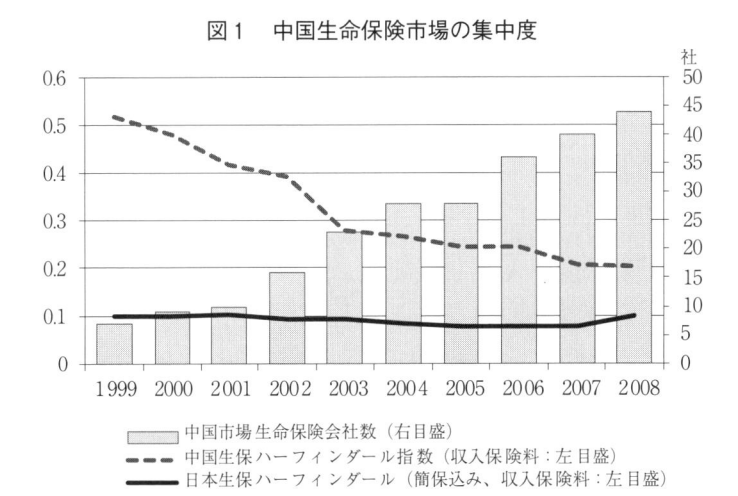

図1　中国生命保険市場の集中度

中国市場生命保険会社数（右目盛）
中国生保ハーフィンダール指数（収入保険料：左目盛）
日本生保ハーフィンダール（簡保込み, 収入保険料：左目盛）

（出所）「中国保険年鑑（1998～2009）」などから筆者作成。

品である保障性商品（定期付き終身保険や医療保険）のシェアは小さい。2009年の養老，終身保険のシェアは85％（うち，有配当保険が72％），医療・障害保険 9 ％，変額保険 6 ％となっている。

　販売チャネルについては，銀行による窓口販売が49％と営業職員チャネルによる販売の42％（共に2009年）とが拮抗している。ただ，2002年以降は，前者が後者を圧倒している。また，営業職員は会社との雇用関係がなく，むしろ日本でいう代理店に近く，給与体系も固定給部分はなく，完全な歩合給制度である。

　また，図 1 に示したとおり，急増した保険会社の多くは市場に参入して間のない，収益構造が未だ不安定な会社であると考えられる。

第 2 節　確率的フロンティア生産関数の概要

　一般に，産業や企業の効率性を測定する手法としては次の 3 つが考えられる。すなわち，①株価を用いたイベントスタディー，②財務データを用いたパフォーマンス分析，③フロンティア関数の推計，である。中国の生命保険会社はディスクローズが未だ十分ではなく，また未上場の会社も多いことから，①と②の方式は使えず，ここでは，③の方式を採用する。フロンティア関数は生産関数と費用関数に大別され，推計方法は線形計画法による DEA（Data Envelopment Analysis）とパラメトリックな方法に分類される。また，後者は想定する関数により，決定論関数型と確率的関数型に区分される。本稿では，個別会社別にかつ決算年ごとに効率性を把握し，多面的に比較分析をしたいため，効率性を絶対値で評価できるパラメトリックな確率的関数，すなわち「確率的フロンティア生産関数」を用いることとする[1]。

　ここで，生産関数，費用関数を用いて効率性を計測した先行研究を鳥瞰しておこう。

　確率的フロンティア生産関数についての理論研究としては Battese, G.E, and T.Coelli［1988］と Greene. W［1993］が残差の中に含まれる効率部分を算出

する理論を示している。また，Waldman, D［1982］は関数を計量的に推計する際の制約要因などについて分析，解説している。

フロンティア生産関数を用いた実証研究としては，分析対象を都市銀行とした原田喜美恵（2004），地方銀行とした藤野次雄（2004），証券業界とした松浦克己（1997），信用金庫とした播磨谷浩三（2004）などがある。また，一方，日本の生命保険会社の効率性を計測したものとして，茶野努（2002）が1991～1997年度の個別会社の効率性を計測している。久保（2006）も生産関数により，1992年～2004年度の生命保険会社の長期の効率性変化を計測している。

また，損害保険会社については，1997～2005年度の生産性変化を見た柳瀬典由・浅井義裕・富村圭（2007）や保険料率自由化など規制緩和効果を測定した久保（2007）などが存在する。また，久保（2008）は2005年度までの生損保兼営保険グループの効率性も計測している。

確率的フロンティア生産関数のベースとなる生産関数は，企業（保険会社）が生産活動を行う過程で，投入する資本，技術，人材，原材料などと生産物(売上，付加価値，利益など）との関係を単純化したものである。一般には以下のような関数として表わされる。

産出＝f（投入物a〈たとえば資本〉，投入物b〈同労働〉，投入物c〈同諸経費〉，…）

ただし，競争社会では多くの企業は非効率な部分を有しているため，最も効

---

1 確率的フロンティア生産関数とDEAとの差は次表の通り。

確率的フロンティア生産関数とDEAとの比較

		確率的フロンティア生産関数	DEA
①	関数の特定化	必要とする。	必要としない
②	計測結果の効率性の意味	各事業体ごとの効率性を絶対値で示す。	事業体相互の相対的関係を示す。（年度間比較に意味がない，標準偏差の変化により，各社間の格差の変化をみる。）
③	産出物の定義	特定化した関数による。	複数の投入物と産出物を定義できる。
④	統計誤差	想定する。	想定しない。

（出所）筆者作成。

率的な企業の生産関数をFとすると，それ以外の企業の生産関数は，

　産出物＝F（投入物a，投入物b，…）＋非効率性u

と考えられる。また，当然，関数やデータには誤差が含まれるため，

　産出物＝F（投入物a，投入物b，…）＋非効率性u＋誤差項v

と表すことができる。なお，この関数Fには任意の関数を持ち込むことができる。また，非効率性を表す部分には半正規分布の仮定を，誤差項には正規分布の仮定をそれぞれ置く。そして，非効率性を表すパラメータを最尤法により推計する。詳しいアルゴリズムは以下の通りである。

　確率的フロンティアモデルを $y_i = x_i\beta + v_i - u_i$, $(i=1, 2, \cdots, n)$ と表す。ただし，vの分布として正規分布，uの分布として半正規分布，$v \rightarrow N(0, \sigma_v^2)$, $u \rightarrow N+(0, \sigma_u^2)$ を考える。このとき y_i の確率密度関数は，

$$f(y_i) = \frac{2}{\sigma}\phi\left(\frac{y_i - x_i\beta}{\sigma}\right)\Phi\left(-\frac{\lambda(y_i - x_i\beta)}{\sigma}\right) \tag{1}$$

となる。この時，$\sigma = \sqrt{\sigma_v^2 + \sigma_u^2}$, $\lambda = \frac{\sigma_u}{\sigma_v}$ (2)

　また，ϕ は，標準正規分布の密度関数，Φ は，標準正規分布の累積分布関数を表す。

　今，$\varepsilon_i = y_i - x_i\beta$ とおけば，(1)は，

$f(y_i) = \frac{2}{\sigma}\phi\left(\frac{\varepsilon_i}{\sigma}\right)\Phi\left(-\frac{\lambda\varepsilon_i}{\sigma}\right)$ と表される。

　この対数を求めると，

$Logf(y_i) = Log\,2 - Log\sigma + Log\phi\left(\frac{\varepsilon_i}{\sigma}\right) + Log\left(-\frac{\lambda\varepsilon_i}{\sigma}\right)$ となる。

　したがって，対数尤度関数は，

$Logf(y) = \sum_{i=1}^{n}\left[Log\,2 - log\sigma + Log\phi\left(\frac{\varepsilon_i}{\sigma}\right) + Log\Phi\left(-\frac{\lambda\varepsilon_i}{\sigma}\right)\right]$ となる。

　よって，パラメーターβ, σ, λ を最尤法により求めればよい。これにより σ_v^2, σ_u^2 も求まる。第i主体の効率性は，Battese and Coelli (1988, Journal of Econometrics）が，次のとおり提案している。

$$TE = E\langle \exp(-u_i | v_i - u_i) \rangle = \frac{1 - \Phi(\sigma_* - \frac{\mu_{*i}}{\sigma_*})}{1 - \Phi(-\frac{\lambda_{*i}}{\sigma_*})} \exp(-\mu_{*i} + \frac{1}{2}\sigma_*^2)$$

ここで，$\lambda_{*i} = \frac{\varepsilon_i \sigma_u^2}{\sigma_2}$, $\sigma_*^2 = \frac{\sigma_u^2 \sigma_v^2}{\sigma^2}$

したがって，パラメーターの最尤推定量を $\hat{\beta}$, $\hat{\sigma}$, $\hat{\lambda}$ とすれば，

$$\hat{TE}_i = \frac{1 - \Phi(\hat{\sigma}_* - \frac{\hat{\mu}_{*i}}{\hat{\sigma}_*})}{1 - \Phi(-\frac{\hat{\lambda}_{*i}}{\hat{\sigma}_*})} \exp(-\hat{\mu}_{*i} + \frac{1}{2}\hat{\sigma}_*^2) \quad \text{ただし，} \lambda_{*i} = -\frac{\varepsilon_i \hat{\sigma}_u^2}{\hat{\sigma}^2} \quad \hat{\sigma}_*^2 = \frac{\hat{\sigma}_u^2 \hat{\sigma}_v^2}{\hat{\sigma}^2}$$

$\varepsilon_i = y_i - x_i \hat{\beta}$ である。

　フロンティア生産関数が導出する生産性は，資本と労働などの投入物を投入した時にもっとも効率的に生産物を算出する最適生産性のラインから，各企業の効率性がどの程度乖離しているかを表すもので，数値が高いほど効率性が高いことを示す（もっとも効率的な保険会社＝１）。

第３節　確率的フロンティア生産関数の推計

　生産関数の被説明変数にあたる生産物は中国生命保険会社のデータ制約から，①一般事業会社の売上高に相当する収入保険料，②損益計算書上の経常利益，③負債の変動は売上（新規契約＋保有契約）の変動に連動するとみなした責任準備金の純増（責任準備金の積み増し－取り崩し）の３つとした。②については，保険会社の期間損益をできるだけ合理的に把握したいため，日本で公開されている「基礎利益」が好ましい。基礎利益は１年間の保険会社の本業の収益力を示す指標の一つで，一般会社の営業利益や銀行の業務純益に近い概念である。それは，保険会社のいわゆる３利源益（死差益，費差益，利差益）の概念に近い。しかしながら，中国の生命保険会社は詳しい損益計算書を公開しておらず，基礎利益を簡便法でも算出することはできない。また，生産関数で

は投入物として資本を投入要素とするため，減価償却を反映した利益，すなわちキャッシュフローを利益概念に採用したいが，これもデータが公開されておらず，残念ながら断念せざるをえなかった。

　一般に，保険の販売が増えれば増えるほど当該年度の販売コストや責任準備金の繰入が増加し，保険収支の赤字幅は拡大する。収入保険料の増加は長期的には利益に貢献するものの，短期的には保険収支を悪化させる。図2に保険収支の動きを時系列で示した。中国生命保険会社の保険収支は，好調な収入保険料の増加が続いたものの，単年度の増加幅（純増）は，2005～2006年にやや低下したことから，保険収支の赤字幅はさほど悪化していなかった。しかし，2007年～2008年には収入保険料の増加幅が大きく，保険収支は一気に悪化している。

　中国保険会社の収益構造で特徴的な点は，投資収益の伸びが常に保険収支の伸びを上回っている点である。多くの保険会社が設立されて間がないため，一般に保険収支は大きな赤字を計上し，それを投資利益が補うという収益構造にある。たとえば最大手の中国人寿は，保険収支の赤字が4,548万元に対し投資利益はこれを上回る5,334万元で，これらを合算した経常利益は786万元となっている。

　本来，金融市場において資産運用を行う場合，資産の純増加による投資収支の変動より運用先市場の各年の収益率の変化による投資収支の変動が大きくなることが多い。中国の生命保険会社の資産運用は基本的には債券や預金などの金利連動商品が主であるため，資産規模の増加が投資収益の増加につながっているように見える。しかし，今後大きく金利水準が低下した場合には予定利率リスクが急速に高まる可能性もある。債券，預金ポートフォリオの中身の検討が重要になる。

　一方，生産関数の投入物については，労働投入量を営業コストと内務人件費

2　保険会社特有の生産物の選択については，久保（2007）に詳しい。

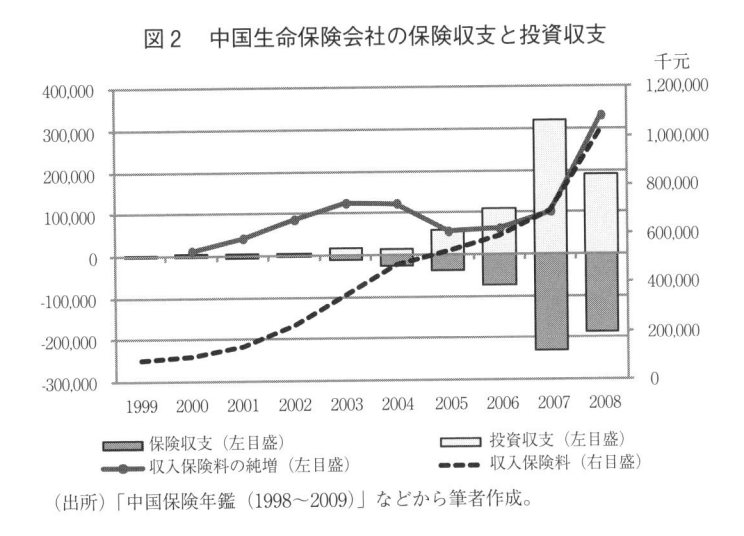

図2 中国生命保険会社の保険収支と投資収支

（出所）「中国保険年鑑（1998～2009）」などから筆者作成。

に分け，前者を従業員数（内務職員）×賃金単価で算出した。賃金単価は，中国統計年鑑の平均賃金（5-20表：金融業・保険業）の統計を利用した。また，中国の販売チャネルは代理店と銀行窓口販売が9割を占めるため，営業人件費（販売コスト）は営業費用の数値をそのまま採用した。

なお，分析に際し，標本は生命保険各社のデータを時系列に揃えたパネルデータとしたため，フロンティア生産関数が示す効率性には，企業本来の経営努力に加え，各年度の「市場環境の差」が自ずと含まれる。企業の効率化努力と市場環境の良し悪しは峻別すべきものであり，本来過年度で保険会社の効率性を連続的に評価するには，市場環境の差を調整することが望ましい。この調整には，生命保険業界合計の効率性を年度別に求め，同値の1991年度から2008年度までの平均値を基準としたデフレーター系列を作成し，これを用いた。各社の効率性数値（いわば名目値）をこのデフレーターで除することにより市場環境の影響を除去する（いわば実質値）。

標本の選択にあたっては，生命保険会社の収益構造が安定するまでには長い時間がかかることから，収支の変動が激しいと想定される設立から日が浅い保険会社や小規模の保険会社は別区分とすることとした。すなわち，標本区分を，

①大手(2008年の収入保険料20億元以上かつ6年以上の決算期を有する会社(以下，選抜会社と言う)）と②全会社，の2区分に分け推計することとした。

　確率的フロンティア生産関数の推計結果は表1に掲載した。標本数は①の選抜全社で約110，②の全会社で240程度である。ただし，理論的には生産物にマイナスの値は存在しないため，たとえば，経常利益の実績が負値を取る場合，その標本は自動的に除かれることになる。このため，経常利益を生産物として推計した場合，同利益がプラスの会社，プラスの決算年のデータのみでフロンティアを計算することになる。負値をとる標本数が多い場合には，推計結果にバイアスがかかる可能性があることは踏まえておく必要がある。

　推計結果を表1に示した。各説明変数のt値は概して高く，一見推計は安定しているように見える。しかしながら，Waldman, Dが指摘する制約要因である残差の歪度（歪度が負）を検証すると，必ずしもすべての構造式がこれを満足しているわけではない 補論1 。収益構造が安定している選抜会社については，収入保険料①（労働の説明変数を事業費だけとしたもの），付加価値，責任準備金の純増の3つで歪度が負という制約条件を満たしている。一方，全会社については，逆に付加価値を生産物とした構造式のみがこの条件を満たし，他の3つを生産物とした構造式はいずれも満たしていない。やはり新興の生命保険会社が数多く入る全会社の標本は，ばらつきや異常値が大きいものと考えられる。

第5章 確率的フロンティア生産関数を用いた中国生命保険会社の効率性分析

表1　中国生命保険会社のフロンティア生産関数の推計結果

選抜会社	収入保険料①*			収入保険料②**		
	パラメータ	t値	標準誤差	パラメータ	t値	標準誤差
資本	0.611087	6.24162	0.097905	0.096781	1.83894	0.052639
労働	0.433871	9.68995	0.044775	1.18683	25.7762	0.046044
定数項	2.26836	3.34177	0.678789	-1.06423	-5.557349	1.90946
σ	0.861083	5.10338	0.168728	1.0801	20.4153	0.052906
λ	0.964147	1.20056	0.803081	-4.85704	-2.57302	1.88768
歪度	-0.17011			3.56419		
標本数、LI	115, -159.113			127, -99.3834		

生産物	付加価値（経常利益+事業費）*			責任準備金の純増*		
	パラメータ	t値	標準誤差	パラメータ	t値	標準誤差
資本	0.453243	10.0741	0.044991	0.569751	5.80331	0.098177
労働	0.629076	23.2277	0.027083	0.430341	9.28262	0.04636
定数項	-0.10241	-0.29719	0.34461	3.63272	6.02556	0.602885
σ	0.834353	16.9632	0.049186	0.73955	5.23279	0.1433
λ	5.88099	1.63223	3.60304	1.17935	1.42163	0.829571
歪度	-2.76062			-0.20438		
標本数、LI	78, -79.2120			114, -169.433		

全会社	収入保険料*			収入保険料**		
	パラメータ	t値	標準誤差	パラメータ	t値	標準誤差
資本	0.668632	10.4188	0.064175	0.158363	1.95059	0.081187
労働	0.544742	19.2352	0.02832	1.15559	20.7636	0.055654
定数項	0.885297	2.79765	0.316443	-1.07187	-4.1176	0.260314
σ	0.727216	11.057	0.06577	1.08684	15.093	0.07201
λ	-1.616	-3.86844	0.417741	-1.04068	-4.11891	0.252659
歪度	0.55888			0.57556		
標本数、LI	225, -319.449			242, -273.869		

生産物	付加価値（経常利益+事業費）*			責任準備金の純増**		
	パラメータ	t値	標準誤差	パラメータ	t値	標準誤差
資本	0.466691	4.22296	0.110513	0.20723	2.2463	0.092254
労働	0.645643	21.0314	0.030699	1.10469	16.7606	0.06591
定数項	0.888158	1.64071	0.541324	-1.49524	-4.51618	0.331085
σ	0.575398	14.028	0.041018	0.868445	11.7895	0.073662
λ	10.2786	1.25989	8.15831	-0.961175	-2.78888	0.344646
歪度	-0.14764			0.28766		
標本数、LI	103, -138.613			237, -325.992		

（注1）推計期間は、1999～2008。LIは、Log likelihoodの略。
（注2）資本については、収入保険料①が総資本ストック、付加価値は株主資本、その他は資本コストを使用。
（注3）労働は、人件費＋その他コストとした。＊：事業費、＊＊：事業費＋営業費用を表す。
（出所）筆者が確率的フロンティア生産関数を用いて推計し、作表。

第4節　推計結果と示唆

この Waldman の制約条件を満たした構造式の推計結果を図3に示した。

1999年から2008年までの10年間の中国生保険会社（選抜会社，全社）の効率性の変化を示している。利益の効率性（付加価値）は，棒グラフが示す全社もそのすぐ上の折線グラフが示す選抜会社についても効率性は低下を続けている。

同様に産出物を売上効率を示す収入保険料や責任準備金の純増とした場合も効率性は緩やかに低下している。中国の生命保険各社は，市場の急速な拡大に対応するため，前倒しで積極的な投資や販売チャネルの充実を進めている可能性が高い。

次に個別会社の効率性の変化を見てみよう。まずは選抜会社の売上効率（収入保険料）について，各社別・年度別にプロットしたのが図4である。縦軸に売上の効率性（収入保険料），横軸に会社規模（収入保険料の実額）を取った。近似線のRスクェアーも比較的高い0.3927となっている。売上効率と生命保険会社の規模はある程度連動することが分かる。

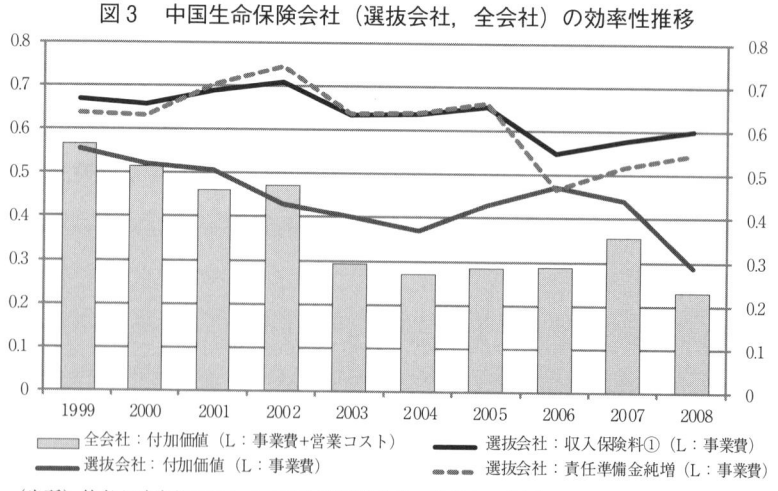

図3　中国生命保険会社（選抜会社，全会社）の効率性推移

（出所）筆者が確率的フロンティア生産関数を用い推計し，作図。

第5章 確率的フロンティア生産関数を用いた中国生命保険会社の効率性分析　97

図4　選抜会社の売上効率（収入保険料）

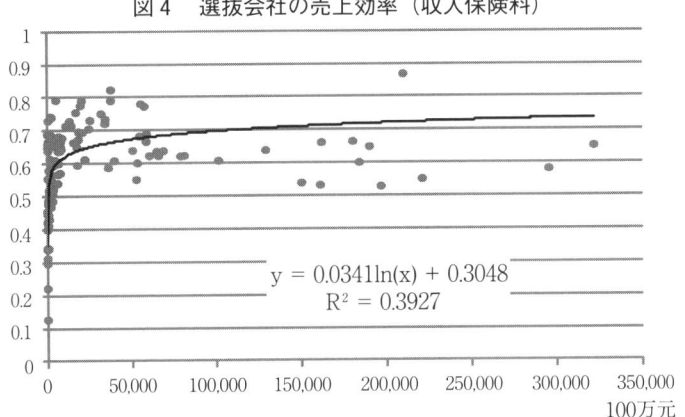

$y = 0.0341\ln(x) + 0.3048$
$R^2 = 0.3927$

100万元

（出所）筆者が確率的フロンティア生産関数を用い推計し，作図。

図5　選抜会社の付加価値効率

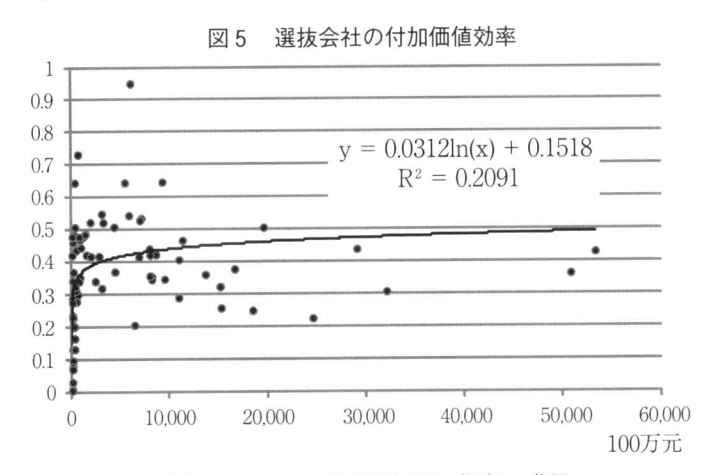

$y = 0.0312\ln(x) + 0.1518$
$R^2 = 0.2091$

100万元

（出所）筆者が確率的フロンティア生産関数を用い推計し，作図。

同様に図5に選抜会社の利益効率（付加価値）の分布を示した。近似線のRスクェアーは0.2091と低下するが，利益効率を表す散布図の近似線としてはまずまずの水準である。中規模でも効率性の高い会社や決算年がある半面，規模が大きくかつ利益効率の悪い会社も多く存在するなどばらつきが大きい。

全会社の利益効率性（付加価値）を同様にプロットすると図6のようになる。規模の小さい会社群がグラフの左に集中するため，図5の選抜会社の利益効率以上に近似線のあてはまりがよい（Rスクェアーは0.3634）ように見える。た

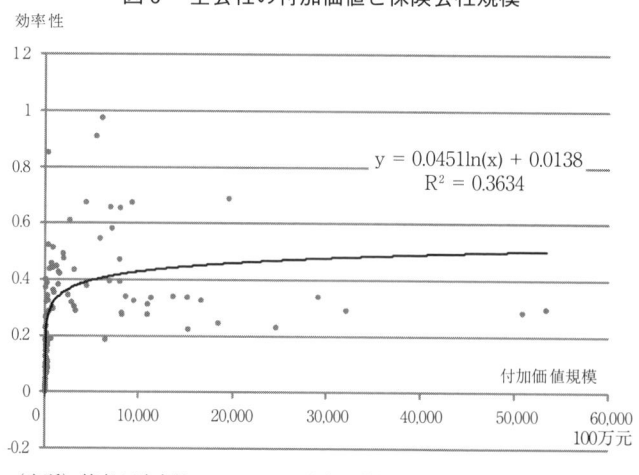

図6　全会社の付加価値と保険会社規模

$y = 0.0451\ln(x) + 0.0138$
$R^2 = 0.3634$

（出所）筆者が確率的フロンティア生産関数推計し，作図。

だ，これはY軸寄りの小規模エリアに標本が偏ったことが原因とみられ，選抜会社の分析結果の方が，中国の生命保険会社の効率性を的確に表していると考えられる。

　更に，選抜会社のうち代表的な個別会社について効率性を規模の観点から分析してみよう。図7は特徴的な個別会社について売上効率（折線グラフ）と会社規模（＝売上高：収入保険料，棒グラフ）を時系列で併せ示したものである。1999年から2008年にかけ多くの会社が売上高の増加に伴い効率性が高まっている。中堅会社である新华人寿は2001年の収入保険料は230万元が2008年には5,568万元（約24倍）と急速に増加した，それに伴い売上効率も同0.6882から0.7817まで上昇している。一方，最大手の中国人寿も収入保険料が同6,075万元から2億9558万元（約4.9倍）まで上昇しているものの，売上効率は逆に0.6243から0.5825へ低下傾向が続いている。この効率性の低下傾向は大手の一角である平安人寿も同様である。

　更に，図8に示した利益効率を見るとその傾向は更に明確となる。売上効率と同じく，新华人寿は1999年の経常利益が2,400万元が2008年には60.3億元へ

第5章 確率的フロンティア生産関数を用いた中国生命保険会社の効率性分析　99

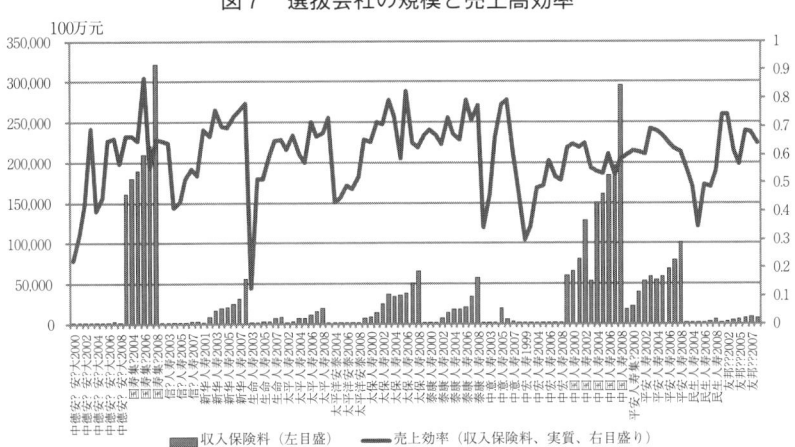

図7　選抜会社の規模と売上高効率

収入保険料（左目盛）　　売上効率（収入保険料、実質、右目盛）

（出所）筆者が確率的フロンティア生産関数を用い推計し，作図。

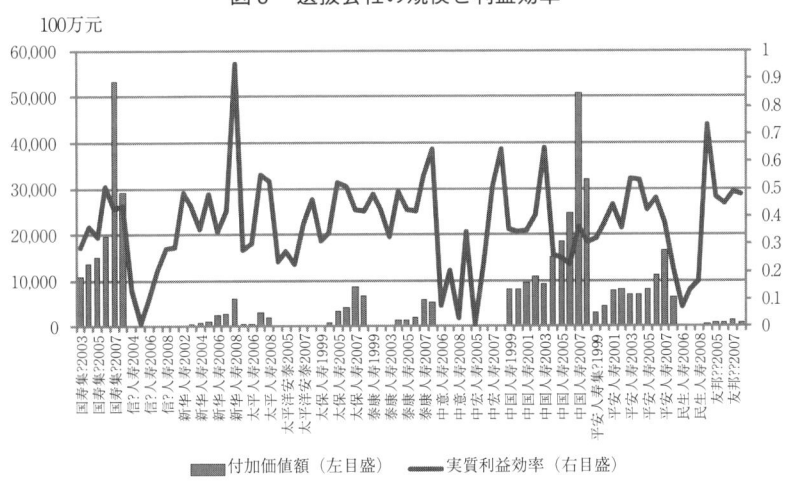

図8　選抜会社の規模と利益効率

付加価値額（左目盛）　　実質利益効率（右目盛）

（出所）筆者が確率的フロンティア生産関数を用い推計し，作図。

増加し，利益効率も0.2878から0.9507へ大きく上昇している。一方，中国人寿は，経常利益額は82.2億元から320.6億元へ大きく増えてはいるものの，利益効率は0.3547と低水準にとどまり，また2009年には更に0.3065へ効率性は悪化している。同様に平安人寿も経常利益は1999年の30.6億元からピークの2007年

に166.1億元に上昇したにもかかわらず，利益効率は同0.4415（2001年）から0.3774（2007年）に低下している。また，同社は，2008年にはリーマンショックの影響から保有していた欧州の投資企業フォルティス株（発行総数の4.8％）の市場価格が大きく低下したこともあり，経常利益は637万元まで低下している。日本の生命保険会社は規模の拡大が基本的には効率性の上昇につながる構造を有しているが，中国の生命保険会社はそれと逆の動きを示している。

結　語

「自分の人生のリスク対応のために生命保険を購入する」という文化が十分根付いていない中国において，保険法の整備と規制緩和を機に，生命保険市場の拡大が続いている。2009年の3,769ドルという一人当たり名目GDPは台湾の1985年，韓国の1987年ごろの水準に相当し，かつこの数値が都市と農村の格差が大きい中での平均値であるとすれば，少なくとも中国都市部での生命保険の普及はこれから確実に加速することになる。

この中で，十分な経営戦略や経営資源を有さず，また，中国の市場特性を熟知しないまま参入する新規参入会社が増加している。本来，保険業は収益性の面からもリスク分散の面からも保有契約額を大きくすることが重要な産業である。そのため，市場シェアの獲得を第一義とする会社が自ずと増加する。日本の生命保険市場でも見られたこの事態が長期化すれば保険会社の健全性にも影響し，経営破綻の遠因ともなる可能性がある。中国の保険会社の効率性は，健全性の観点からも継続的に計測することが求められる。

今回提案した確率的フロンティア生産関数を用いた効率性の測定は，比較的公表データが少ない中でも各社の効率性を分析できる利点がある。また，更にデータの開示が進めばより多面的に保険会社の効率性を評価することができることから，保険会社の監督という観点からも重要な分析手法と考えられる。この拙稿が中国生命保険市場の健全な発展の一助になれば幸いである。

補論1　残差の歪度が負でなければならない理由

確率的フロンティアモデルを

$$y_i = \alpha + x_i^r \beta + v_i + u_i \quad (i = 1, 2, 3, \cdots n) \quad \cdots\cdots\cdots①$$

v_i は誤差項，u_i は非効率性を示す確率変数とし，
v_i と u_i の確率分布については，
$v_i = \sim N(0, \sigma_v^2)$，$u_i = \sim N(0, \sigma_u^2)$ ただし，u_i は，半正規分布に従う。
①式を書き換えると

$$y_i = \{\alpha - E(u_i)\} + x_i^r \beta + \{v_i - u_i + E(u_i)\},$$
$$= \alpha' + x_i' \beta + \varepsilon_i, \quad \cdots\cdots\cdots\cdots\cdots\cdots\cdots\cdots②$$

ここで，$\alpha' = \alpha - E(u_i)$，$\varepsilon_i = v_i - u_i + E(u_i)$
ε_i については，
$E(\varepsilon_i) = E(v_i) - E(u_i) + E(u_i) = 0$ が成り立っているので，
②式について，最小二乗法が利用できる。

　しかしながら，切片 α_i の最小二乗推定量 $\hat{\alpha}^r$ は $\alpha - E(u_i)$ に対する推定量となっている。そのため，α を推定するには，$E(u_i)$ だけ修正する必要がある。つまり，α を推定するには，$\hat{\alpha} = \hat{\alpha}^r + E(u_i)$ としなくてはならない。u_i が半正規分布 $N+(0, \sigma_u^2)$ に従うときには，$E(u_i) = \sqrt{\dfrac{2}{\pi}} \sigma_u$ であることが分かっている。そこで，σ_u が推定できれば，σ も推定できる。σ_u の推定については，ε_i について，

$$E(\varepsilon_i^2) = \sigma_v^2 + \frac{\pi - 2}{\pi} \sigma_u^2, \quad E(\varepsilon_i^3) = \sqrt{\frac{2}{\pi}} \left(1 - \frac{4}{\pi}\right) \sigma_u^3 \cdots\cdots\cdots③$$

が成立する。つまり，σ_u^2 の推定量として，

$$\hat{\sigma}_u^2 = \left(\frac{m_2}{\sqrt{\dfrac{2}{\pi}} \left(1 - \dfrac{4}{\pi}\right)} \right)^{\frac{2}{3}}$$

を用いることができる。②に対して最小二乗法を適用した時の残差を e_i と表せば，m^3 は，

$$m_3 = \frac{1}{n}\sum_{i=1}^{n} e_i^3$$

この m_3 は，ϵ の歪度に対する推定量と考えることができる。同様に，σ_v^2 の推定量としては，

$$\hat{\sigma}_v^2 = m_2 - \left(1 - \frac{2}{\pi}\right)\hat{\sigma}_u^2$$

を用いることができる。ここで，$m_2 = \frac{1}{n}\sum \epsilon_i^2$

これらの推定量は，③式の $E(\epsilon_i^2)$ を m_2 に，$E(\epsilon_i^3)$ を m_3 に置き換えて得られる連立方程式

$$m_2 = \sigma_v^2 + \frac{\pi-2}{\pi}\sigma_u^2, \quad m_3 = \sqrt{\frac{2}{\pi}}\left(1 - \frac{4}{\pi}\right)\sigma_u^3 \cdots\cdots\cdots\cdots ④$$

を解くとにより，得られる。したがって，α の推定量は，$\hat{\alpha} = \hat{\alpha}^r + \sqrt{\frac{2}{\pi}}\hat{\sigma}_u$

となる。この方法の問題点は，データによっては，m_3 の値が正になることがある。この時，④式から，σ_u^3 の推定量が負となり使用できなくなる。

③式は理論的な関係を表しているので，必ず成立するが，④式は，期待値の部分をデータから推定しているために，このような問題が起こる。

したがって，m_3 が表す歪度は，負でなくてはならない。

主要参考文献

［1］ Battese, G.E, and T.Coelli［1988］"Prediction of firm-level technical efficiencies with a generalized frontier production and panel data," Journal of Econometrics 38, pp.387-399.
［2］ Greene. W［1993］"The Econometric approach to efficiency analysis," Harold, lovell and Schmidt（eds）, Oxford University press. pp.92-251.
［3］ Swiss Re［2010］"World insurance in 2009" Sigma No 2／2010.
［4］ Waldman, D［1982］"A stationary point for the stochastic frontier likelihood," Journal of Econometrics 18, pp.275-279.
［5］ 北坂真一（2002）「わが国生命保険会社の組織形態と経済性」『生命保険論集』pp. 1 -23。
［6］ 久保英也（2006）「確率的フロンティア生産関数による生命保険会社の生産性測定と新しい経営効率指標の提案」日本保険学会『保険学雑誌』第595号，平成18年12月，pp. 117～136。
［7］ 久保英也（2007）「保険料率自由化が日本の損害保険業の経営効率に与えた影響—確率フロンティア生産関数による効率性の計測」損害保険事業総合研究所『損害保険研究』第68巻4

号，平成19年2月，pp. 1～25。
［8］久保英也（2008）①「再構築が求められる日本の生損保兼営グループの戦略」日本保険学会『保険学雑誌』601号平成20年6月，pp. 129～148。
［9］久保英也（2008）②「Measurement of Effects and Productivity of Deregulation in insurance industry in Japan」Korean Insurance Academic Society『Korean Insurance Journal』No. 80, 平成20年8月，pp. 267～300。
［10］久保英也（2009）①『保険の独立性と資本市場との融合』千倉書房 pp. 35-82。
［11］久保英也（2009）②「The analysis of the efficiency over a long period in Japanese nonlife insurance industry」『Japan's Insurance Market 2009』The Toa Reinsurance Company,Limited, 平成21年8月，pp. 2～11。
［12］茶野努（2002）「低成長移行後のわが国生命保険業の効率性」『予定利率引下げ問題と生保業の将来』東洋経済新報社 pp. 149-192。
［13］筒井義郎・佐竹光彦・内田浩史（2005）「都市銀行における効率性仮説」『RIETI Discussion Paper Series 05-j027』pp. 1－31。
［14］原田喜美恵（2004）「都市銀行の統合と効率性」『証券アナリストジャーナル』42号（3）2004年3月号 pp. 56-71.
［15］播磨谷浩三（2004）「信用金庫の効率性の計測―DEAと確率フロンティア関数との比較」『金融経済研究』第21号 pp. 92-111。
［16］藤野次雄（2004）「地方銀行の効率性分析」『信金中金月報』2004年3月号 pp. 1-19。
［17］松浦克己（1997）「証券業の生産関数と効率性」『郵政総合研究所　ディスカッションペーパー97-3』pp. 1-8。
［18］柳瀬典由・浅井義裕・富村圭（2007）「規制緩和後の再編と効率性・生産性への影響」『損害保険研究』第69巻第3号，pp. 99-125。
［19］柳瀬典由・播磨谷浩三・浅井義裕（2009）「規制緩和後の業界再編と生命保険業における効率性変化――確率的フロンティアDistance Functionの推定によるアプローチ」『生命保険論集―』169号 pp. 29-77。

… 第6章

DEAを用いた日本における国内生命保険会社と外資系生命保険会社の効率性分析

劉　　璐（東北財経大学応用金融研究センター副教授）
久保英也（滋賀大学大学院経済学研究科教授）

要約：日本は保険業が最も発達した国の一つであるが，1990年代以降のバブルの清算に伴う金融市場の混乱やマクロ経済環境の悪化などにより，生命保険業界は長期の停滞と調整期に入ることになった。本論文では，中国の保険研究者の視点から日本の生命保険会社の効率性を評価する。具体的には，DEA（Data Envelopment Analysis）を用いて1998年度から2008年度の日本の生命保険会社の効率性の変化を技術効率，純技術効率，そして規模効率に分け計測しようとするものである。

　分析の結果，厳しい経営環境の中でも日本の生命保険会社は効率性の上昇基調を維持していることが判明した。また，この時期同時に進んだ保険業法の改正などの規制緩和は外資系生保の市場シェアの拡大の誘因となったが，その背景に優れた純技術効率の改善があったこともはっきりした。このような日本のバブル崩壊後の生命保険産業の状況や保険各社の経営努力は，今後の中国の生命保険業の健全な成長性確保や保険監督への示唆ともなると考えられる。

キーワード：生命保険業，DEA，技術効率，純技術効率，規模効率

はじめに

　2012年の日本の生命保険市場の世界シェアは収入保険料（ドル換算）でみて20.0%を占める巨大市場であるが，市場は成熟化し日本経済自体の低迷と相まって，停滞感が強い。ただ，その中でも保険会社は激動する経営環境への対応を進め，効率性を高めようと努力してきた。

本論文では，約40社からなる生命保険市場で8社が経営破綻するという大きな変化に直面した1998年度から2008年度の日本の生命保険会社の効率性の変化を DEA（Data Envelopment Analysis）を用いて測定することを目的とする。効率性は，技術効率と純技術効率，そして規模効率により測定する。バブル崩壊後の日本の生命保険会社の経営環境や収益構造，そして各社の経営努力を詳細に分析する中で，今後の中国の生命保険業や保険監督への示唆を導出したい。

第1節　バブル清算後の日本の生命保険業

　日本の生命保険業は，日本の戦後経済の高度成長に資金調達面から大きく貢献した。しかし，1990年代以降バブル経済の清算に伴う日本の金融，経済の混乱により，長い構造調整期に入った。経済成長率の極端な低下と高齢化の急進展により，保障性商品を主に販売していた日本の生命保険市場は縮小に転じ，新規契約および保有契約共に収入保険料は減少基調を続けている。

　図1は日本の生命保険業の収入保険料の伸率，個人保険新契約高の伸率，保有契約高の伸び率，そして総資産利回りの推移を示している。収入保険料収入は，1995年の30.7兆円から2008年には26.2兆円まで低下し，1990年以降は対前年度マイナスを記録する年度が多い。新規契約高の落ち込みはそれ以上に激しい。1991年度の契約高215兆円が2008年には54兆円と約5分の1の水準まで減少している。棒グラフで示したように10％を越えるマイナスを示した年度も多い。

　また，バブルの清算過程で日本銀行が銀行を守るため大規模な金融緩和を長期間にわたり続けたことや国内株式市場の低迷などから総資産利回りも急速に低下している。1991年度までは5％を越えていた同利回りは1994年度には3％を下回り，2000年度以降はほぼ1％台の利回りとなっている。リーマンショックの影響を受けた2008年度は利回りがマイナス（－0.02％）となるなど戦後初の状況が現出した。このような状況に耐えきれず，7社の生命保険会社が1997年度から2000年度にかけ連続して経営破綻した。すなわち，1997年度には日産

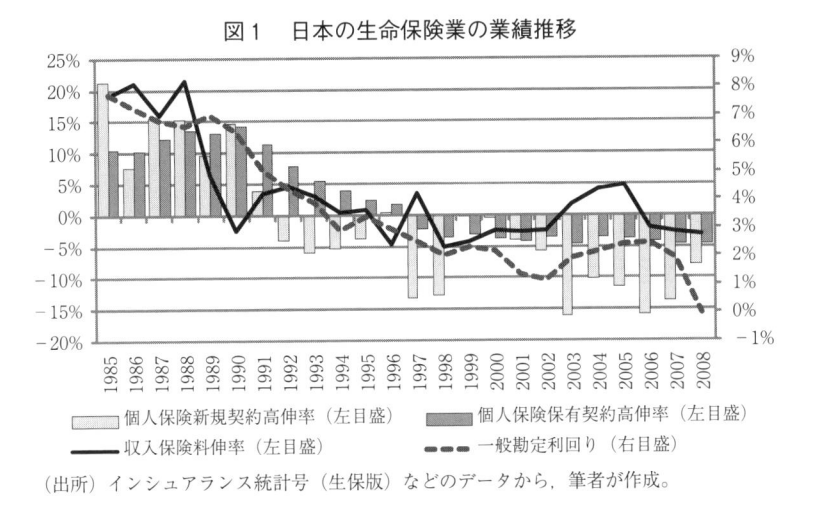

図1　日本の生命保険業の業績推移

(出所) インシュアランス統計号（生保版）などのデータから，筆者が作成。

生命，1999年度には東邦生命，2000年度には第百生命，大正生命保険会社，千代田生命，協栄生命などの保険会社が経営破綻した。

悪化を続ける経営環境に重なるように，改正保険業法の施行（1996）をはじめ保険業の規制緩和が急速に進んだため，生命保険各社は事業費の圧縮や子会社方式による損害保険業への進出，相互会社から株式会社への組織変更など大胆な改革を進めた。また，この規制緩和は外資による国内生保のM&Aを容易にし，経営破綻した生命保険会社は外資系生保の下で再出発することとなった。また，一方，銀行チャネルで生命保険を販売する「保険の窓口販売」も解禁され，銀行が個人年金保険などを中心とした個人保険の新しい販売チャネルとして存在感を増すことになる。

商品戦略も抜本的に見直され，予定利率と資産運用利回りが逆転する，いわゆる「逆ザヤ」の反省から予定利率を大きく引き下げ，高利率を訴求した貯蓄型の保険は減少し，医療保険や個人年金へ商品ポートフォリオは大きくシフトした。

一方，営業職員を中心とした販売チャネルについて，新規契約獲得志向の強い賃金体系から保有契約の維持，増加を志向した体系に見直したり，銀行チャ

ネルなど新たな代理店チャネルの開拓も加速した。また，インターネットを販売チャネルとするインターネット専業の保険会社も相次いで誕生している。

以上のように，1990年代後半以降の日本の生命保険業は，厳しい経営環境の中で従来にはなかった経営努力や大きく変化した競争環境に大胆に適応していった時期でもある。この時期の日本の生命保険業の経営行動を「効率性の変化」を通じて分析してみよう。

第2節　先行研究と効率性分析手法

Farrell [1957] は，生命保険会社の経営効率は技術効率（technical efficiency，TE），配置効率，コスト効率に分けることができるとし，うち，技術効率は企業が一定の技術とアウトプット（インプット）を仮定した中で，最小コスト（最大収益）を達成する程度を表すとした。これは，規模の効率性が可変の仮説の下では，技術効率は更に純技術効率（pure technical efficiency, PTE）と規模効率（scale efficiency, SE）とに分解することができることを表す。生命保険会社の効率性分析は，生命保険各社の経営活動における投入コストと産出物（収益）の間の関係を考察することにより，投入資源をどの程度効率的に使用しているかを判断でき，経営効率向上のための一種のインディケーションを示すことができることになる。

欧米においては，保険業の経営効率に関する研究は古く，文献数もかなりの数に及ぶ。Gardner[1993]は最初に米国の生命保険業の効率性を分析し，Cummins（及びその研究チーム）は多用な手法を用いて，米国・イタリア・スペインなどの国の保険業の技術効率・規模効率・コスト効率などを算出した。Cumminsなど［1996］，Cumminsなど［1998］，Cumminsなど［1999］，Cumminsなど［2002］などに幅広い研究の跡が見てとれる。

一方，Fennなど［2008］はヨーロッパの保険会社の効率と欧州市場の構造との関係を分析している。また，JengはLai［2007］との研究において，米国の生命保険会社の相互会社と株式会社との効率性比較研究を行っている。Jennifer など［2007］，Vivian など［2008］は台湾における生命保険会社の効率性と規制緩和が同生命保険業の効率に与えた影響を分析している。また，Vivian など［2005］は日本産業保険業の中における相互会社と株式会社の所有権構造やコスト構造と効率性の関係を分析している。

保険会社の効率性を分析する有力な手法であるフロンティア分析（frontier analysis）は，フロンティアモデルの関数を仮定するかどうかにより，パラメータ法と非パラメータ法とに分類できる。パラメータ法は計量分析手法を用いてフロンティア関数を表現するパラメータを推計し，そのフロンティアからの距離により効率性を算出する。このパラメータ法は，確率的フロンティア分析法（Stochastic Frontier Approach, SFA），自由分布法（Distribution Free Approach, DFA），シックフロンティア分析法（Thick Frontier Approach, TFA）の3つに大きく分けることができ，その中ではSFA法を用いた研究が多い。

一方，非パラメータ法（線形計画法とも呼ばれる）は主にDEA（Data Envelopment Analysis, DEA）とFDH（Free Disposal Hull Approach, FDH）の2つに分けられるが，一般的にはDEA法が用いられている。

DEA法はパラメータ法と比べて，フロンティア関数の特定を行う必要がなく，分析者の意思が入りにくい点が長所とされる。一方で，誤差項を見込まないため算出した効率性の妥当性が証明しにくいという短所がある。

共に長短を有しているものの，本章ではDEAの長所を重視し，DEA法を用いて日本の生命保険会社の技術効率と規模効率を推計することとする。

第3節　採用データと産出物，投入物
（1）分析対象会社

分析に用いたデータは，特に断りがない限り，1998年度～2008年度の『インシュアランス統計号生保版』と生命保険協会の『生命保険事業概況』による。年度途中での破綻会社やデータの提供を取りやめた会社は除いたため，同期間における生命保険会社数と実際に分析対象とした生命保険会社の数が異なる。

表1　分析対象とした会社数

	生命保険会社数（社）	分析対象会社数（社）
1998	44	43
1999	46	44
2000	49	44
2001	43	41
2002	42	42
2003	40	40
2004	39	39
2005	38	38
2006	38	38
2007	41	41
2008	45	44

（出所）筆者が『インシュアランス統計号生保版』より作成。

　この状況を表1に示した。推計期間内に統廃合，再編された保険会社の数は多いが，推計対象とした会社の合計の収入保険料は産業計の90％以上を占め，日本の生命保険業の全体状況を反映している。

（2）産出物指標の選定

　生命保険は無形のサービスであり，長期の契約であるため，生命保険会社の算出物を定義することは難しい。この問題に対応するため，Bergerなど[1992]は金融サービス業の産出物を3つの方式から定義することとした。すなわち，資産法（asset approach），ユーザーコスト法（user-cost approach），付加価値法（value-added approach）である。資産法は金融機関を純粋な金融仲介機能を有する組織とみなし，資産額を産出額とする。ユーザーコスト法は金融機関の各種業務のコスト分析を行い，コストから収益を導出する方法である。付加価値法は，すべての付加価値を生む金融サービスをすべて産出額と定義する。

　また，Bergerなど[1997]はこの付加価値法を修正して，保険会社の重要な付加価値サービスを次の3つに分けている。すなわち，リスクの引受け額やリスクにさらされている取引額（risk pooling and risk bearing），保険金支払いに関係する金融サービス（real financial services relating to insured losses）及

び金融仲介（financial intermediation）である。

　また，Cumminsなど［2000］も付加価値法が保険業の効率分析に際して最も適当な方法だとしている。生命保険会社は契約者から生命保険料や年金保険料を徴収し，将来の保険金支払いに備え責任準備金を積み立てる（基金）。保険事故が発生した場合にその基金の中から保険契約者に保険金や給付金を給付する。保険金を支払うまでの期間は，その財源は保険会社内に滞留するため，これを投資に回すことができ，実質的に金融仲介業務を行い収益を得ることができる。また，保険会社は資産運用や個人に対する保険・年金コンサルティングサービス，そして企業に対する保険管理サービス（保険に関係する相談サービス）を提供し，対価を得ることができるとしている。

　本稿ではCumminsとWeissの考え方に基づき，付加価値法により，「保険金の支払額」と「投資収益」を保険会社の産出額とした。これをそれぞれ，Y１，Y２とする。なお，保険金の支払額は，保険会社の提供する基本サービスであり，団体保険の中における給付管理や個人保険における財務管理なども包含する。一方，保険料収入と保険事故発生までの時間やリスク受け入れ度合いを図るのにも適した指標である。産出額を安定させるために，保険種類ごとに保険金支払いまでの期間や収益率が異なることから保険支払い種類別の保険金支払額ではなく，それらをまとめた財務諸表の「保険金など支払い」額をここでは採用する。いわば，保険業務を表現する指標として保険金の支払額を採用する。

　また，保険会社は，保険機能と並び金融仲介機能も重要である。収入保険料から諸コストを除いた残額を保険金支払いまでの間運用した運用収益は保険会社の収入となる。本来，この資産運用にかかわる収入から予定利率対応財源などを差し引いた残額を付加価値とすべきだが，今推計期間の前半は予定利率対応額がディスクローズされておらず，ここでは単純に資産運用収益を産出額とした。

（3）投入指標の選定

　投入指標は一般に，投入した労働力，資本，諸経費（business services）の3つとされている。まず，労働力については，保険の販売を担当する社員または代理店の人件費と保険会社の内務事務を担当する内務職員給与との2つがある。ただ，営業職員チャネル・代理店チャネル別の人件費のデータはなく，それらの販売商品や給与体系も大きく異なるため，ここでは内務職員数を人件費の代理変数とした。内務職員人件費は，会社ごとの一人あたりの賃金格差を捨象し，内勤職員数をそのまま労働力の投入コストとした。これを投入指標 X_1 とする。

　次に資本については，一般的には権益資本と債務資本に分けることができる。中国では「権益資本」は「国家資本金」・「法人資本金」・「個人資本金」・「外国企業資本金」の各勘定に区分されるものの，日本では株主資本（相互会社の場合は基金）が一般的である。一方で，保険会社の健全性を維持するために，リスクが顕在化し想定以上の損失が発生した場合にその損失を埋め合わせるソルベンシーとしての資本がある。これは監督管理当局が要請する保険会社の支払い能力を表す資本である。

　一方，債務資本は，保険会社の主に準備金に相当する。ただ，債務資本はリスク管理を通じて間接的には産出額に影響するものの，保険会社の産出額増大には直接的には寄与しないため，ここでは投入指標とはしない。以上から，本稿では，資本を権益性資本の中から財務諸表の中の「基金など合計又は株主資本合計」とする。これを投入指標 X_2 とする。

　第3の諸経費については，保険会社のすべての業務費用を含む概念であり，事務費，広告費，通信費などが含まれる。広範囲なコスト概念であるので，財務諸表に中の「事業費」を用いて投入指標として選択し，これを投入指標 X_3 とする。

　以上のように，本稿では2つの産出指標と3つの投入指標からDEAを用いた効率性推計を行う。表2にこれら指標の統計量を示した。国内資本の保険会

表2 推計に用いた変数の統計量

変数			標本数	最小値	最大値	平均値	標準偏差
	変数名	内容					
業界計	X_1	従業員数(人)	454	10	15,760	2,032	3,037
	X_2	資本金	454	241	3,262,754	160,965	357,497
	X_3	事業費	454	201	689,399	90,575	133,670
	Y_1	保険金等支払額	454	3	13,935,765	608,146	1,228,632
	Y_2	資産運用収益	454	0	2,388,842	166,935	324,470
外資系保険会社	X_1	従業員数(人)	157	10	4,512	956	915
	X_2	資本金	157	241	396,402	61,514	78,618
	X_3	事業費	157	201	273,054	57,415	63,541
	Y_1	保険金等支払額	157	12	1,550,855	210,168	224,596
	Y_2	資産運用収益	157	0	450,103	62,958	77,698
国内資本保険会社	X_1	従業員数(人)	297	47	15,760	2,600	3,568
	X_2	資本金	297	1,129	3,262,754	213,536	429,320
	X_3	事業費	297	327	689,399	108,104	155,966
	Y_1	保険金等支払額	297	3	13,935,765	818,525	1,468,060
	Y_2	資産運用収益	297	5	2,388,842	221,900	386,232

(注) カッコは単位を表し，特に表示のないものは100万円。
(出所) 筆者が『インシュアランス統計号生保版』などから作成。

社と外資系生命保険会社において，指標の平均値，標準差，最大値と最小値において大きな格差がある。

第4節　生命保険業全体の分析結果

(1) アルゴリズム

DEAは，規模報酬不変のCRSモデルと規模報酬可変のVRSモデルとの2つのモデル（全コスト導入型）[1]を用いて，技術効率，純技術効率，規模効率を計算する。使用したソフトはMatlabである。アルゴリズムは第2章第2節を参考いただきたい。

1　DEAモデルに関する具体的な計算方法は魏权龄（2000）に詳しい。

(2) 推計結果

　各年度の個別各社データを1つのフロンティアとしてDEAにより計算を行う。このような条件の下で，まず，1998年度～2008年度に全標本454について技術効率，純技術効率，規模効率を計算した。その結果を表3に示した。生命保険会社全体の技術効率（TE）は0.5040であり，これは，非効率部分を是正しかつ適切な規模で経営するならば，49.6％のコストを節約できることを示している。また，技術効率は更に純技術効率と規模効率に分けることができる。純技術効率（PTE）は0.6604と技術が効果的に利用されていないため，最適効率を示すフロンティアに比べて34.0％多くコストがかかったことを示している。また，経営規模の適正さを図る規模効率（SE）は0.7401であり，保険会社が最適な規模で経営するのに対し，効率性が25.99％低いことを示している。

表3　1998～2008年度の日本の生命保険業会社の効率性

	標本数	最小値	最大値	平均値	標準偏差
技術効率（TE）	454	0.0011	1	0.5040	0.3337
純技術効率（PTE）	454	0.0258	1	0.6604	0.2933
規模効率（SE）	454	0.0011	1	0.7401	0.3175

　1998年度～2008年度について各年度の日本の生命保険会社の効率性平均値をプロットしたのが図2である。経営破綻が相次いだ1998年度～2000年度は，技術効率（TE）が低下傾向を示したものの，各社の人件費や事業費の圧縮努力が功奏し，2001年度からは上昇に転じている。ただ，この上昇過程でも規模効率は横ばいで，その上昇は純技術効率により支えられていることが分かる。

　1998年度～2000年度の効率の大幅な低下は，①日本の株式市場の大幅な下落，②生命保険会社の連続的な悪化が消費者の生命保険会社不振を惹起し，保険契約の解約が大きく増加したこと，などによる。逆に2001年度～2007年度の効率改善は，内部の事業費や営業費用を大きく圧縮したり，販売チャネルを多様化して銀行の窓口販売を重視するなど販売量の低下を食い止める努力をした

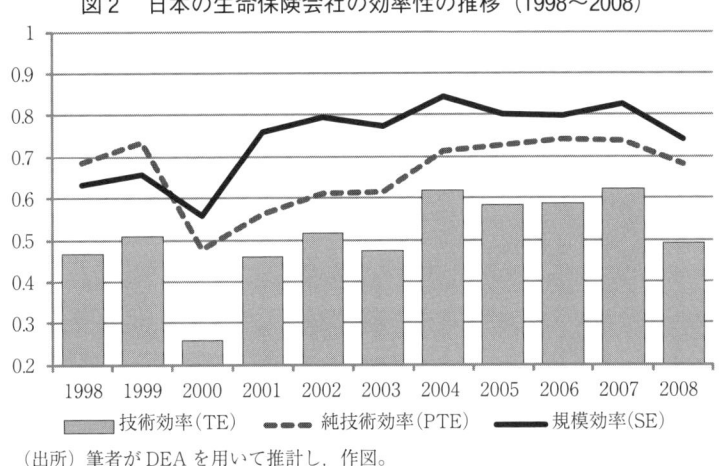

図2　日本の生命保険会社の効率性の推移（1998～2008）

技術効率（TE）　　純技術効率（PTE）　　規模効率（SE）

（出所）筆者がDEAを用いて推計し，作図。

ことによる。なお，2008年度の効率性の低下は主にはサブプライムローン問題の影響により資産運用利回りがマイナスとなるなど運用収益が激減したことによる。

このように生命保険会社にとって厳しい市場環境であったが，底流には日本の生命保険の保険加入率が100％近くになり，保険金額もGDPの3倍になるなど市場の飽和状況がある。これに，高齢化の進展や個人所得の減少などが影響し主力の個人保険市場が縮小，また企業保険も長引く不況の影響で企業が連続的な経費圧縮を進めたため伸び悩んだことが市場の飽和感を更に加速した。このような状況下では，保険業界が新たな技術を投入したとしても効率性フロンティアを押し上げることは期待しにくいと言える。

これだけの経済環境の悪化の中で，効率性を比較的安定的に維持した理由の一つに，日本の生命保険業が大きな保有契約を有した成熟産業であったことが挙げられる。いわば，産業の成熟化が保険事業の長期安定性を担保したとも考えられる。

また，推計期間において8つの生命保険会社が破産したにもかかわらず，規制緩和により，①M&Aの容易化，②インターネット専業保険会社の誕生な

ど市場が活性化している。会社数は，1998年度の43社が2006年度は38社に減少したものの，その後2008年度には44社に増加している。

第5節　内外資別にみた効率性の推移

日本の保険業は1996年の保険業の改正により，規制緩和に大きく舵を切った。とりわけ，外資の保険市場の参入が容易になり外資系企業の数やその規模は，推計期間において増加した。そこで，外資保険会社と国内資本保険会社に標本を区分し，1998年度から2008年度の両者の効率性の変化を比較分析した。

まず，両者の技術効率（TE）の変化を見てみよう。図3はその効率性の変化をプロットしたものであるが，1998年度から2005年度までは，国内資本生命保険会社の効率性が外資系保険会社の効率性を上回っていたが，2006年度以降は外資生命保険会社の効率性の伸びが続き，国内資本保険会社の効率性と逆転している。リーマンショックの影響を受けた2008年度も資産運用が保守的な外資系保険会社の技術効率性は国内資本保険会社より高い水準を維持している。

続いて，図4に示した純技術効率（PTE）の動きを見てみよう。既に2000年度から，外資系生命保険会社の純技術効率は国内資本保険会社より高かった

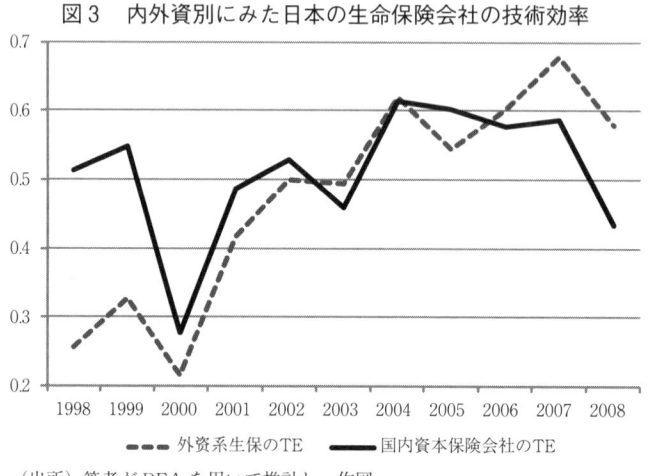

図3　内外資別にみた日本の生命保険会社の技術効率

　　　　　　‒‒‒ 外資系生保のTE　　　──　国内資本保険会社のTE

（出所）筆者がDEAを用いて推計し，作図。

図4　内外資別に見た日本の生保の純技術効率の推移

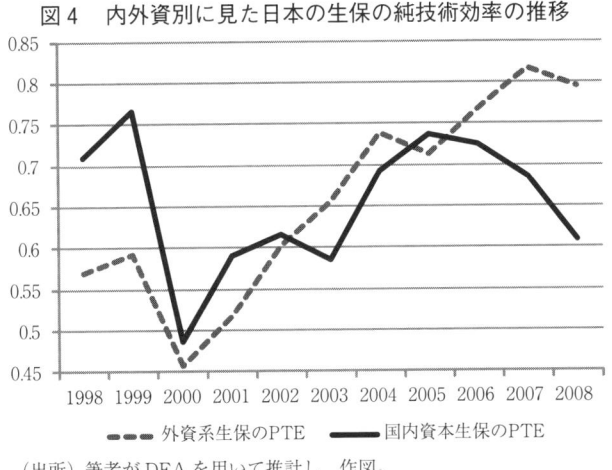

（出所）筆者がDEAを用いて推計し，作図。

図5　内外資別に見た日本の生保の規模効率

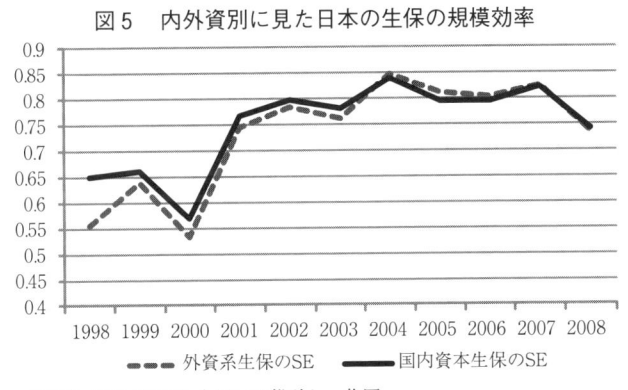

（出所）筆者がDEAを用いて推計し，作図。

が，その状況は2006年度以降，更に格差を広げている。外資系生保の効率性は規模ではなく，保険市場に持ち込んだ商品や販売チャネルなどによる差別化にあることを示している。

最後に内外資生命保険会社の規模効率の変化を比較してみよう。図5にこの動きをプロットした。内外資による差はさほど大きくない。外資系生命保険会社は前述のとおり，規模の拡大で効率を稼ぐのではなく，商品の斬新さや販売効率に優れたチャネル等による純技術効率に優れていることを裏付けている。

新規参入が難しいと言われた日本の生命保険市場で外資系生命保険会社が健闘している理由は以下の3点が考えられる。外資系保険会社の参入の多くは，日本の破綻生命保険会社の買収からスタートしており，買収価格が合理的であったのに加え，参入時点で保険会社には不可欠な一定量の保有契約を獲得できたことが挙げられる。

第2に外資の生命保険会社のダイナミックな商品戦略にある。成熟した生命保険市場に対し，日本の大手保険会社があまり積極的でなかった医療保険や変額年金保険などを積極的に販売した。また，一部外資系保険会社は，自前の販売チャネルが乏しいため，銀行提携を急ぐなど販売チャネルにおいて差別化を行った。これらの販売チャネルの販売コストは概ね伝統的な営業職員チャネルや代理店チャネルより安価であったと考えられる。

第3に，外資系生命保険会社は，資産負債管理に先進的な考え方を持ちこむなど経営管理力においても優れた点があったと推察される。

結　語

本稿は，DEA手法を用いて日本生命保険会社の1998年度から2008年度の効率性を分析した。また，外資系保険会社と国内資本保険会社の効率性も明示的に比較した。その結果，①日本の生命保険業の効率性は厳しい経営環境の中ではあったものの，改善傾向を示すと共に安定性に優れていた。②外資系生命保険会社の各効率指標は2004年以降，国内資本保険会社の効率性を上回り，それは規模ではなく市場に持ち込んだ技術によるものであった。

一方，日本国内資本会社も相互会社から株式会社に組織変更をしたり，海外市場に打ってでるなど外資系保険会社の行動に刺激を受け，新しい経営戦略を模索している。

日本の生命保険業にとって厳しかったこの11年の効率性変化とその裏にある経営行動は，今後，成長市場から成熟市場に変わっていくであろう中国の生命保険業に対しても多くの示唆と具体的な対応の糸口を示している。

今後とも日中の保険研究者が相互にデータや分析手法や新たな発想を持ち寄り，研究を進めることは両国の保険会社にとっても日中の両保険学会にとっても更に重要になるであろう。

主要参考文献
○英語文献
[1] Berger, Allen N., Cummins, J. David, and Mary A. Weiss [1997] The Coexistence of Multiple Distribution System for Financial Services: The Case of Property-liability Insurance. *Journal of Business*, 70: 515–546.
[2] Berger, Allen N and David. B. Humphrey [1992] Measurement and Efficiency Issues in Commercial Banking, Output Measurement in the Services Sector, Ed. By Zvi Griliches, Chicago: *National Bureau of Economic Research*, 245–279.
[3] Cummins, J. David and Hongmin Zi [1998] Comparison of Frontier Efficiency Methods: An Application to the U.S. life insurance industry, *Journal of Productivity Analysis*, 10: 31–152.
[4] Cummins, J. David., G. Turchetti, and M. A. Weiss [1996] Productivity and Technical Efficiency in the Italian Insurance Industry, *Working Paper*, No.96-10, Wharton School of the University of Pennsylvania.
[5] Cummins, J. David; Rubio-Misas, Maria [2002] Deregulation, Consolidation, and Efficiency: Evidence from the Spanish Insurance Industry. *Working Papers*, Wharton School of the University of Pennsylvania.
[6] Cummins, J. David, Sharon Tennyson and Mary A. Weiss [1999] Consolidation and Efficiency In the U.S. Life insurance industry, *Journal of Banking and Finance*, 23: 325–357.
[7] Fenn, Paul; Vencappa, Dev; Diacon, Stephen; Klumpes, Paul; O'Brien, Chris [2008] Market structure and the efficiency of European insurance companies: A stochastic frontier analysis. *Journal of Banking and Finance*, 32: 86–100.
[8] Farrell, M. J [1957] The Measurement of Productive Efficiency. *Journal of the Royal Statistical Society*, Series A, General, 120: 251–283.
[9] Gardner, L., and M. F. Grace [1993] X-Efficiency in the U.S .life industry, *Journal of Banking and Finance*, 17: 497–510.
[10] Jeng, Vivian; Lai, Gene C.; McNamara, Michael J [2007] Efficiency and Demutualization: Evidence From the U.S. Life Insurance Industry in the 1980s and 1990s. *Journal of Risk & Insurance*, 74: 683–711.
[11] Jennifer Wang; Vivian Jeng; Jin Lung JP Peng [2007] The Impact of Corporate Governance Structure on the Efficiency Performance of Insurance Companies in Taiwan. *Geneva Papers on Risk & Insurance-Issues & Practice*, 32: 264–282.
[12] Vivian Jeng, and Gene C. Lai [2005] "Ownership Structure, Agency Costs, Specialization, and Efficiency: Analysis of Keiretsu and Independent Insurers in the Japanese Nonlife Insurance Industry", *The Journal of Risk and Insurance*, Vol.72, pp105–158.
[13] Vivian Jeng, and Gene C. Lai [2008] The impact of Deregulation on Efficiency: an Analysis of Life insurance Companies in Taiwan from 1981 to 2004. *Journal of Risk and Insurance*, 11:

349–375

○中国語文献
［14］黄英君(2006)日本寿险业的盛衰変迁及其对中国的启示[J]，云南財貿学院学報，2006(1)，32—37。
［15］池晶（2010）日本保険业的改革与重组，金融研究，2000年第10期，130-135。
［16］魏权齢（2000）数据包络分析（DEA）[J]．科学通报，2000.(9).1793-1808.

○日本語文献
［17］久保英也（2009）『保険の独立性と資本市場との融合』千倉書房，pp.35-82。
［18］播磨谷浩三(2004)「信用金庫の効率性の計測—DEA と確率フロンティア関数との比較」『金融経済研究』第21号 pp.92-111。
［19］柳瀬典由・浅井義裕・富村圭（2007）「規制緩和後の再編と効率性・生産性への影響」『損害保険研究』第69巻第3号。

第7章

確率的フロンティア生産関数を用いた日中生命保険会社の経営行動と効率性の差異分析

久保英也（滋賀大学大学院経済学研究科教授）

要約：中国の生命保険市場の成長性は一般に認識されているものの，良質で安価な保険サービスの提供や国際比較のという観点から，「効率性」がどのような水準にあるかは知られていない。中国の生命保険業界の中だけの効率性評価では不十分であり，たとえば比較対象として日本と中国の生命保険業界を一つの市場として認識し，分析する必要がある。本稿では確率的フロンティア生産関数用いて，日中生命保険会社の効率性を分析する。

分析結果は，（1）中国の生命保険会社は日本の高度成長期を超える成長を続けるものの，①売上効率は緩やかに低下すると共に販売至上主義に伴い利益効率（付加価値）が大きく低下。（2）企業間格差は大きく，大規模保険会社が必ずしも効率性に優れているわけではない。（3）日中比較では，両国の売上効率に大きな差はないものの，利益効率で日本の生命保険会社が優位。（4）日本の生命保険会社の強みは保障性商品の多販売，同中国の強みは安価な労働コストである。ただ，今後経済成長に伴う人件費の上昇と生命保険市場の成長率が鈍化すれば，中国の生命保険会社の健全性や競争力に影響がでる可能性が高い。

キーワード　確率的フロンティア生産関数，日中統合フロンティア，売上の効率性，利益の効率性

はじめに

中国政府は，2000年に制定された10カ条の主要政策からなる「国10条」にお

いて商業生命保険会社は国の社会保障を支える重要な柱として位置づけており，民間生命保険会社の中国市場への参入を促す政策をとってきた。法制度の整備も進み，1995年に「保険法」の施行，1998年には監督機関である「中国保険監督管理委員会」の設置，そして2001年にはWTOに加盟するなど，規制緩和を進める体制づくりが大きく進んだ。また，同年，生命保険会社に対する法人税の優遇措置が導入されている。2004年には会社設立が認可制から登録制に変わり，2005年には市場参入条件の一つであった保険会社設立時の最低資本金が2億元まで緩和された。

一般に生命保険市場は，1人当たり国内総生産が4,000ドルを越えた時点から成長が始まり，国民の平均年齢が40歳を越えた段階から成長が鈍化すると言われている。中国の2009年の1人当たり国内総生産は3,769ドル，中国全体の平均年齢が40歳を越えるのは2030年ごろと考えられるので，今後20年程度は保険市場の成長が期待される。

ただ，市場の成長は生命保険会社の積極的なシェア志向型経営を誘発し効率性や健全性が二の次になる可能性がある。本稿では，市場が急拡大する中でも中国生命保険会社の効率性は維持されているかを日本の生命保険会社の効率性と比較する中で明らかにすることを目的としている。

中国の生命保険市場分析については，保険会社やコンサルタント会社による概括的な資料は存在するものの，学術的な論文は少ない。その中で，渡辺(2000)は中国の保険の歴史を丹念に調べ，その後の規制緩和と外資の進出戦略のあり方などを提案している。また，米田寿治，渡辺高士（2010）は中国生命保険市場の動向を最新の情報で報告している。

第1節　日中保険会社の比較

（1）規模

まず，日中の保険会社の規模を円貨ベースで比較してみよう。中国最大の生命保険会社の中国人寿保険の2008年の収入保険料は4兆3,953億円である。日

本最大の日本生命保険相互会社の2008年度（以降，西暦は中国保険会社については当該年を，日本の保険会社については当該年度を表す）の収入保険料は4兆9,731億円に肉薄する。収入保険料第2位の平安人寿保険は1.5兆円，第3位の太平洋保険は同9,828億円となっている。2008年の中国全体の収入保険料は9兆3,330億円と日本の同28兆1,707億円の3分の1を越えるところまで成長している。図1は，2008年の中国の生命保険業界の業容を100とした時の1999年から2008年の日中の生命保険業界の業績を示したものである。2000年以前にはきわめて小さな市場であった中国市場が急速に存在感を高めている。2008年の日本の生命保険市場は中国市場の収入保険料で約3倍，事業費で5倍，総資産で9倍，保険金給付金支払額で11倍である。このことから中国で現在販売されている保険商品の多くが貯蓄性の高い養老保険などであることが分かる。日本の保障を重視した保険市場とは異なる市場構造であることが窺われる。また，保険会社の設立から日が浅く，保険金支払いまでに至っていない保険契約が多く，今後，満期到来によるキャッシュアウトが増加すると考えられる。

　このことから，生命保険会社のALMや貯蓄性の高い保険商品の責任準備金運用や健全性の確保などが今後の重要な課題になってくる。

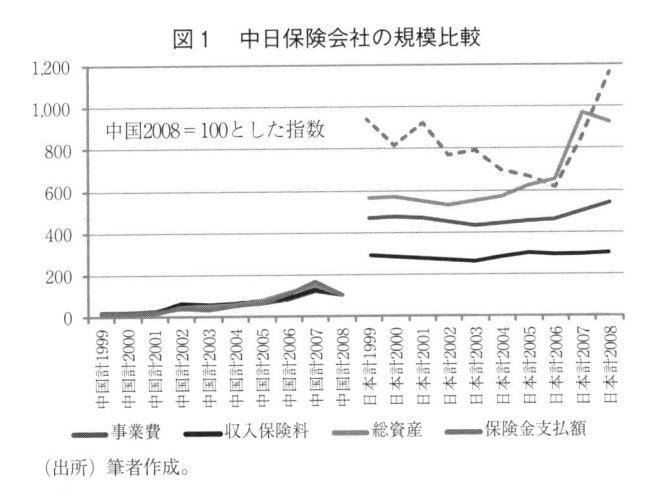

図1　中日保険会社の規模比較

(出所) 筆者作成。

（2）成長性

　中国生命保険市場の成長性が高いことは（1）を見れば自明であるが，時間軸を変え日本の生命保険市場の高度成長期と比べてみることも重要である。過去の市場構造が把握できる日本の生命保険市場との比較で中国市場を分析することにより，構造差異や今後の成長の軌跡などが予測できるからである。図2は，日本と中国の生命保険会社の収入保険料と総資産の絶対額が同じ時期を起点にグラフを重ね，その後の成長の度合を明示したものである。1997年の中国の収入保険料約1.1兆円は，日本の1967年度の収入保険料水準にほぼ等しい。日本の収入保険料の時系列グラフに，そこを起点とした1997年から2008年までの中国の収入保険料の折線グラフをかぶせると中国の増加ペースは日本を大きく上回ると共に年ごとの変動が非常に大きいことが分かる。総資産についても，1998年の中国の総資産25兆円は日本の1966年の水準に近い。同様に日本の総資産に中国の総資産（1998年から2008年）を重ねた棒グラフも中国は日本の

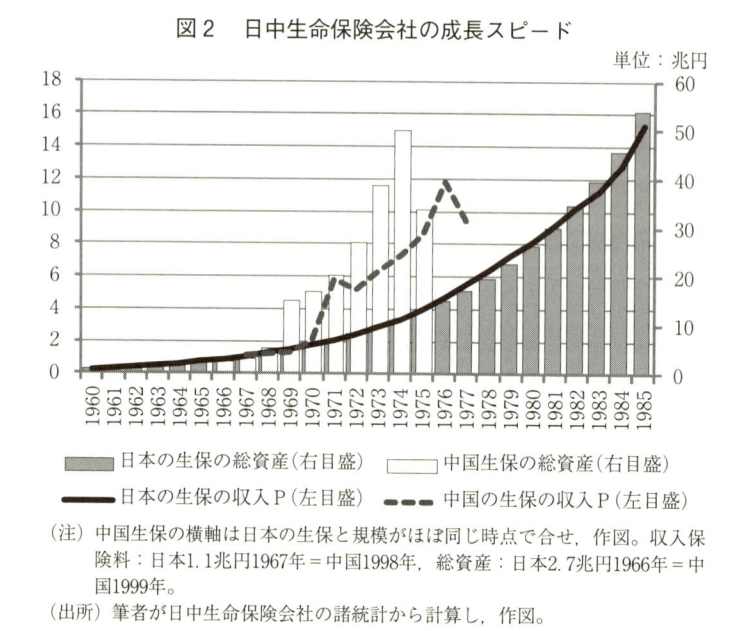

図2　日中生命保険会社の成長スピード

単位：兆円

日本の生保の総資産（右目盛）　　中国生保の総資産（右目盛）
日本の生保の収入P（左目盛）　　中国の生保の収入P（左目盛）

（注）中国生保の横軸は日本の生保と規模がほぼ同じ時点で合せ，作図。収入保険料：日本1.1兆円1967年＝中国1998年，総資産：日本2.7兆円1966年＝中国1999年。

（出所）筆者が日中生命保険会社の諸統計から計算し，作図。

総資産増加ペースをはるかに上回っている。この間の年平均伸び率は，収入保険料が日本の17.7％に対し中国は23.0％，総資産についても同18.8％に対し33.4％と中国の保険市場の成長は日本の保険市場の高度成長期をしのぐ伸びとなっている。中国の生命保険会社の収入保険料の伸び以上に総資産の伸びが高い理由は前述のように保険ポートフォリオにおいて責任準備金の大きい貯蓄性商品の割合が高いからと考えられる。

（3）効率性（伝統的尺度）

次の簡単な尺度を用いて，1999年から2008年（日本は年度）までの日中生命保険会社の経営行動や効率性を測定してみよう。売り上げの効率性を示す尺度として，1営業費用あたりの収入保険料と1事業費の収入保険料を，利益効率を示す指標として売上高付加価値率［（経常収支＋事業費）÷売上高］をそして健全性を示す1つの尺度として資本負債比率（資本勘定÷負債）を採用した。また，保険契約の成熟度を表す指標として，1収入保険料あたりの保険金支払額を採用した。

図3に示したとおり，上記の売上の効率性を示す2指標は共に時系列でみても日中生命保険会社間に大きな差はない。日本より市場拡大ペースが速い中国市場において日本と変わらない効率性水準ということは中国の生命保険会社の売上の効率性は実質的には低いとも考えられる。一方，棒グラフで示した利益の効率性は日本の2008年度を除けば，中国の効率性は日本のそれより低い。資本負債比率は日本の生命保険会社の方が概して高く，経営の健全性は日本が高いことが分かる。また，1収入保険料あたりの保険金支払額は日本が圧倒的に高く，保険契約の成熟度も日本の方がかなり高いことが分かる。中国の生命保険会社は売上の成長性には優れるものの，効率性と健全性において日本の生命保険会社に劣後している可能性がある。

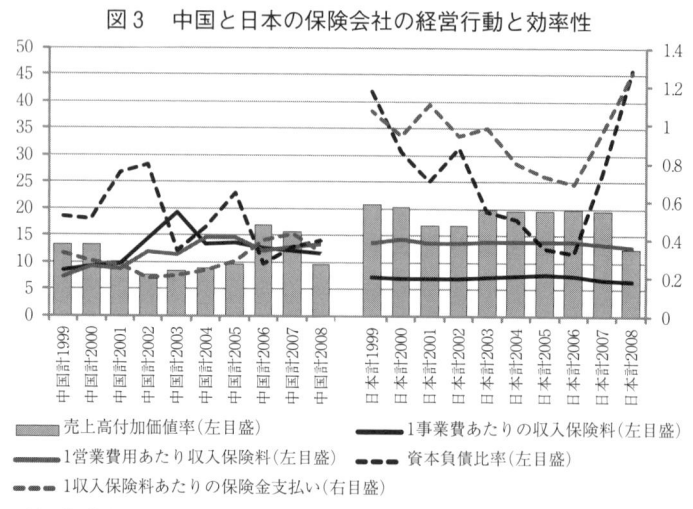

図3　中国と日本の保険会社の経営行動と効率性

凡例：
- 売上高付加価値率(左目盛)
- 1事業費あたりの収入保険料(左目盛)
- 1営業費用あたり収入保険料(左目盛)
- 資本負債比率(左目盛)
- 1収入保険料あたりの保険金支払い(右目盛)

（出所）筆者が日中生命保険会社の諸統計から計算し，作図。

第2節　確率的フロンティア生産関数による推計

　限られた財務情報の下ではあるが，より多面的に日中生命保険会社の効率性を計測する。本稿では，各社別かつ時系列で効率性の変化を把握したいため，効率性を絶対値で評価できるパラメトリックな確率的関数，すなわち「確率的フロンティア生産関数」を用いる。同関数の概要は，第5章第2節を参考いただきたい。

　生産関数の被説明変数にあたる生産物はデータ制約から，①一般事業会社の売上高に相当する元受収入保険料，②損益計算書上の経常利益（中国の生命保険会社においては保険利益プラス投資利益の値を用いた），③負債の変動部分が売上（新規契約＋保有契約）の変動に連動するとみなした責任準備金の純増（責任準備金の積み増し－取り崩し）の3つとした。②については，保険会社の期間損益をできるだけ合理的に説明する必要から，日本で公開されている「基礎利益」が好ましい。基礎利益は1年間の保険会社の本業の収益力を示す指標の一つで，一般会社の営業利益や銀行の業務純益に近い概念である。それは，保険会社のいわゆる3利源益（死差益，事故率益＋費差益，利差益）の概念に

近い。計算式は，基礎利益＝「基礎収益」−「基礎費用」である。
　基礎収益＝経常収益−有価証券売却益−為替差損−金融派生商品益−
　　　　　危険準備金取崩額
　基礎費用＝経常費用−有価証券売却損−有価証券評価損−貸付償却−
　　　　　貸倒引当金繰入額−為替差損−金融派生商品費用

　しかしながら，中国の生命保険会社は詳しい損益計算書を公開しておらず，基礎利益を算出することはできない。また，生産関数で投入物として資本を投入要素とする関係で，減価償却を反映した利益，すなわちキャッシュフローを利益概念に採用したいがこれもデータが公開されておらず，残念ながら断念せざるをえない。

　分析対象は1999年から2008年（日本は年度）の日本の生命保険会社全社（のべ75社）と開業してから6年以上の中国生命保険会社15社を合わせた90社である。日中で評価通貨を同じくするため，中国生命保険会社の統計を円／元の年平均レートで，円換算した上で分析に使用した。元／ドルレートが中国政府の厳しい管理相場の下にあったため，円／元レートも経済活動に実態を表すかどうかは疑問があるため購買力平価為替レートで換算する方が望ましいかもしれないが，それは次の分析に反映したい。

　産出物は，収入保険料，付加価値(経常利益＋事業費)，責任準備金の純増，投入物は労働が事業費（内務職員人件費を想定：＊印）と事業費＋営業費用（内務職員と営業職員・販売チャネルコストを想定：＊＊印）の2つを考えた。また，資本は資本コスト（資本ストック×金利）で算出した。なお，責任準備金を生産物とする推計には資本ストックをそのまま使用した。

第3節　推計結果

　標本数は採用した指標ごとに398〜542とばらつくものの，推計に十分な標本数を確保し，安定的な分析が可能となった。生産物として採用した指標の標本数にばらつきがでる理由は，理論的に生産物にマイナスの値は存在しない

め，生産物の実績が負値となった段階で，その標本は自動的に除かれるためである。たとえば，責任準備金の純増を生産物とした場合，日本の生保は2000年代前に大きな解約にみまわれたため，同値がマイナスとなり標本数が圧縮されてしまった。負値をとる標本が多い場合，効率性の悪い標本が除かれるため，フロンティア関数の推計結果に若干のバイアスがかかっている可能性はある。

確率的フロンティア生産関数の推計結果を表1に示した。説明変数のt値は高く，推計は安定している。Waldman,Dが示す「残差の歪度は負」という条

表1 中日生命保険会社の統合フロンティア生産関数のパラメータ

生産物	収入保険料*			収入保険料**		
	パラメータ	t値	標準誤差	パラメータ	t値	標準誤差
資本	0.343717	12.3877	0.027747	0.084207	3.70462	0.02273
労働	0.625521	41.1206	0.015212	1.03447	61.091	0.016933
定数項	4.02026	15.6756	0.256466	0.906005	4.9849	0.18175
σ	0.842463	32.0805	0.026261	1.18909	43.0381	0.027629
λ	1.5163	8.65265	0.175241	1.63377	13.6123	0.120022
歪度	−1.24262			−1.93976		
標本数、LI	531, −68.2380			542, −49.8410		
生産物	付加価値(経常利益+事業費)*			責任準備金の純増**		
	パラメータ	t値	標準誤差	パラメータ	t値	標準誤差
資本	0.183385	15.2083	0.012058	0.398707	7.21961	0.055226
労働	0.816948	79.8155	0.010235	0.424839	14.976	0.028368
定数項	1.32515	9.63394	0.13755	4.21485	8.17124	0.515816
σ	0.92025	67.4978	0.013634	0.435247	24.7124	0.017613
λ	3.78113	10.536	0.358878	3.03011	5.74398	0.527529
歪度	−4.08267			−1.28023		
標本数、LI	480, −469.398			398, −722.660		

（注1）推計期間は，1999～2008。LIは，Log likelihoodの略。
（注2）資本は資本コストを使用。ただし，責任準備金の純増の場合のみ資本額（ストック）とした。
（注3）＊＝労働：事業費，＊＊＝労働：事業費＋営業費用を表す。
（注4）推計は中国生命保険会社のデータを円／元の年平均レートで換算し，円ベースの中日保険会社データで行った。
（出所）筆者が確率的フロンティア生産関数を用いて推計し，作表。

件も，すべての推計式がクリアーしている。

　売上の効率性を測定した収入保険料①（労働の説明変数を事業費だけとしたもの）の資本のパラメータは0.343，労働のパラメータは0.626と日本の保険会社だけで計測したパラメータに近い数字となっている。付加価値を生産物とした場合の資本のパラメータは0.183，同労働は0.817と利益の効率性には内務労働コストを含めた経費の影響力がより大きいことを示している。気になった責任準備金の純増を生産物とした推計も，推計期間内において中国の生命保険会社に負値をとった会社はなかったため，推計は安定し，t値も高いものとなった。資本のパラメータは0.397，同労働が0.425となった。

第4節　日中保険業界の効率性

　この生産関数のパラメータを用いて，日中の生命保険業界全体の効率性を示したのが，図4である。折線で示した売上の効率性は中国の2006年，日本の2002年と2003年に一時的に落ち込んだものの，水準は0.6前後で日中の生命保険業界において大差はない。一方，利益の効率性は日本の生命保険会社の効率性が0.6～0.7に対し，中国は0.5前後と日本の生命保険会社の効率性が高い。ただ，

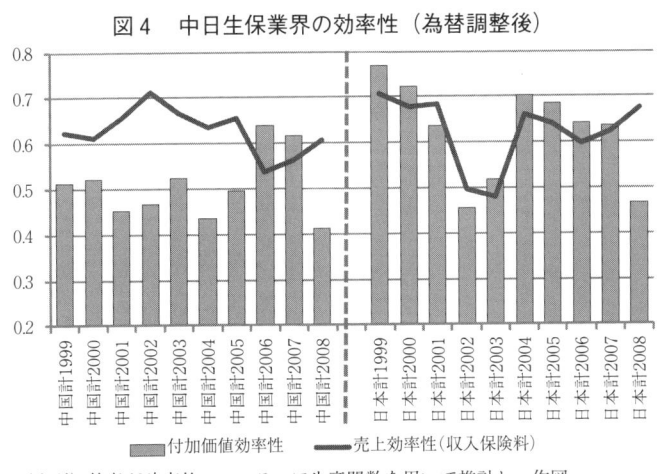

図4　中日生保業界の効率性（為替調整後）

凡例：付加価値効率性　　売上効率性(収入保険料)

（出所）筆者が確率的フロンティア生産関数を用いて推計し，作図。

日本の生命保険会社の効率性は下方トレンドを描いている。これは，①死亡保障ニーズから年金・医療保障ニーズへの変化に伴う（死亡保障の）保有契約高の減少，②長期の景気低迷に伴う新契約業績の低迷，③超低金利局面の長期化に伴う資産運用効率の悪化，等が原因である。

日本と中国の投入額で最も大きな差は内務職員の数である。2008年の中国の内務職員数は28.8万人であるのに対し，日本は11.0万人と約3分の1の水準である。今回の分析では，中国生保の内務職員人件費は公開されていないため，各社の内務職員数×平均賃金（推計期間の中国統計年鑑5－20のデータ，金融業・保険業による）により算出したため，人数増加はそのまま投入額の増加につながる。中国の低い人件費が生命保険会社を労働集約的な産業とし，経営の効率化を支えている可能性が高い。図5の点線は中国の2008年の内務職員数を100とした時の1999年から2008年の日中保険会社の内務職員数の推移である。逆目盛り（右目盛）としているため，下に行くほど内務職員数は多いことを示している。日本の職員数は中国の2000年頃の水準であり，中国はその後職員数を急増させている。業績の拡大に伴う職員数の増加は当然であるが，効率性の

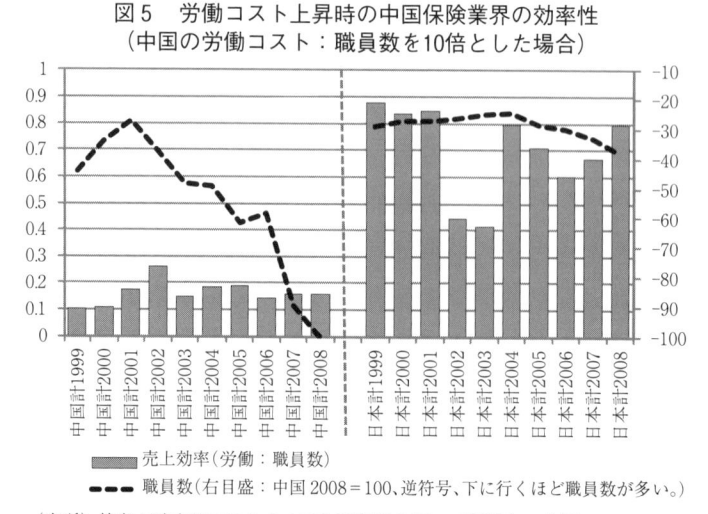

図5　労働コスト上昇時の中国保険業界の効率性
（中国の労働コスト：職員数を10倍とした場合）

売上効率（労働：職員数）
職員数（右目盛：中国2008＝100、逆符号、下に行くほど職員数が多い。）

（出所）筆者が確率的フロンティア生産関数を用いて推計し，作図。

観点から乖離するほどの職員増加となっている可能性も否定できない。内務職員の解雇などが柔軟にできるような労働慣行にあればよいが，最低賃金の引上げがすぐに平均賃金の上昇につながる状況下では保険会社の固定費負担が急増したり，人件費の硬直化につながるリスクが残る。

　賃金の上昇が続いた時の効率性の変化を計算してみよう。中国の賃金水準が日本の賃金水準に近づいたと仮定し，中国生命保険会社の効率性を推計してみた。2009年の一人当たり国内総生産は，日本の39,530ドルに対し中国は3,769ドル（内閣府経済社会総合研究所（2011））と約10倍の格差がある。中国保険会社の賃金を10倍にした時の売上の効率性を棒グラフで示した。その水準は0.1～0.2の非常に低い効率性水準となる。当然，マクロ的に見れば平均賃金水準の上昇は経済成長率に連動する収入保険料の押し上げを期待できるし，賃金上昇の過程で経営として職員数の削減が起こるため，ここまでは効率性は低下しない。

　ただ，金融・保険業の平均賃金の上昇が容易に保険会社の効率性を引き下げる構造であることは確かである。

第5節　日中保険個別会社の効率性

　推計した530の日中保険会社の売上（収入保険料）の効率性の分布を見てみよう。横軸に売上高，縦軸に売上の効率性を取り描いた散布図が図6である。収益構造が安定しいない会社設立から10年以内の生命保険会社などは規模が小さくとも一時的に高い効率性が計測されることがあり，とりわけ，小規模保険会社の領域ではばらつきがみられる。ただ，対数をとった近似線の決定係数は0.3215と散布図の決定係数としては比較的まとまった状況を示している。

　一方，利益（付加価値）の効率性の散布図（標本数480）を図7に示した。付加価値は，中国の保険会社のばらつきが大きかったものの，対数をとった近似線の決定係数は0.3283と売上の効率性の分布とさほど変わらない結果となった。弾性値は売上の効率性が0.0463に対し，利益の効率性は0.0562と規模のメ

132

リットは利益に大きい影響を与えることが分かる。

次に，日中の代表的な保険会社の効率性を比較してみよう。図8では中国の生命保険会社の中から，最大手の中国人寿と規模はその2〜3割であるものの売上の効率性の高い大手の泰康人寿を，日本についても同様に最大手の日本生命保険相互会社と規模はその2割程度ではあるものの売上の効率性に優れた富国生命保険株式会社を取り上げた。棒グラフで示した収入保険料は中国の2社

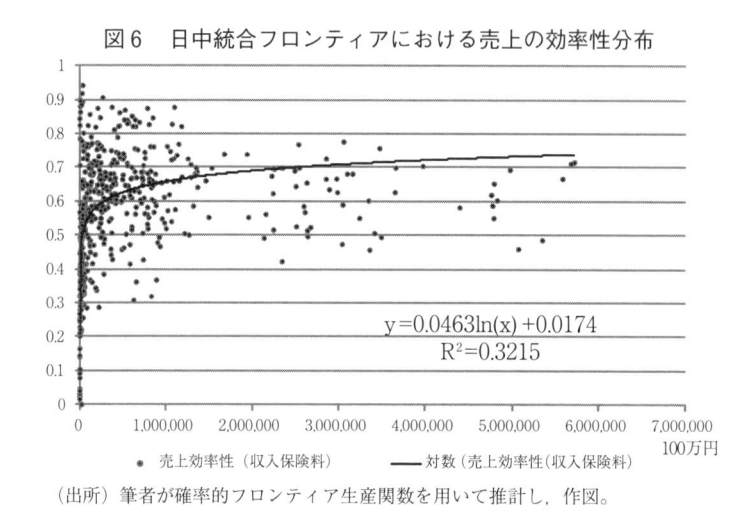

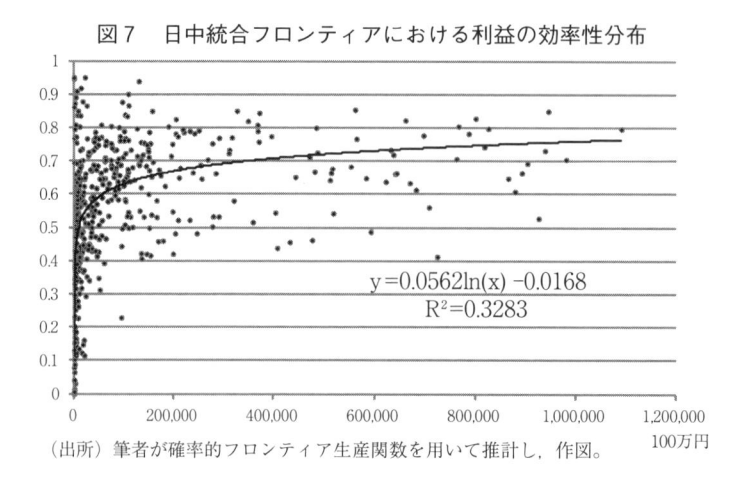

図6　日中統合フロンティアにおける売上の効率性分布

$y=0.0463\ln(x)+0.0174$
$R^2=0.3215$

100万円

・売上効率性(収入保険料)　──対数(売上効率性(収入保険料))

（出所）筆者が確率的フロンティア生産関数を用いて推計し，作図。

図7　日中統合フロンティアにおける利益の効率性分布

$y=0.0562\ln(x)-0.0168$
$R^2=0.3283$

100万円

（出所）筆者が確率的フロンティア生産関数を用いて推計し，作図。

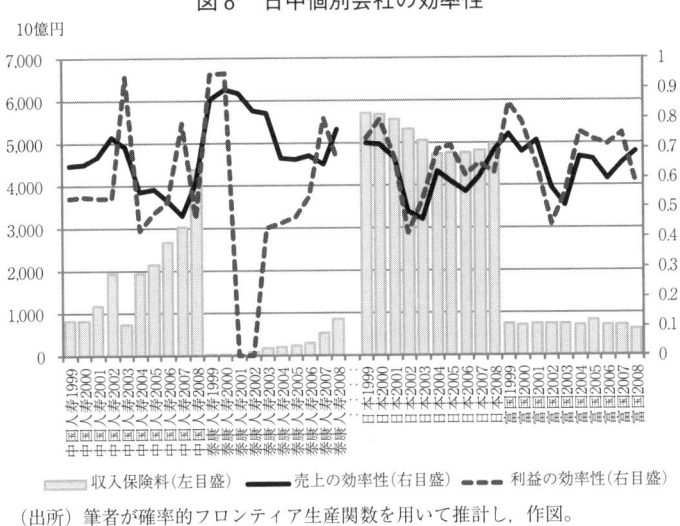

図8　日中個別会社の効率性

(出所) 筆者が確率的フロンティア生産関数を用いて推計し，作図。

が大きく右肩上がりで伸びているのに対し，日本の2社は横ばいからやや右肩下がりの状況である。この環境下では，日本の2社の売上効率に大きな悪化圧力がかかると推察される。ところが，日本の2社の効率性は2003年に大きく低下したものの，その後持ち直し0.5～0.7を上下しつつもほぼ横ばい圏の動きとなっている（日本生命は1999年の0.72が2003年に0.46まで低下し，その後2008年に0.69まで回復）。

一方，中国の2社の売上の効率性は，中国人寿が2002年のピークの0.7から2008年は0.58へ，泰康人寿も2000年の0.90の高水準から2007年には0.65，2008年にはやや戻したものの0.76程度でとどまっている。

また，点線で示した利益効率は中国の2社の変動が激しい。しかしながら，日本の2社の利益の効率性は，売上の効率性に連動するように穏やかな動きを示している。保険事業が成熟化し，成長性は低下しつつも利益の効率性は安定していることが分かる。

結　語

　日本の高度成長期を超える高い成長の続く中国生命保険業界であるが，データ制約の厳しい中，中国生命保険会社の効率性についてはこれまで十分議論されてこなかった。また，日本の保険会社との比較もされてこなかった。ここでは，公開情報が限られる中でも効率性を算出できる確率的フロンティア生産関数を用いて日中保険会社の効率性を同一のフロンティア上で計測した。

　その結果，中国の生命保険会社は営業期間も長くない会社も多く，また市場自体が急成長しているため，経営は効率性よりも会社規模や市場シェアを重視しがちであることが分かった。また，売上の効率性の高い会社も利益の効率性が低かったり，利益の効率性自体の変動が激しい会社が多くみられた。一方，日本の生命保険会社は自国の市場の成長性は低い，もしくは縮小していく中で，資本や労働の投入額を調整し，効率性の維持と安定化を図っている。

　今後，中国市場の成長性が低下局面を迎えたり，バブル醸成と崩壊の局面に直面した際には，日本の生命保険会社の経営行動が中国生命保険会社のよい指針となるように思われる。

　生命保険市場は各国の個別性が強いものの，時間軸をずらしてみると各国市場の連動性が垣間見れる。常に日本と中国の両市場をセットで観察・分析することが保険会社の監督の観点からも保険会社の経営の視点からも重要である。

主要参考文献
○英語文献
[1] Battese, G. E, and T. Coelli [1988] "Prediction of firm-level technical efficiencies with a generalized frontier production and panel data," Journal of Econometrics 38, pp.387-399.
[2] Greene. W [1993] "The Econometric approach to efficiency analysis," Harold, lovell and Schmidt (eds), Oxford University press. pp.92-251.
[3] Swiss Re [2010] "World insurance in 2009" Sigma No 2 /2010.
[4] Waldman, D [1982] "A stationary point for the stochastic frontier likelihood," Journal of Econometrics 18, pp.275-279.

○日本語文献
[5] 北坂真一（2002）「わが国生命保険会社の組織形態と経済性」『生命保険論集』pp. 1-23。

［6］久保英也（2006）「確率的フロンティア生産関数による生命保険会社の生産性測定と新しい経営効率指標の提案」日本保険学会『保険学雑誌』第595号，平成18年12月，pp. 117～136。
［7］久保英也（2007）「保険料率自由化が日本の損害保険業の経営効率に与えた影響―確率フロンティア生産関数による効率性の計測」損害保険事業総合研究所『損害保険研究』第68巻4号，平成19年2月，pp. 1～25。
［8］久保英也（2008）①「再構築が求められる日本の生損兼営グループの戦略」日本保険学会『保険学雑誌』601号平成20年6月，pp. 129～148。
［9］久保英也（2008）②「Measurement of Effects and Productivity of Deregulation in insurance industry in Japan」Korean Insurance Academic Society『Korean Insurance Journal』No. 80, 平成20年8月, pp. 267～300。
［10］久保英也（2009）①『保険の独立性と資本市場との融合』千倉書房 pp. 35-82。
［11］久保英也（2009）②「The analysis of the efficiency over a long period in Japanese nonlife insurance industry」『Japan's Insurance Market 2009』The Toa Reinsurance Company, Limited, 平成21年8月, pp. 2～11。
［12］茶野努（2002）「低成長移行後のわが国生命保険業の効率性」『予定利率引下げ問題と生保業の将来』東洋経済新報社 pp. 149-192。
［13］筒井義郎・佐竹光彦・内田浩史（2005）「都市銀行における効率性仮説」『RIETI Discussion Paper Series 05-j027』pp. 1-31。
［14］内閣府経済社会総合研究所（2011）「第3章国民経済計算」『世界の統計』http://www.stat.go.jp/data/sekai/03.htm
［15］原田喜美恵（2004）「都市銀行の統合と効率性」『証券アナリストジャーナル』42号（3）2004年3月号，pp. 56-71。
［16］播磨谷浩三（2004）「信用金庫の効率性の計測―DEAと確率フロンティア関数との比較」『金融経済研究』第21号，pp. 92-111。
［17］播磨谷浩三（2010）「生損保相互参入の効果に関する効率性の観点からの検証」『生命保険論集』第173号，pp. 37-67。
［18］藤野次雄（2004）「地方銀行の効率性分析」『信金中金月報』2004年3月号，pp. 1-19。
［19］松浦克己（1997）「証券業の生産関数と効率性」『郵政総合研究所 ディスカッションペーパー97-3』pp. 1-8。
［20］柳瀬典由・浅井義裕・富村圭（2007）「規制緩和後の再編と効率性・生産性への影響」『損害保険研究』第69巻第3号，pp. 99-125。
［21］柳瀬典由・播磨谷浩三・浅井義裕（2009）「規制緩和後の業界再編と生命保険業における効率性変化――確率的フロンティアDistance Functionの推定によるアプローチ」『生命保険論集―』169号, pp. 29-77。
［22］米田寿治，渡辺高士（2010）「中国生命保険市場における外資プレイヤーの戦い方」, Roland Berger 視点第70号，2010年12月, pp. 1-4。
［23］渡辺宏一郎（2000）「中国保険市場の現状と展望―外資の視点から見て―」『21世紀政策研究所ディスカッションペーパー』, pp. 1-50, http://www.keidanren.or.jp/21ppi/pdf/thesis/000831.pdf。

第8章
死亡率統計のスムージングにおける
数学的手法の提案

董　普（東北財経大学金融学院副教授）
久保　英也（滋賀大学経済学研究科教授）

要約：死亡率の推計にあたり，中国など新興保険市場では絶対的に標本数が不足したり，日本でもリスク細分化保険などにおいて既存の標本ではアクチュアリーが想定する死亡率ラインから外れることがある。本稿では，ある種の統計上の歪が発生する場合に歪んだ標本死亡率からより正確に死亡率を算定するための1つのスムージング手法を提案する。

スムージング手法は，①修正後のデータ系列は観測データから大きくは乖離していない「Fit」の状態にあること，②先験情報を使うこと，③データ系列は円滑な序列である，という3要素を満たしていることが重要である。今回提案したスムージング手法は①〜③を1つの基本構造式と2つの制約条件に置き換え，その解を数学的に求めようとするものである。これは，日本でも標本数が相対的に少ない乳幼児のゾーンと高齢者ゾーンに適用される第2次補整と第3次補整のチェックなどに応用できる。

キーワード：スムージング，数学的手法，Fit

はじめに

　中国の経済発展に伴い，保険が国民の日常生活に占める位置はますます重要となってきた。近代的中国保険制度の発足は遅いものの，近年には高い成長を示している。中国における生命保険市場は大きく変化し，今後人口の高齢化に伴う死亡保険市場の成熟化と企業年金など生存保障市場の成長が見込まれる。

　他方，保険の供給者が増加し，市場における競争が一段と厳しくなった。こ

うした環境変化を背景に，保険会社は競争力を強化するために，より厳密な保険料算出方式の導入が必要となってきている。

死亡保障保険の保険料に影響する大きな要因として，（予定）死亡率と（予定）利率の2つがあげられる。とりわけ，死亡率については，リスク細分化保険などにおいて既存の標本ではアクチュアリーが想定する死亡率などのラインが標本数の制約から歪になる可能性が高い。

本稿では，歪になった標本死亡率から数理計算に使用する死亡率をより正確に算定するための数学的手法のひとつを提案する。

第1節　問題提起

標本から得られた死亡率がいびつになる事態は高齢者ゾーンや死亡率が反転する幼児死亡率において時に観察される。ここでは観測データが歪になりがちな2つの例示を行う。

（1）例示1

生命保険会社は保険の引き受けに際し，選択を行う。選択効果は時間と共に低減することから次の関係が成り立つ。

x 歳かつ選択された人のその以降年度の死亡率は $q_{[x]+j}$, $j=0,1,\cdots$ とする。

その中，x 歳は選択年齢であり，$q_{[x]+j}$ は x 歳かつ選択された人の現在年齢が $x+j$ 歳で，$x+j+1$ 前での死亡確率である（たとえば，$q_{[38]+2}$ は38歳かつ選択された人の現在年齢が40歳で，41歳前での死亡確率を表す）。

当然，同じ年齢の死亡率は選択時間の推移に伴って増大しつつある。つまり，

$$q_{[x-k+1]+k-1} \geq \cdots \geq q_{[x-1]+1} \geq q_{[x]} \quad (1.1)$$

（たとえば，$q_{[35]+5} \geq \cdots \geq q_{[39]+1} \geq q_{[40]}$）

記号を簡素化するため，$x-i+1$ 歳に選択した人で，x 歳までに生きている n_i 人について，$\mu_i = q_{[x-i+1]+i-1}$, $i=1,2,\cdots k$. とする。

(1.1) 式からわかるように，

第8章 死亡率統計のスムージングにおける数学的手法の提案

$$\mu_1 \leq \mu_2 \leq \cdots \leq \mu_k \quad (1.2)$$

その意味するところは，同じ x 歳の人に対して，年齢が $x-s$ 歳時点に選択した人は x 歳時選択した人より，時間が経過しているため，死亡率がより高いのである。この $\mu=(\mu_1, \mu_2, \cdots \mu_k)$ は，選択時期による死亡率の動きを表すパラメータである。

x_{ij} は $x-i+1$ 歳に選択し x 歳時に生きている n_i 人において，j 人目の $x+1$ 歳前の生死状況を表す。$j=1,2,\cdots n_i$。その中

$$x_{ij} = \begin{cases} 1 & 死亡 \\ 0 & 生存 \end{cases}$$

かくして，x_{ij} は密度関数が

$$\mu_i^x(1-\mu_i)^{1-x} = \exp\left\{ x\ln\frac{\mu_i}{1-\mu_i} + \ln(1-\mu_i) \right\}$$

であるサンプルデータである。

通常，サンプルデータを用いてこの μ_i を推定する（この推定は制限条件なしの最大尤度推定）

$$\bar{x}_i = \frac{1}{n_i} \sum_{j=1}^{n_i} x_{ij}$$

しかしながら，多くの推定は $\mu_1 \leq \mu_2 \leq \cdots \leq \mu_k$ を満たさず，それは理論とは異なる。

$n\bar{x}_i$ は二項分布に従うことは証明されうるので，尤度関数は以下のとおりである。

$$\prod_{i=1}^{k} \mu_i^{n_i\bar{x}_i}(1-\mu_i)^{n_i(1-\bar{x}_i)} \quad (1.3)$$

(1.2) に制限される (1.3) の最大値は，(1.2) に制限される $\mu=(\mu_1, \mu_2, \cdots \mu_k)$ の最大尤度推定である。つまり，以下の数学モデルである。

$$\max \prod_{i=1}^{k} \mu_i^{n_i\bar{x}_i}(1-\mu_i)^{n_i(1-\bar{x}_i)} \quad (1.4)$$

$$\text{st} \mu_1 \leq \cdots \leq \mu_k$$

ここまでの論述からわかるように，x歳かつ選択された人のその以降年度の死亡率を予測することは，この数学モデルの解を求める作業となる。

（2）例示2

μ_xをx歳人の1年以内の死亡率とする。かくして，$\mu_x \leq \mu_{x+1} \leq \mu_{x+k-1}$ である。

たとえば，$\mu_{70} \leq \mu_{71} \leq \cdots \leq \mu_{84}$は70歳の人の今後1年以内の死亡率は71歳の人の同死亡率より小さいことを意味する。つまり，

x_{xj}は，x歳のn_x人において，j人目の1年以内の生死状況を表す。$j=1, 2, \cdots n_x$。その中，

$$x_{xj} = \begin{cases} 1 & 死亡 \\ 0 & 生存 \end{cases}$$

かくして，x_{ij}は密度関数が

$$\mu_x^y (1-\mu_x)^{1-y} = \exp\left\{ y\ln\frac{\mu_x}{1-\mu_x} + \ln(1-\mu_x) \right\}$$

であるサンプルデータである。

問題提起1の検討と同様に，死亡率$\mu_x, \mu_{x+1}, \cdots, \mu_{x+k-1}$への推定は数学モデルの解を求める作業となる。

$$\max \prod_{i=x}^{x+k-1} \mu_i^{n_i \bar{x}_i} (1-\mu_i)^{n_i(1-\bar{x}_i)}$$

$$\text{st} \, \mu_1 \leq \cdots \leq \mu_{x+k-1}$$

ここでは，$\bar{x}_y = \dfrac{1}{n_y} \sum_{j=1}^{n_y} x_{yj}$

第2節　問題解決

これらの問題の解決に向け，Isotonic regression を用いる。

（1）Isotonic regression の定義

$X = (x_1, x_2, \cdots, x_k)$ は既定関数とする。もし $X^* = (x_1^*, x_2^*, \cdots, x_k^*) \in G$，かつ

$$\sum_{i=1}^{k}(x_i-x_i^*)^2 w_i = \min_{Y \in G}\sum_{i=1}^{k}(x_i-y_i)^2 w_i$$

であれば，X^* は simple semi-order の下での (X, W) における Isotonic regression である。ここで，$G = \{(y_1, \cdots, y_k) | y_1 \leq \cdots \leq y_k\}$，$W = (w_1, w_2, \cdots, w_k)$，$w_i > 0$ は既定の weighted functions である。

（2）Isotonic regression の解

Isotonic regression の解を求める最適な方法に Ayer et al（1955）の提案した PAVA 計算方法がある。

B を $K = (1, 2, \cdots, k)$ の部分集合とする。$A_V(B) = \sum_{i \in B} x_i w_i / \sum_{i \in B} w_i$。

① もし $x = G$，であれば，$x^* = x$。

② もし $x_j > x_{j+1}$，を成立させる j が存在すれば，$B = \{j, j+1\}$，$x_B = A_V(B)$，$\omega_B = \omega_j + \omega_{j+1}$. として，

$\tilde{x} = (x_1, \cdots, x_{j-1}, x_B, x_{j+1}, \cdots, x_k)$，$\tilde{\omega} = (\omega_1, \cdots, \omega_{j-1}, \omega_B, \omega_{j+1}, \cdots, \omega_k)$ とする。

③ ②の繰り返しを通して，K を l 個の $B_1, \cdots B_l$，に分解し，$A_V(B_1) < \cdots < A_V(B_l)$. を満たす。かくして，

$x_i^* = A_V(B_t)$，$i \in B_t$，$t = 1, \cdots, l$。

この方法から得られる解が，Isotonic regression の解である。その証明は以下の通り，先行研究によりなされている。

ある σ（有限測度は以下の密度関数の指数分布族を有する）。

$$f(y; \theta, \tau) = \exp\{f_1(\theta)f_2(\tau)H(y, \tau) + s(y, \tau) + q(\theta, \tau)\} \quad (2.1)$$

その中，y はある集合 A から取得し，θ はある区間 $(\underline{\theta}, \overline{\theta})$ に属する。$\tau \in T$ はパラメータである。θ の推計問題を考慮するため，以下の条件が成立すると仮定する。

1．f_1 と $q(\cdot, \tau)$ は，$(\underline{\theta}, \overline{\theta})$ での 2 次連続導関数を有する。

2．$f'_1(\theta) > 0$，$\forall \theta \in (\underline{\theta}, \overline{\theta})$，$f_2(\tau) > 0$，$\forall \tau \in T$

3．$q'(\theta, \tau) = \theta f'_1(\theta) f_2(\tau)$，$\forall \theta \in (\underline{\theta}, \overline{\theta})$，$\forall \tau \in T$

上記の条件から，

$E(H(Y, \tau)) = \theta$, $\mathrm{Var}(H(Y, \tau)) = (f'_1(\theta)f_2(\tau))^{-1}$ が得られる。

今，仮に k グループがある。y_{ij}, $j=1, \cdots, n_i$ を密度関数が $f(y_i; \theta_i, \tau_i)$ であるサンプルデータとする。$i=1, \cdots, k$。条件 1，2，3 から，θ_i の最大尤度推定は以下のようになる。

$$\hat{\theta}_i = \frac{1}{n_i} \sum_{j=1}^{n_i} H(y_{ij}, \tau_i) \qquad (2.2)$$

$\theta = (\theta_1, \theta_2, \cdots, \theta_k)'$ とする。もし θ の分量が semi-order に制限されれば，θ の最大尤度推定は以下の結果に示される。

定理：semi-order 制限がある場合，θ の最大尤度推定は $\hat{\theta}$ の Isotonic regression である。その中，$\hat{\theta} = (\hat{\theta}_1, \hat{\theta}_2, \cdots, \hat{\theta}_k)'$, θ_i は (2.2) から算出される。

weighted functions は $\omega = (n_1 f_2(\tau_1), \cdots n_k f_2(\tau_k))'$ である。

これを，以下のモデルに適用すると

$$\max \prod_{i=1}^{k} \mu_i^{n_i \bar{x}_i} (1-\mu_i)^{n_i(1-\bar{x}_i)}$$

st $\mu_1 \leq \cdots \leq \mu_k$

この解を求める問題は，$\mu_1 \leq \mu_2 \leq \cdots \leq \mu_k$, 制限の下で，$\sum_{i=1}^{k} n_i(\bar{x}-\mu_i)^2$ の最小値を求める問題と同じである。それは $X = (\bar{x}_1, \cdots, \bar{x}_k)$ の Isotonic regression と同じであり，その中の weighted functions は $N = (n_1, n_2, \cdots n_k)$ である。

証明：$X = \begin{cases} 1 & 死亡 \\ 0 & 生存 \end{cases}$ とする。その中，死亡の確率は μ である。密度関数は

$$\mu^X(1-\mu_X)^{1-X} = \exp\left\{ x \ln \frac{\mu}{1-\mu} + \ln(1-\mu) \right\}$$

となる。

(2.1) 式に対応して，ここの μ を θ にみなし，x を y にみなしている。$s(x, \tau) = 0$, $q(\mu, \tau) = \ln(1-\mu)$, $H(x, \tau) = x$, $f_2(\tau) = 1$, $f_1(\mu) = \ln(\mu/(1-\mu))$。

1，$f_1(\mu) = \ln(\mu/(1-\mu))$ と $q(\mu, \tau) = \ln(1-\mu)$ は，$(0, 1)$ での 2 次連続

導関数を有する。

2. $f'_1(\mu) = \dfrac{1}{\mu(1-\mu)} > 0$, $\forall \mu \in (0,1)$, $f_2(\tau) = 1 > 0$, $\forall \tau \in T$

3. $q'(\mu, \tau) = \dfrac{1}{(1-\mu)}$であるため，$q'(\mu, \tau) = -\mu f'_1(\mu) f_2(\tau)$, $\forall \mu \in (0,1)$ $\forall \tau \in T$である。

公準の条件を満たしている。(2.2)式に対応して$\hat{\theta}_i = \dfrac{1}{n_i}\sum_{j=1}^{n_i} x_{ij} = \bar{x}_i$, $i = 1, \cdots, k.$である。

公準からわかるように，
$\max \prod_{i=1}^{k} \mu_i^{n_i\bar{x}_i}(1-\mu_i)^{n_i(1-\bar{x}_i)}$

st $\mu_1 \leq \cdots \leq \mu_k$

である。

したがって，前述の通り，この解を求める問題は，$\mu_1 \leq \mu_2 \leq \cdots \leq \mu_k$制限の下で，$\sum_{i=1}^{k} n_i(\bar{x} - \mu_i)^2$の最小値を求める問題と同じである。それは$X = (\bar{x}_1, \cdots \bar{x}_k)$のIsotonic regressionとは同じであり，その中のweighted functionsは$N = (n_1, n_2, \cdots n_k)$である。

（3）Millerの事例

ここでは，有名なMillerの事例を紹介し，上記の意味を具体的に考えることとする。

表1に見るような年齢別の被保険者の観測データが存在すると仮定する。そこから観測死亡率を算出する。

表1　観測死亡率表の事例

年齢（歳） x	観測データ数 n_x	観測死亡数 h_x	観測死亡率 u_x
70	135	6	0.044
71	143	12	0.084
72	140	10	0.071
73	144	11	0.076
74	149	6	0.040
75	154	16	0.104
76	150	24	0.160
77	139	8	0.058
78	145	16	0.110
79	140	13	0.093
80	137	19	0.139
81	136	21	0.154
82	126	23	0.183
83	126	26	0.206
84	109	26	0.239

　先験的に，死亡率の序列は，①年齢を重ねるにつれて増加，②高齢者ゾーンにおいて，死亡率曲線は著しく上昇，とされる。しかしながらこの表に示した観測死亡率は72歳，74歳，77歳，79歳において想定死亡率のラインとは異なるものとなっている。

　そこで，本来，単調増加（もしくは，単調減少）であるデータ系列に序列が逆転するような事象が発生した場合には，これを均す作業を行う。これをスムージングと呼ぶ。

　PAVA法によりスムージングを行うと表2の結果が得られる。具体的には71歳と72歳のデータの平均を算出したものである（ウェートは1：1）。

表2　観測死亡率の修正（1）

年齢（歳） X	観測データ数 n_x	観測死亡数 h_x	観測死亡率 u_x
70	135	6	0.044
71~72	283	22	0.078
73	144	11	0.076
74	149	6	0.040
75	154	16	0.104
76	150	24	0.160
77	139	8	0.058
78	145	16	0.110
79	140	13	0.093
80	137	19	0.139
81	136	21	0.154
82	126	23	0.183
83	126	26	0.206
84	109	26	0.239

しかしながら，71歳～72歳，73歳，74歳の間で依然，逆転現象が起こっているため，さらにスムージングを進める．その結果を表3に示した．

表3　観測死亡率の修正（2）

年齢（歳） x	観測データ数 n_x	観測死亡数 h_x	観測死亡率 u_x
70	135	6	0.044
71~73	427	33	0.077
74	149	6	0.040
75	154	16	0.104
76	150	24	0.160
77	139	8	0.058
78	145	16	0.110
79	140	13	0.093
80	137	19	0.139
81	136	21	0.154
82	126	23	0.183
83	126	26	0.206
84	109	26	0.239

まだ，71〜73歳と74歳の間で逆転現象が見られるため，さらにスムージングを進めた結果が表4である。

表4　観測死亡率の修正（3）

年齢（歳） x	観測データ数 n_x	観測死亡数 h_x	観測死亡率 u_x
70	135	6	0.044
71〜74	576	39	0.068
75	154	16	0.104
76	150	24	0.160
77	139	8	0.058
78	145	16	0.110
79	140	13	0.093
80	137	19	0.139
81	136	21	0.154
82	126	23	0.183
83	126	26	0.206
84	109	26	0.239

これにより，70歳前半の死亡率の逆転現象は解消したが，未だ，77歳において逆転現象が見られる。そこでこのランクについてスムージングを行う。その結果を表5に示した。

第8章　死亡率統計のスムージングにおける数学的手法の提案　　147

表5　観測死亡率の修正（4）

年齢（歳） x	観測データ数 n_x	観測死亡数 h_x	観測死亡率 u_x
70	135	6	0.044
71~74	576	39	0.068
75	154	16	0.104
76~77	289	32	0.111
78	145	16	0.110
79	140	13	0.093
80	137	19	0.139
81	136	21	0.154
82	126	23	0.183
83	126	26	0.206
84	109	26	0.239

同様に，76~77歳，78歳，79歳における逆転現象についても，表6の通りスムージングを行う。

表6　観測死亡率の修正（5）

年齢（歳） x	観測データ数 n_x	観測死亡数 h_x	観測死亡率 u_x
70	135	6	0.044
71~74	576	39	0.068
75	154	16	0.104
76~78	434	48	0.111
79	140	13	0.093
80	137	19	0.139
81	136	21	0.154
82	126	23	0.183
83	126	26	0.206
84	109	26	0.239

同様に，76〜78歳ゾーンと79歳の逆転現象にスムージングを施す。これによるすべての年齢区分において逆転現象は表7の通り，解消することになる。

表7　観測死亡率の修正（6）

年齢（歳）x	観測データ数 n_x	観測死亡数 h_x	観測死亡率 u_x
70	135	6	0.044
71〜74	576	39	0.068
75	154	16	0.104
76〜79	574	61	0.106
80	137	19	0.139
81	136	21	0.154
82	126	23	0.183
83	126	26	0.206
84	109	26	0.239

これにより，観測死亡率は理論や経験に沿った系列となる。しかしながら，このようなウェートを所与とした人為的なスムージングは，観測データの持つ意味そのものを消失させる可能性はないかという疑問が生じる。この点は慎重に判断する必要がある。

第3節　死亡率における新たなスムージング手法の提案

まず，先行研究において，スムージングの定義を見てみよう。

（1）AndrewsおよびNesbittの定義：法則性を有する自然現象の若干の観測データから，規則的な修正を通して，その現象を代表する系列を求めること。

（2）Millerの定義：ある不規則な序列を有する連続変数から，規則的な修正序列が得られるように連続変数を修正し，得られた系列は観測データの基本的性格を維持していること。

第8章　死亡率統計のスムージングにおける数学的手法の提案　　149

これらの定義には次の基本的な考え方がある。すなわち，観測データは常に不規則な序列であり，かつ，これらのデータは修正されるべきと考えられるが，修正後のデータ系列は観測データから大きくは乖離していないことが重要である。この状態を，①「Fit」という。

これに加え，アクチュアリーは死亡率の修正に際し，②常に先験情報を使い，③そのデータ系列は円滑な序列である，と信じている。

これらの3要素を数学的に表現すると以下の通りとなる。

① Fit：
$$\frac{(\overline{X}_0 - p_0)^2}{\frac{p_0(1-p_0)}{n_0}} + \frac{(\overline{X}_1 - p_1)^2}{\frac{p_1(1-p_1)}{n_1}} + \frac{(\overline{X}_2 - p_2)^2}{\frac{p_2(1-p_2)}{n_2}} + \cdots \frac{(\overline{X}_{104} - p_{104})^2}{\frac{p_{104}(1-p_{104})}{n_{104}}} \tag{1.1}$$

② 先験情報： $p_0 \geq p_1 \geq p_2 \geq \cdots \geq p_{11} \leq p_{12} \leq \cdots \leq p_{104} < 1$ （1.2）

③ 円滑性： $S = \sum_i (\Delta^4 p_i)^2$ （1.3）

すなわち，(1.2)の制限条件の下で，(1.1)の最小値を求めると共に，(1.3)が比較的小さいことを検証する必要がある。詳しくは，以下の数学モデルAを解くことになる。

$$\min\left\{\frac{(\overline{X}_0 - p_0)^2}{\frac{p_0(1-p_0)}{n_0}} + \frac{(\overline{X}_1 - p_1)^2}{\frac{p_1(1-p_1)}{n_1}} + \frac{(\overline{X}_2 - p_2)^2}{\frac{p_2(1-p_2)}{n_2}} + \cdots \frac{(\overline{X}_{104} - p_{104})^2}{\frac{p_{104}(1-p_{104})}{n_{104}}}\right\} \quad \text{(モデル A)}$$

St： $0 < p_0 \geq p_1 \geq p_2 \geq \cdots \geq p_{11} \leq p_{12} \leq \cdots \leq p_{104} < 1$

ただし，$\overline{X}_i$ は i 母体目の粗死亡率をあらわし，p_i は i 母体目の死亡率である。この計算を簡素化するために，以下の計算方法を提案する。

すなわち，
$$\min\left\{\frac{(\overline{X}_1 - p_1)^2}{\frac{p_1(1-p_1)}{n_1}} + \frac{(\overline{X}_2 - p_2)^2}{\frac{p_2(1-p_2)}{n_2}} + \cdots \frac{(\overline{X}_k - p_k)^2}{\frac{p_k(1-p_k)}{n_k}}\right\} \tag{1.4}$$

St：$0 < p_1 \leq p_2 \leq \cdots \leq p_k < 1$ の時，(1.4) 式は

$$\frac{n_1(\overline{X}_1-p_1)^2}{p_1(1-p_1)} + \frac{n_2(\overline{X}_2-p_2)^2}{p_2(1-p_2)} + \cdots \frac{n_k(\overline{X}_k-p_k)^2}{p_k(1-p_k)} \text{となる。} \tag{1.5}$$

ここで，公準1：$0 \leq x \leq 1$ のとき，方程式 $(1-2x)u^2 + 2x^2u - x^2 = 0$ は，2つの根を持つ。

すなわち，$U_1 = x$, $U_2 = \dfrac{x}{2x-1}$　$g(u) = (1-2x)u^2 + 2x^2u - x^2$ とする。
かくして，$0 < u < x$ の時，$g(u) < 0$
$x < u < 1$ の時，$g(u) > 0$．である。これは，二次関数を用いて証明できる。

次に，公準2：関数 $f(u) = \dfrac{n(x-u)^2}{u(1-u)}$ において，$0 < x < 1$ の時，$f(u)$ は $(0, x)$ において単調減少し，$x < u < 1$ の時に単調増加する。そして $u = x$ のときには最小値となる。

証明：$f'(u) = \dfrac{n}{u^2(1-u)_2}\{(u-x)[(1-2x)u+x]\}$

もし，$0 \leq x \leq 1/2$ であれば，$(1-2x)u + x > 0$．
$0 < u < x$ の場合，$f'(u) < 0$，$x < u < 1$ の場合，$f'(u) > 0$

したがって，$f(u)$ は $(0, x)$ において単調減少し，$x < u < 1$ の時に単調増加する。そして $u = x$ のときには最小値となる。

もし $1/2 < x \leq 1$ であれば，$\left\{\dfrac{x}{2x-1}\right\}' = -\dfrac{1}{(2x-1)^2} < 0$，$\dfrac{x}{2x-1}$ は単調減少する。

したがって，$\dfrac{x}{2x-1} > 1 > x$

公準1が示すように，$0 < u < x$ のとき，$(u-x) < 0$，$[(1-2x)u+x] > 0$，$f(u)$ は $(0, x)$ において単調減少である。$x < u < 1$ のとき，同様に公準1から，$(u-x) > 0$，$[(1-2x)u+x] > 0$，$f(u)$ は $x < u < 1$ の時，単調増加である。$u = x$ のときには最小値となる。

第 8 章　死亡率統計のスムージングにおける数学的手法の提案　　151

定理 1：仮に関数 $f(p_1, p_2, \cdots, p_k) = \dfrac{(\overline{X}_1 - p_1)^2}{\dfrac{p_1(1-p_1)}{n_1}} + \dfrac{(\overline{X}_2 - p_2)^2}{\dfrac{p_2(1-p_2)}{n_2}} + \cdots \dfrac{(\overline{X}_k - p_k)^2}{\dfrac{p_k(1-p_k)}{n_k}}$ は，

$0 < p_1 \leq p_2 \leq \cdots \leq p_k < 1$ の制限の下での最小値点 $p_1^* \leq p_2^* \leq \cdots \leq p_k^*$ を満たす。もし $\overline{X}_j > \overline{X}_{j+1}$ であれば，$p^*_j = p^*_{j+1}$ である。

仮に $p^*_j < p^*_{j+1}$ を仮定すると，以下の 3 つの可能性がある。

① $p^*_j < p^*_{j+1} \leq \overline{X}_j$

② $p^*_j \leq \overline{X}_{j+1} < \overline{X}_j < p^*_{j+1}$

③ $\overline{X}_{j+1} < p^*_j < p^*_{j+1}$

まず，1° $p^*_j < p^*_{j+1} \leq \overline{X}_j$ の場合，

$y^*_1 = p^*_1, y^*_2 = p^*_2, \cdots, y^*_{j-1} = p^*_{j-1}, y^*_{j+1} = p^*_{j+1}, \cdots, y^*_k = p^*_k$ とする。

y^*_j は $p^*_j < y^*_j < p^*_{j+1}$

を満たす任意値であり，公準 1 から，

$$f(y^*_1, y^*_2, \cdots, y^*_k) - f(p^*_1, p^*_2, \cdots, p^*_k) < 0$$

$p^*_1 \leq p^*_2 \leq \cdots \leq p^*_k$ である。

$f(p_1, p_2, \cdots, p_k) = \dfrac{(\overline{X}_1 - p_1)^2}{\dfrac{p_1(1-p_1)}{n_1}} + \dfrac{(\overline{X}_2 - p_2)^2}{\dfrac{p_2(1-p_2)}{n_2}} + \cdots \dfrac{(\overline{X}_k - p_k)^2}{\dfrac{p_k(1-p_k)}{n_k}}$ は，

$0 < p_1 \leq p_2 \leq \cdots \leq p_k < 1$ の制限の下での最小値点を満たされず，仮定と矛盾する。

次に，公準 3： $0 < a_i < 1$，$i = 1, \cdots, m$ のとき，方程式

$((\sum_{i=1}^{m} n_i - 2 \sum_{i=1}^{m} n_i a_i) u^2 + 2 \sum_{i=1}^{m} n_i a_i^2 u - \sum_{i=1}^{m} n_i a_i = 0$ は 2 つの根がある。

$$u_1 = \dfrac{- \sum_{i=1}^{m} n_i a_i^2 - \sqrt{(\sum_{i=1}^{m} n_i a_i^2) \sum_{i=1}^{m} n_i (a_i - 1)^2}}{\sum_{i=1}^{m} n_i - 2 \sum_{i=1}^{m} n_i a_i}$$

$$u_2 = \frac{-\sum_{i=1}^{m} n_i a_i{}^2 - \sqrt{(\sum_{i=1}^{m} n_i a_i{}^2)\sum_{i=1}^{m} n_i (a_i - 1)^2}}{\sum_{i=1}^{m} n_i - 2\sum_{i=1}^{m} n_i a_i}$$

$g(u) = ((\sum_{i=1}^{m} n_i - 2\sum_{i=1}^{m} n_i a_i) u^2 + 2\sum_{i=1}^{m} n_i a_i{}^2 u - \sum_{i=1}^{m} n_i a_i$ とする。かくして，$0 < u < u_2$ の時，$g(u) < 0$。$u_2 < u < 1$ の時，$g(u) > 0$ これも二次関数を用いて，証明できる。

定理 2：関数 $f(u) = \dfrac{\sum_{i=1}^{m} n_i(a_i - u)^2}{u(1-u)}$ について，$0 < a_i < 1$，$i = 1, \cdots, m$ とした場合，

$f(u)$ は $0 < u < u_2$ において単調減少し，$u_2 < u < 1$ において単調増加する。そして，$u = u_2$ のとき，最小値となる。

公準 3 と公準 2 の証明と同様に，以下の式が得られる。

$$\min \{ \frac{(\overline{X}_1 - p_1)^2}{\dfrac{p_1(1-p_1)}{n_1}} + \frac{(\overline{X}_2 - p_2)^2}{\dfrac{p_2(1-p_2)}{n_2}} + \frac{(\overline{X}_k - p_k)^2}{\dfrac{p_k(1-p_k)}{n_k}} \}$$

$$\text{St}：0 < p_1 \leq p_2 \leq \cdots \leq p_k < 1$$

この式は以下のように書き変えることができる。これをモデル B とする。

$$\frac{n_1(\overline{X}_1 - p_1)^2}{p_1(1-p_1)} + \frac{n_2(\overline{X}_2 - p_2)^2}{p_2(1-p_2)} + \cdots \frac{n_k(\overline{X}_k - p_k)^2}{p_k(1-p_k)} \qquad \text{（モデル B）}$$

$$\text{St}：0 < p_1 \leq p_2 \leq \cdots \leq p_k < 1$$

このモデル B の解を求める計算方法をここで提案する。

① もし $\overline{X}_1 \leq \overline{X}_2 \leq \cdots \leq \overline{X}_k$ であれば，$(p_1^*, p_2^*, \cdots, p_k^*) = (\overline{X}_1, \overline{X}_2, \cdots, \overline{X}_k)$ である。成立しなければ，次に転入する。

② もし $\overline{X}_j > \overline{X}_{j+1}$ が存在すれば，かつ

第8章　死亡率統計のスムージングにおける数学的手法の提案　153

$\overline{X}_1 \leq \cdots \leq \overline{X}_{j-1} \leq \dfrac{-\sum_{i=j}^{j+1} n_i \overline{x}_i^2 + \sqrt{(\sum_{i=j}^{j+1} n_i \overline{x}_i^2) \sum_{i=j}^{j+1} n_i (\overline{x}_i - 1)^2}}{\sum_{i=j}^{j+1} n_i - 2\sum_{i=j}^{j+1} n_i \overline{x}_i} \leq \overline{X}_{j+2} \leq \cdots \leq \overline{X}_k$ であれば，

$(p_1^*, p_2^* \cdots, p_{j-1}^*) = (\overline{X}_1, \overline{X}_2, \cdots, \overline{X}_{j-1})$, $p_{j+1}^* = p_j^* =$

$\dfrac{-\sum_{i=j}^{j+1} n_i \overline{x}_i^2 + \sqrt{(\sum_{i=j}^{j+1} n_i \overline{x}_i^2) \sum_{i=j}^{j+1} n_i (\overline{x}_i - 1)^2}}{\sum_{i=j}^{j+1} n_i - 2\sum_{i=j}^{j+1} n_i \overline{x}_i}$ である。

$(p_{j+2}^*, \cdots, p_k^*) = (\overline{X}_{j+2}, \cdots, \overline{X}_k)$ が成立しなければ，

$B = \{j, j+1\}$, $\overline{X}_B = \dfrac{-\sum_{i=j}^{j+1} n_i \overline{x}_i^2 + \sqrt{(\sum_{i=j}^{j+1} n_i \overline{x}_i^2) \sum_{i=j}^{j+1} n_i (\overline{x}_i - 1)^2}}{\sum_{i=j}^{j+1} n_i - 2\sum_{i=j}^{j+1} n_i \overline{x}_i}$ である。

$(\overline{X}_1, \overline{X}_2, \cdots, \overline{X}_{j-1}, \overline{X}_B, \overline{X}_{j+2}, \cdots, \overline{X}_k)$ に対して，次に転入する。

③もし $\overline{X}_{Bs} > \overline{X}_{Bs+1}$ であれば，

$B = B_S \cup B_{S+1}$, $\overline{X}_B = \dfrac{-\sum_{i \in B_S \cup B_{S+1}} n_i \overline{x}_i^2 + \sqrt{(\sum_{i \in B_S \cup B_{S+1}} n_i \overline{x}_i^2) \sum_{i \in B_S \cup B_{S+1}} n_i (\overline{x}_i - 1)^2}}{\sum_{i \in B_S \cup B_{S+1}} n_i - 2\sum_{i \in B_S \cup B_{S+1}} n_i \overline{x}_i}$ である。

3の繰り返しを通して，集合を m 個の $B_1, B_2, \cdots, B_m$ に分解し，$\overline{X}_{B_1} \leq \overline{X}_{B_2} \leq \cdots \leq \overline{X}_{B_m}$ を満たさせる。かくして，$p_i^* = \overline{X}_{B_i}$, $i \in B_t$, $i = 1, \cdots, k$ となる。

これは，定理1と定理2から証明でき，k 回の計算により，最終解を得ることができる。

このように，スムージングに数学的手法により行えば，原系列の特質を壊すことなく，先験情報と齟齬の無い，円滑なデータ系列を得ることができる。

結　語

観察データの少ない中国の生命保険業界において，正確な死亡率の算出が重要であることは論をまたず，今回提案したスムージングの手法の貢献度も大き

一方，日本においてもスムージングの重要性は変わらない。生命表作成時に裁断とスムージングが用いられている。具体的には，収集した観察データに若年齢層を補整し粗死亡率を決める。これに数学的危険論による第一次補整，Greville による第2次補整，そして Gomperlz-Mkeham による第3次補整を行い，生命保険標準生命表が作成されている。これらは，主に，標本の収集が相対的に少ない乳幼児のゾーンと高齢者ゾーンに適用され，第2次補整と第3次補整は，偶然変動を除去するために所与のパラメータを使用したスムージングである。ただ，前述したFit，先験情報との調和，少ない乖離の3要件が導入当初は満たされていたとしても現在も満たしているかなど十分な検証が少ない中で使用されている。今回提案した数学的なスムージングの方策はその情報を補完する1つの手段候補となる可能性がある。

　生命保険の市場構造や研究視点の異なる中国の研究者との共同研究は，日本の研究者では気づきにくい新たな課題を明確にしてくれる。今後とも異質な視点を取り込み，日中の保険研究の水準の向上に貢献できれば幸いである。

参考文献
○英語文献
［1］SHI, N.Z［1993］"Isotonic regression and maximum likelihood estimate", *Chinese Journal of Applied Probability and statistics* Vol. 9, NO. 2, May (1993) pp. 203-215.
［2］SHI, N.Z［1993］"Maximum likelihood of isotonic normal means with unknown variances" *The Journal of Multivariate Analysis* (1993), Vol. 64, pp. 183-195.
［3］Barlow, R.E, Bartholoremew, D.J., Bremner, J.M. and Brunk, H.D［1972］"Statistical Inference under Order Restrictions" The Theory and Application of Isotonic Regression. New York: Wiley,.
［4］Ayer, M., Brunk, H.D., Ewing, G.M., Reid, W.T. and Silverman, E.［1955］"An Empirical Distribution Function for Sampling with Incomplete Information" *The Annals of Mathematical Statistics.*, Vol. 26, pp. 641-647.

○中国語文献
［5］盧玉貞・董普（2004）「多維保序回帰及最大似然估計」,『大連海事大学学報』12号, Vol. 102。
［6］董普・盧玉貞（2003）「正態分布的均値被簡単樹半序約束方差為未知的最大似然估計」,『数学的実践和認識』11号, Vol. 33。

[7] 董普（2003）「多維正態分布均値在序約束下的仮説検験」,『数学進展』ISSN1000-0917, Vol. 32, No. 1。
[8] 董普・盧玉貞（2003）「正態分布的均値和方差別分別被簡単樹半序和簡単半序約束下的保序最大似然估計」,『応用概率統計』ISSN1001-4268, Vol. 19, No. 1。
[9] 盧玉貞・董普（2002）「選択死亡率的一種估計方法」,『中国高教論衆』ISBNT-5437-3063-4/G. 2788, Vol. 22。
[10] 董普・盧玉貞（2001）「多維保序回帰和正態分布均値和方差的估計」,『中国高教論衆』ISBN 7-5437-3003-O/G（2751, Vol. 22, No. 2。

9 章
中国地震保険創設に向けた提案

施　錦芳（中国東北財経大学国際経済貿易学院准教授）
久保英也（滋賀大学大学院経済学研究科教授）

要約：本稿は，世界最大の地震国でありながら地震保険制度が存在しない中国において，同保険制度を新設する際の大まかな骨格を示すことを目的としている。公開データの乏しい中国において，同制度の前提となる地震保険料を算出した上で，日本の同制度からの示唆を反映する。具体的には，①丁寧に地震に関する資料を収集し，364の個別の地震のサンプルを抽出。次に，②地震ごとの被害額を計量的に推計し，地震保険料を計算。そして，③日本の地震保険制度の特徴を生かしながら，中国地震保険制度の在り方を考える。

算出された地震保険料は中国の都市部もしくは都市近郊の農村部世帯が支払えるものであり，これに政府補助を加えより広い地域に普及させることは可能である。そして，日本における，①長期の「地震リスクの時間分散」，②再保険制度，③基金制度（積立金）等の知恵を中国で生かすことでより良い制度を立ち上げることができる。

キーワード：中国の地震保険制度，リスクの時間分散，地震保険料

はじめに

中国は，国際的にみて地震による被害が大きな国の1つである。また，地震以外の自然災害も多発生し，被害額では，アメリカや日本に次いで世界3番目の巨大災害被害国である。2008年5月12日に発生した四川省汶川大地震は中国の建造物の耐震構造のぜい弱性を露呈させ，地震規模以上の人命や財産の損失が発生した。表1に見るように，四川省汶川大震災の死者・負傷者数は地震規模では勝る東日本大震災を大幅に上回り，倒壊・損壊家屋も東日本大震災の10

数倍以上となっている。

　また，四川省汶川大震災において支払われた民間保険会社の保険金は，18.06億人民元（2013年2月末の為替レートで約267億円に相当）と日中の国民所得の差を勘案しても，東日本大震災の生損保と共済を合わせて2兆円を超える保険金支払いの水準とは大きな差がある。現在，中国には政府の関与する自然災害に対する保険制度(含む，地震保険制度)がなく，この大震災をきっかけに，地震保険制度が改めて注目を浴びている。

　本稿は，制度の前提となる中国の地震保険料に目途をつける中で，中国にふさわしい地震保険制度の大まかな骨格を提示することを目的とする。ただ，章末の参考文献一覧に記載したように，統計年鑑等の中国の地震に関する断片的な統計や解説書は存在するものの，中国の地震保険に関する学術論文などはほとんど見当たらず，本来は先行研究論文を猟集し，紹介から始めたいがそれを許さない状況である。したがって，具体的な研究手順としては，①中国政府による開示データが少ない中で，まずは丁寧に地震に関する資料，データを収集し，個別の地震のサンプルを抽出する。次に，②中国における地震ごとの被害額を推計し，地震保険料の水準に目途を付ける。そして，③日本の地震保険制度の特徴を生かしながら，中国地震保険制度の在り方を考える，こととしたい。

表1　四川省汶川大震災と東日本大震災との比較

	四川省汶川大震災	東日本大震災
発生	2008.5.12	2011.3.11
地震規模	Mw 7.9，Ms8.0	Mw9.0
死者(含む行方不明)	87419名	19000名
負傷者	374176名	20883名
倒壊家屋	21.6万戸	39万戸（含む半壊）
損壊家屋	415万戸	
被害額	8,4511億元（約13兆3380億円）	16～25兆円
民間保険会社の保険金支払額	267億円	生保：1522億円（2万件） 損保：1兆2345億円（77万件） 共済：8,416億円（59万件）

（出所）　筆者が，尹之潜，楊淑文（2004），日本損害保険協会，生命保険協会のホームページなどから筆者作成。

第1節　中国における地震の現状

　地震による死者数の多い国として，中国，トルコ，イラン，シリア，日本，イタリア，ギリシアがあげられるが，最近の地震頻度（20年間のM5.5以上の地震の回数，1981年～2000年）を見ると，中国が2.10，インドネシアが1.65，イランが1.43，そして，日本は1.14と中国は日本の2倍となっている。

　もう少し長く1900年以降の約100年の期間を取ると35回のマグニチュード8以上の地震のうち9回が中国で発生している。また，死者1万人以上の地震は世界で21回発生し，死者数合計は104.7万人にのぼるとされるが，中国では同5回で死者数は53.5万人と過半を占めている。いわば，世界で最も地震被害の大きな国の一つと言えよう。

　中国科学院データセンターによると，中国における地震活動は主に5つの地区で発生している。すなわち，①台湾およびその周辺海域地区，②西南地区（主にチベット自治区，四川省西部，雲南省中西部），③西北地区（主に甘粛省河西，青海省，寧夏自治区，天山南北山麓），④華北地区（主に太行山両側山麓，汾渭河谷，陰山―燕山一帯，山東省中部，渤海湾），⑤東南沿海地区（広東省，福建省），である。

　東経107.5度で中国を東部と西部に分けた場合，1900年～2000年にかけて震源の深さが60km以上かつ震級（Ms：日本の「マグニチュード」に相当，以下，Mと略記）7.0以上の地震発生頻度は1：6.7となり，西部地域地震発生頻度は東部地域の7倍にのぼる。

　建国の1949年から2010年までに経済的被害を伴う地震は500回以上発生し，死者の総数（除く行方不明者）は約35万人となっている。ただ，1976年の河北省で発生した唐山大地震（M7.8：24万人）と2008年の四川省汶川大地震（M8.0：約7万人）の両地震でその8割を占めるなど大きな被害は集中して発生する。

　一方，中国は世界の二大地震帯である環太平洋地震帯とユーラシア地震帯の間にある西環太平洋地震帯に位置し，世界の陸地における最重要地震地域の一

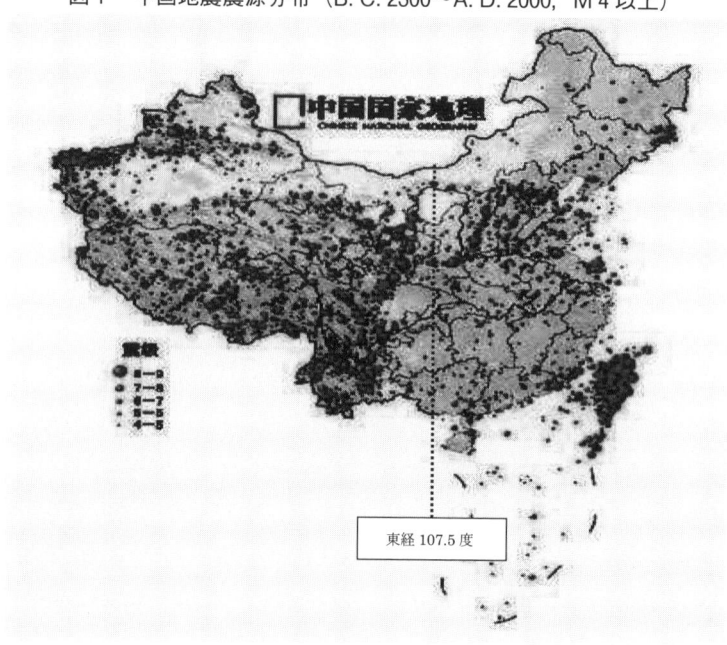

図1　中国地震震源分布（B.C.2300～A.D.2000，M4以上）

東経107.5度

（出所）地震出版社『中国地震年鑑』（2010）の図に筆者が加筆、修正。

つに属している。国土の大半が一枚のユーラシアプレートに乗っているため、インドヒマラヤプレートがユーラシアプレートに潜り込むチベットや雲南地方などを除くと、殆どの地域の地震はプレート間ではなく地殻内地震であるという特徴を有する。

これらから、中国の地震の特徴は以下の4つに要約できる。

第1は頻発性である。中国の国土面積は全世界陸地の14分の1を占めることもあり、全世界の直下型地震件数の3分の1を占める。中国ではM8.0以上の巨大地震は10～15年に1回、M7.0～7.9クラスの大地震は3年に2回、M6.0～6.9クラスの地震は1年に2回の割合で発生しているとされる。

第2は大規模性である。20世紀に世界で起こった3回の巨大地震（M8.5クラス）の内2回は中国で発生している。すなわち、1920年12月16日に発生した

寧夏地震（M8.6）および1950年8月15日に発生したチベット地震（M8.6）である。

第3は広域性である。1949年から2012年までに，全国すべての省・市・自治区でM5.0以上の地震が発生している。建物の耐震性が低く，国民の防災意識も乏しいため，住民が居住する地域では，M5以上の地震でも大きな被害が発生する。また，国土面積の41％を占める8つの省・市・自治区でM7.0以上の大地震が発生していることになる。

第4は直下性である。西南部のチベットや雲南省，中朝露国境地帯の吉林省，黒竜江省などでは地下400～500キロを震源とするプレート型地震が発生しているものの，それ以外の殆どの地域の地震は深さ10～20キロ程度の直下型の地殻内地震である。

第2節　変遷する地震免責の取り扱いと地震保険研究の加速

このように地震の被害が大きい国にも関わらず中国には独立した地震保険制度は存在していない。一般的に民間の生命保険においては地震は免責ではなく，保険担保責任があると定められている。一方，損害保険（財産保険）においては，政府により保険責任の範囲が度々変更されている。民間の損害保険会社の設立が認められた1980年から1996年においては，財産保険はすべての自然災害に保険責任を負うとされていた[1]。しかしながら自然災害が多発し保険収支が赤字になる保険会社が出てきたため，その後2001年までの期間は，財産保険は地震を免責としていた[2,3]。しかし，2001年以降，家庭財産保険と企業財産保険についての主契約においては地震は引き続き免責となっているものの，一部の保険会社の商品の特約においては地震を責任担保範囲としている[4]。

1　1993年4月に，中国人民銀行（中国の中央銀行）は，「全国の保険条約および料率（国内保険会社）に関する通知」（銀発「1993年」第95号）において，大きな被害を伴う地震は財産保険の保険責任であると明記した。

2　1996年5月に，中国人民銀行は「『財産保険基本保険』および『財産保険総合保険』条約，料率，解釈の印刷配布に関する通知」（銀発「1996年」第187号）において，地震保険を保障除外責任（免責）とした。

また，農業保険については地震を免責としていない。中国の農業保険は，自然災害による農業収穫量の減少を補填する保険制度として1982年の改革開放後に再開された。現在，民生部（日本の厚生省に相当）と農業部が管轄し，補助金を出す中で民間保険会社が販売している。現在，同保険制度の課題であった法制の整備も進み，2012年10月25日には国務院常務会議において農業保険条例（草案）が審議通過した。農業保険条例には，農業保険の発展を目的とした中国政府の保険料の助成措置や税制上の優遇措置の実施が織り込まれている。ちなみに，2007年～2012年の5年間の同保険の収入保険料は600億元（約7,884億円）と巨額である。

このような中で，中国政府は国民の財政の安定と安全を維持し，かつ政府の地震災害に伴う過剰な負担を圧縮するために，巨大自然災害（地震を含む）保険制度の構築に向けて，地震保険制度の研究に着手する。2001年には中国保監会が地震保険を含む巨大災害保険制度についての研究作業を開始し，2004年7月に北京で開催された「第3回中国大陸地震における緊急救援および巨大災害保険に関する国家会議」の中で，中国巨大災害保険の現状と展望というテーマで報告を行った。

主なポイントは以下の4点である。①地震保険と農業保険を含む巨大災害保

3　2001年1月に，中国保険監督管理委員会（中国の民間保険会社を監督管理する中国政府担当機関。以下，「保監会」と略す）は，「企業財産保険業務は地震保険引き受けの禁止に関する通知」（保監会発「2000年」第8号）を発布した。この中で保監会は各保険会社は上述した「銀発「1996年」第187号」を順守しなければならないと指導した。また，すべての保険会社に対し，地震保険商品の販売禁止命令を出した。しかしながら，一部の保険会社は，保監会の命令を無視する形で，地震保険を企業財産保険に付帯して販売していた。震災後に地震リスクの管理体制の不整備や地震保険リスクの顕在化がこれらの保険会社の経営を行き詰らせることになった。

4　2001年8月に，保監会は，2000年に下した「保監会発「2000年」第8号」を廃棄し，「企業財産保険の地震賠償責任の引受範囲の拡大に関する指針」（保監会発「2001年」第160号）を発表した。2001年9月1日以降，地震保険が企業の財産保険に付帯して販売されることが承認された。また，2002年12月には，保監会は国務院が発出した「第1回行政審査プロジェクトを取消す決定に関する通知」（国発「2002年」第24号）に従い，「中国保監会第1回行政審査プロジェクトを取消す通知」を出し，「企業財産保険の地震賠償責任の引受範囲の拡大に関する指針」に伴う「地震保険最大自社保有額確定方法予備案」および「地震保険法定再保審査」の2つを含む58の行政規制や審査を免除した。これにより，保険会社は，企業財産保険向け地震保険を販売する環境が整ったことになる。

険の研究を積極的に進める。②巨大災害保険制度構築に向けた研究を加速し，巨大災害保険制度の早期構築に努める。③中国保監会が主導し，保険業界による災害予防に伴うコストや防災技術の研究を促進し，防災や救災の効率的な仕組みを検討する。そして，自然災害の情報収集分析システムを開発し，天候，水害，台風および自然災害（地震）の情報を機動的に把握し，救済作業を支援する。④中国保監会は国際交流を重ね，海外の成功事例を積極的に生かし，また世界銀行や欧州連合および国際的に著名な保険会社，再保険会社と協力して巨大自然災害保険の研究を進める。

　これを受け，2006年6月には，中国国務院は「国務院保険業の改革・発展に関する若干の意見」を発表し，その中で中国巨大自然災害保険システムの構築への支援を決めた。

　また，中国保監会は2008年5月18日の四川省汶川大震災直後から，中国の地震保険制度を巡る議論，研究を更に加速させ，同年5月21日～23日に，中国保険学会と共同で「地震保険に関する外資系保険会社懇談会」を開催し，巨大地震災害発生後の中国保険業界の対応策および今後の巨大自然災害保険制度構築に向けて議論した。また，同様に「地震保険に関する損害賠償国内保険会社懇談会」を開催し，汶川大地震の損害保険金支払いに関する課題解決策および今後の巨大自然災害保険の制度作りなどについて意見交換を行った。同年6月20日には，中国保険学会が北京大学，清華大学などの保険学者やスイス再保険会社，ジェネラル再保険会社などの外資系大手再保険会社の専門家を集めた「地震保険保障検討会」を開催した。2008年12月には，「防震減災法」（地震防止災害減少法）が改定され，中国政府は財政支援を伴った地震災害保険事業を進めることを明言した。2009年に中国国務院は，15の「金融関係領域の重大研究課題」の1つに巨大自然災害保険制度の創設を指定した。

　現在，中国保監会が先頭に立ち，10を越える関係部門が参加して，中国巨大自然災害保険制度の基本方針，基本骨格および実施手順について研究が進められている。

第3節　日本の地震保険制度の特徴
（1）地震保険制度の国際比較

　日本の地震保険制度は世界の地震保険制度の中でどのような位置にあるのであろうか。表2は地震大国である日本，台湾，アメリカ（カリフォルニア州），ニュージーランドの地震保険制度を比較したものである。運営主体別にみるとニュージーランドでは政府が異常危険リスクのすべての引受けを行っている。一方，政府と民間の共同引受けの形としては，日本の再保険対象地震保険（ただし，政府は異常保険金の一時立て替えという立場）や台湾の地震保険制度が該当する。アメリカのカリフォルニア州の地震保険は公社制をとり，官の要素を残しつつも異常危険リスクに対しては基本的には公社が対応（支払保険金削減など）し，国は基本的にはリスクを負わない。日本のJA共済と全労災が運営する共済も純粋に民間がリスクを引き受けている。国は租税負担の免除や減免などで制度運営を側面支援するにとどまっている。JA共済は，異常危険リスクをCATボンド（Catastrophe Bond，大災害債券）を発行することにより，資本市場にその一部のリスクを移転している。

　1契約あたりの引受け保険金額の上限をみると，アメリカが建物無制限，家財900万円，日本が地震保険の建物5,000万円，家財1,000万円と高い。ただ，支払い総限度額はカリフォルニア州が8,700億円に対し，日本が5.5兆円と経済規模（カリフォルニア州のGDPは1兆8,090億ドル（2011）と日本の5兆8,680億ドル（2011）の3分の1程度）を勘案しても日本の引受金額は大きい。大地震の発生確率がほぼ同じであるとすれば，支払い削減の可能性が相対的に小さいこととなり，実質的には日本の地震保険金額が高いと考えられる。なお，ニュージーランドは650万円，台湾は360万円と日本の1割程度の水準と地震リスクについては個人の自助努力が求められている。

第 9 章　中国地震保険創設に向けた提案　　165

表 2　地震保険制度の国際比較

	日本	日本	日本	台湾	アメリカ	ニュージーランド
	地震保険	JA 共済（建物更生共済）	全労災（自然災害補償付火災共済）	地震保険	カリフォルニア州地震保険	地震保険
運営主体	政府，民間保険会社，日本地震再保険（株）	JA 共済	全労災	政府，民間保険会社，住宅地震保険基金（TREIP）	カリフォルニア州地震公社（CEA）	地震委員会（EQC）
発足	1966年4月	1961年4月	2000年5月			
補償の対象	地震等	火災，風水害，地震等	火災，風水害，地震等	地震	地震	地震
引受方式	火災保険に付帯	火災保険に付帯	火災保険に任意付帯			
1契約の上限保険金額	建物：5,000万円，家財：1,000万円	1,000万円（ただし，損害額の50％）	建物：800万円，家財400万円	120万台湾ドル（360万円）	建物：無制限，家財：5千～十5万ドル（45万円～900万円）	10万NZドル（65万円），家財：2万NZドル（130万円）
保有契約件数	1184万件	1,193万件	168万元			
保有保険金額	98兆円	153兆円	34兆円			
保険料（木造1家屋）（期間1年，保険金額100万円）	地震P：1,000～3,130円	自然災害P（地震含む）：7,734円（全国一律）	自然災害P：4,500円火災保害P：3,500円			
保険料率	火災P：3,060～4,040円0.05～0.31％（平均0.14％）			0.12％	0.046～0.805％	0.05％
民間の役割	販売，損害査定，支払事務，補償の一部引受，再保険引受	販売，損害査定，支払事務，保険の全額引受（一部は再保険へ出再，CAT ボンド）	販売，損害査定，支払事務，保険の全額引受（一部は再保険へ出再）	販売，損害査定，支払事務，補償の一部引受，再保険引受	販売，損害査定，支払事務	販売，損害査定，支払事務
政府の関与	保険の一部を再保険引受	無	無	補償の一部を再保険で引受	公社の運営・宗務の免除	補償は全額政府
国庫負担	無（基本的には独立採算）	無	無	有	無	有
支払保険金の削減	有（1地震あたり5.5兆円）	有（異常災害時の保険金削減）	有（異常災害時の保険金削減：1地震あたり1,300億円）	600台湾ドル（1,800億円）	有（96.85億ドル：8,700億円）	無
過去最大の支払い額	東日本大震災：9,700億円	共済全体で9,000億円		78.4台湾ドル235億円	35億ドル：3,150億（3,640億円）	56億NZドル3,640億円

（出所）髙橋康文（2012）『地震保険制度』ベースに筆者が加筆。
（注）表中のPは保険料を表わす。

（2）日本の地震保険制度（政府再保険支援）の骨格

　日本の地震制度の特徴は次の5点である。①1契約あたりの保険金上限が高く，その水準は国際的に見ても突出している。②「国民の財産は国民の自助努力で守る」という理念を積立金（準備金）で実現する制度であり，不確実性が高い地震リスクを，民間保険会社，再保険会社，政府で分担する。自助努力の制度であるため，500年程度の長い期間を想定した「リスクの時間分散」を前提としている。③保険金支払い額がこの積立金残高を越える場合には不足分を一時的に政府が立て替える。④火災保険に同時付保の形（火災保険金額の30%〜50%）をとり，地震保険自体の利益をゼロとして（価格を抑えて）地震保険の普及を意図している（世帯普及率26.0%，火災保険付帯率53.7%，2012年3月末）。⑤地震保険の「販売と査定」は民間が対応，異常災害保険責任は政府が担当する。日本の地震保険制度において，政府（一時立て替え）と民間保険会社の被害額の負担割合を示したのが，図2である。この制度は地震保険金の支払状況に応じ，過去から柔軟に見直されている。たとえば，2009年には1回の地震被害等に対し最大5.5兆円を政府と民間が共同して支払うこととし，支払額1,150億円までは，民間保険会社がその積立金から支払い，それを越える1兆9,250億円までは，政府と民間が50%ずつ負担して支払う。そして，最大支払額である5兆5,000億円までは政府が95%，民間は5%という割合で支払うという仕組みであった。上限の5兆5000億円の支払が発生した場合の民間責任負担額は，1兆1,988億円，政府は同4兆3,013億円となり，民間の負担割合は21.8%である。

　その後各地で中規模の地震が連続して発生したことや2011年3月にはマグニチュード9.0の東日本大震災が発生したため，民間保険会社の地震保険金の支払額が増加した。このため，2012年4月からは地震保険制度の上限支払額は6兆2,000億円と引き上げられたものの，民間が100%支払う上限額は，1,040億円に，50%支払の上限額は6,910億円に大きく引き下げられた（5%支払の上限は6兆2,000億円）。上限の6兆2,000億円支払い時の民間責任負担額は4,880

図2　地震保険における民間保険会社負担割合

(1) 2009/4～2012/3

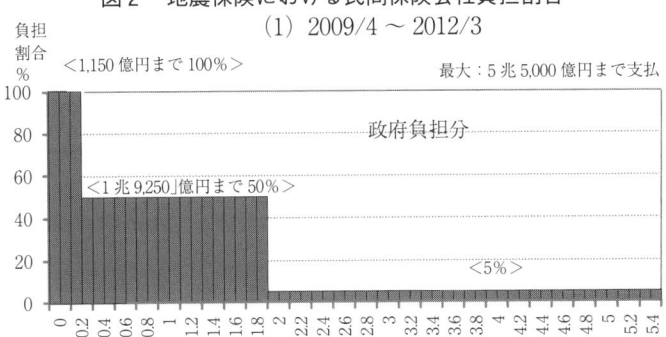

＜1,150億円まで100％＞　最大：5兆5,000億円まで支払
＜1兆9,250億円まで50％＞
＜5％＞
政府負担分
支払規模：兆円

(2) 2012/4～

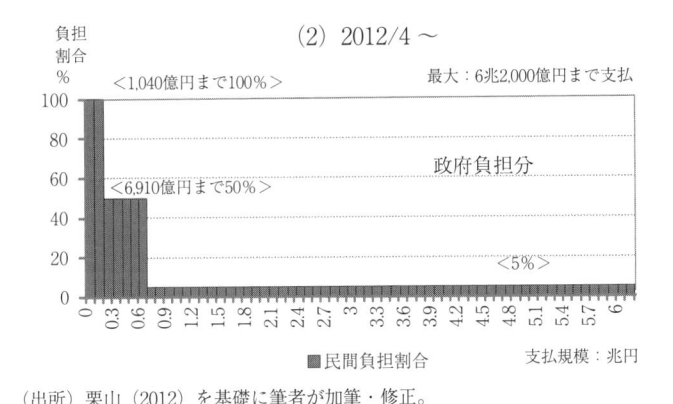

＜1,040億円まで100％＞　最大：6兆2,000億円まで支払
＜6,910億円まで50％＞
＜5％＞
政府負担分
支払規模：兆円

（出所）栗山（2012）を基礎に筆者が加筆・修正。

億円，政府責任負担額は5兆7,120億円となり，民間保険会社の負担割合は7.8％に低下した。

また，地震保険契約者が支払った保険料（損害保険会社が引き受けた地震保険）は，すべて日本地震再保険株式会社への再保険（出再）の再保険料として支払われ，日本地震再保険は，自らがリスクを保有する分（全体の30％），損害保険会社に再々保険する分（同20％），政府に再保険する分（同50％）に分け再保険を手配し，リスクの分散を行っている。

保険契約者の支払った保険料は，将来の巨大地震に対する保険金支払いの備

えとして，損害保険会社は「危険準備金」として他の勘定と明確に区分して積み立て，政府も「地震再保険特別会計」として保険料を積み立て，区分経理を行っている。2012年3月末の積立金残高は，各々3,798億円，8,869億円となっている。

次に，日本の地震保険制度のもう一つの大きな特徴である長期にわたる「リスクの時間分散」についてみてみよう。東日本大震災に伴い多額の地震保険金を迅速に支払ったため，2012年3月末の積立金残高は前述の通り，民間・政府併せ12,667億円となっている。2013年3月に公表された南海トラフ大地震の被害想定額は総額220兆円にのぼるなど，長期の期間を考えれば今後も大きな地震は発生すると予想される。そこで，発生確率が高い大きな3つの巨大地震を時間軸に並べ，地震保険の積立金の変化を見たのが図3である。

地震は，①東海，東南海，南海の3連動南海トラフ地震（30年後に発生，周期150年），②首都直下型地震（50年後に発生，周期100年），③関東地震（関東大震災の再現で関東大震災から220年後，周期220年）の3つを考え，保険期間は2550年までの約500年とする。図3の番号はこの3地震の発生時期と地震保険がカバーする地震被害額を表しており，薄い色の棒グラフは，年間の地震保

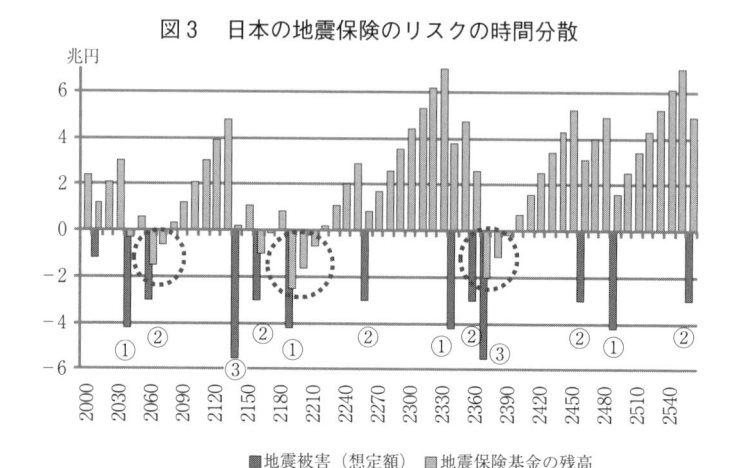

図3　日本の地震保険のリスクの時間分散

■地震被害（想定額）　■地震保険基金の残高

（出所）栗山（2012）基礎に筆者が加筆，修正。

険の保険料収入額を9,000億円とした場合の積立金残高の推移を示している。地震が連動した後の2060年頃に1.5兆円程度の積立金不足が発生するが、これは政府が一時的に立て替え、その後の保険料収入で埋め合わせていく。2160年、2190年、2360年頃にも積立金が大きくマイナスとなる局面もあるが、長期で見れば地震保険収支はバランスしているとみることもできる[5]。

第4節　中国における地震保険制度への提案
（1）中国の地震の発生状況

　中国の地震制度を考える場合に，地震保険制度を有する多くの国が先進国であるのに対し，中国は2011年のGDP規模は世界第2位ながら一人当たり国民所得は5,400ドル程度の発展途上国であることから，制度設計を行う前提として地震保険料の支払い余力（支出能力，可能性）をチェックする必要がある。そのために，被害額や地震の発生頻度等から地震保険料に目途をつける必要があるが，中国では地震統計の整備や公表が不十分で過去の地震の発生頻度や規模や被害状況などをまとめて入手することは非常に困難な状況にある。

　そこで，まず，ここ500年間について多くの研究者の論文や資料からマグニチュード6.0以上の地震データを丁寧に収集し，364の標本を抽出，整理した結果を時系列にプロットしたのが図4である。

　マグニチュード8.5以上の巨大地震が1600年代と1900年代に1回ずつ起こっており，大きな横長の楕円で囲ったようにそれらの時代にはマグニチュード8クラスの地震も多発している。マグニチュード8.5クラスの地震の周期は約300年であり，マグニチュード8クラスの地震は約50年周期で起こっている。これ

---

[5] 地震の周期については定説が無く，この想定も試算の域を出ない。地震の周期をモデルとして考えた場合，①規則性がまったくない（ランダム＝ポアソン分布），②いつも等間隔で発生する，この間に位置すると考えられる。東京大学地震研究所の島崎邦彦氏ら（1998）は，南海トラフの巨大地震に関しては，ランダムでも等間隔でもないことは明らかであり，これは統計的にも裏付けられるとしている。また，2つ中間型と考えられるものの，対数正規，二項分布，ワイブル分布などいずれにも，モデル間の優劣はみられないことから，パターンの想定が難しいこと示唆している。

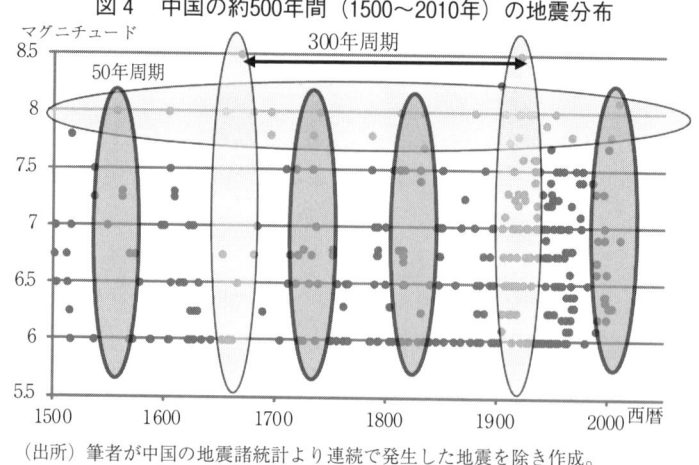

図4 中国の約500年間（1500〜2010年）の地震分布

（出所）筆者が中国の地震諸統計より連続で発生した地震を除き作成。

とは別に，小さな縦長の楕円で囲った約100年周期で大きな地震が連続して起こっている。そこで，地震保険の保険料を算出するに際し，対象期間を100年，300年，500年の3期間として，計算することとしたい。

（2）中国の地震被害額推計

この364の地震標本は，発生時期と場所，そして規模（マグニチュード）を示すが，被害額についての記述は無い。そこで被害額の推計が必要となる。被害額が示されているのは1970年から2000年の地震資料であるが，サンプルは27と少ないのに加え，一般に地震規模と地震被害額は十分な相関を示さないことから積極的には拡張しにくい。ただ，公開統計がないことから，慎重にデータ処理を行いながらこれらを用いて地震被害額を推計することとした。

まず，同データについて，消費者物価指数（以降，CPIと略す）を用いてデフレートし実質化した後，過去の住宅の被害の全体に占める割合（約27%）を地震保険の保険金対象額とした。推計に際しては，残差の自己回帰モデルを使用し，その推計結果は表3に示した。

モデルの選択については赤池情報量基準（AIC）を用い，また残差の診断に

第9章　中国地震保険創設に向けた提案　171

表3　中国における地震被害額の推計

		推定値	t値
(1)パラメーター			
	マグニチュード	1.449424	1.365
	ロー	0.532412	3.184
	定数	-1.48884	-0.218
(2)赤池情報量基準（AIC）		162.825	

		統計量	有意確率
(3)自己相関	ラグ1	-0.195	0.286
	ラグ2	0.063	0.532
	ラグ3	0.164	0.543
	ラグ4	-0.046	0.696
	ラグ5	0.037	0.811
	ラグ6	0.113	0.84
	ラグ7	0.13	0.845
	ラグ8	-0.059	0.895
	ラグ9	0.085	0.92
	ラグ10	-0.079	0.94
	ラグ11	0.052	0.961
	ラグ12	0.003	0.978
	ラグ13	-0.035	0.987
	ラグ14	-0.088	0.988
	ラグ15	-0.069	0.991
	ラグ16	-0.125	0.985

（出所）筆者が，SPSS14.0を用いて推計し，作成。

はボックス・リュング統計量を用い，ホワイトノイズであるかどうかの検定を行った。説明変数であるマグニチュードのt値は1.365と必ずしも高い値ではないが，残差の自己回帰係数の同値は3.184と高く，多くの推計式の中からこの構造式を採用した。

　残差の検定は自己相関16期までとったが，ラグの形状は安定化し，各統計量は有意水準0.05を大きく上回る信頼限界の中にある。残差はホワイトノイズである。また，表3には掲載しなかったが偏自己相関による検定も同時に行い，残差がホワイトノイズであることを確認している。

　これらの推計結果を用いて推計した被害額の推計値と実績をプロットしたのが図5である。推計値は実績値を完璧には追えていないが，地震規模から地震被害額を説明するモデルとしては，利用可能であると考える。

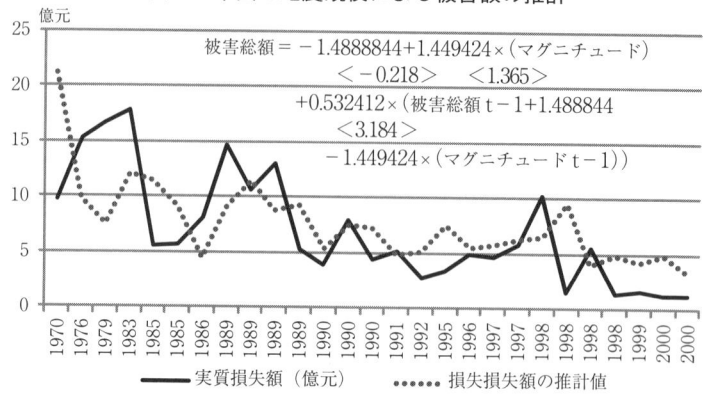

図5 中国の地震規模による被害額の推計

$$被害総額 = -1.4888844 + 1.449424 \times (マグニチュード)$$
$$<-0.218> \quad <1.365>$$
$$+0.532412 \times (被害総額 t-1 + 1.488844$$
$$<3.184>$$
$$-1.449424 \times (マグニチュード t-1))$$

―― 実質損失額(億元) ……… 損失損失額の推計値

(注) 推計対象サンプル数は27，CPIを用いてデフレートし，実質化。推計式の＜ ＞は，t値。被害対象は，居住用建物のみ。
(出所) 尹之潜，楊淑文著「地震損失分析および防災基準」のデータ等を整理した上で，筆者が推計し，作成。

（3）地震保険の保険料の推計（世帯当たり）

　日本の地震保険の純保険料は，40kmごとの地域メッシュに確率論的地震予測地図作成に用いられる地震の揺れと津波被害を想定する統計的インフラを用い算出されている。中国にはそのような計算インフラが存在しないため，前述の被害推計を用いて，中国全体を保険母集団とした大まかな地震保険料を算出する。計算の骨格は，過去の期間別保険金支払い推計額の総額を「2011年の加入予想世帯数×保険対象期間」で除して求めるという非常に単純な方式を用いた。

　まず，先に使用した1500年〜2010年におけるM6.0以上の364の地震について，5節（2）の推計式のパラメータを用いて，通常の地震の被害額を想定する。次に，より短期間（30年間）の地震の動きを観察すると，この通常の地震被害に加え，被害額が通常時の6倍程度の地震が3回，同25〜30倍程度の地震が2回発生している。この動きを統計に反映させた。また，2008年に発生した四川大地震は地震規模は過去最大ではないものの，被害額は飛び抜けて大きい

表4　中国地震保険の保険料目途（年間：元）

	加入者の被害割合が加入率の割合より高い			被害率と加入率が同率
	被害率50% 加入率5%	被害率50% 加入率10%	被害率50% 加入率20%	
100年	191.85	49.68	47.96	19.18
300年	144.65	73.58	36.79	14.47
500年	130.45	33.60	16.80	13.04
100年（四川反映）	741.01	324.26	162.13	74.10
300年（四川反映）	333.71	131.32	83.43	33.37
500年（四川反映）	244.63	122.31	61.16	24.46

（注）被害率は，保険加入者の地震被害額の全地震被害額に占める割合。
（出所）筆者が試算し，作表。

ことから，これを除いた推計被害総額にこの損失額を単純にプラスオンすることとした。

　住宅の被害率の想定は，公開データの過去の平均割合である全地震被害の27.4％とし，比較的裕福であると考えられる同保険の加入者の住宅は高価であると予想されるため，最終的には全地震被害の50％の被害を受けると仮定した。

　一方，加入予想世帯数は，2011年の中国の全世帯（4億158万世帯）と加入率（5％，10％，20％）との積とした。ちなみに日本の地震保険加入世帯率は2012年3月末で26.2％である。こうして計算した保険料の計算結果を表4に掲載した。

　基本ケースは，「加入率10％，被害率50％」の場合で，計算対象期間が300年かつ四川大地震を反映したケースで，年間保険料は131元（2013年3月21日の為替レートで19,900円，月払いで1,700円程度）となる。日中の一人当たり国民所得の差（2011年で約9倍：日本45,870ドル，中国5,417ドル）を勘案しても，都市部，都市周辺部の農民は十分地震保険への加入が可能であろう。中国西部地域の所得の相対的に低い地域を中心に，政府の財源負担（例えば半分）

があれば，かなりの地域に普及できる可能性がある。

（4）中国の地震保険制度の概要と結語

このような保険料水準を前提に考えれば，国民から低額の保険料を徴収することにより通常の地震リスクに対応する一方，異常危険リスクについては国家予算に「地震特別基金」を設定し，政府が引き受ける形で制度設計することができる。第1節でみたように中国では，日本以上に直下型地震が多く，かつ広域性があるため，加入率を早急に高める必要がある。異常危険リスクの大半を政府が引き受け，民間は販売や損害査定，支払事務に特化し，保険金の支払削減を回避する仕組みが重要である。また，リスクをより分散させるために，日本の再保険制度と同じく，現行の中国再保険（集団）株式有限会社[6]を改組し，日本地震再保険株式会社と同じ役割を担わせることも考えられる。

一方，日本の地震保険の保険料設定とは異なり，当面は，建物の構造，所在地，階数にかかわらず全国一律の保険料体系を採用することが政治的に求められる。地域間経済格差に中国の国民は強い不満を抱いているため，地震リスクが相対的に高いが経済発展が最も遅れている西南地域に高い保険料率を設定することは回避する必要がある。リスクに見合う保険料という考え方より所得の地域間再分配の考え方が優先する。国民の相互扶助を重視し，国民の「連帯」に軸足を置いたシンプルな全国一律料率が適当であると考えられる。

地震大国である日本の経験が中国の地震保険創設に役立てば幸いである。

【付記】

本稿は，中国東北財経大学「教師海外提昇計画（2012年度）」の助成による研究成果の一部である。

---

[6] 1999年に設立された中国再保険会社で，中国財産再保険株式有限公司，中国人寿再保険株式有限公司，中国大地財産保険株式有限公司，中再資産管理株式有限公司，中国保険報業株式有限公司，華泰保険経営有限公司の6つの子会社群からなる。

主要参考文献

〇中国語文献

［１］王理，徐偉，王静愛(2003)『中国歴史地震活動時空分異』「北京師範大学学報(自然科学版)」，2003年第4期。
［２］尹之潜，楊淑文（2004）「地震損失分析および防災基準」，地震出版社，2004年。
［３］楊格格，楊艶麗，遊珍，張小詠(2011)『中国地域地震災害的時空分布格局』「地震科学進展」，2011年第5期。
［４］地震出版社『中国地震年鑑』2000〜2010各号。
［５］中国地震局ホームページ http://www.cea.gov.cn/。
［６］中国科学院ホームページ http://www.cas.cn/。
［７］中国国家統計局ホームページ http://www.stats.gov.cn/。
［８］中国保険監督管理委員会（中国保監会）
　　　http://www.circ.gov.cn/web/site0/。

〇日本語文献

［９］鎌田　文彦（2011）「中国四川大地震から3年―復興再建の経緯と課題―」『国立国会図書館調査及び立法考査局レファレンス』2011年9月，93号 pp. 93〜108。
［10］栗山泰史（2012）「東日本大震災における損害保険業界の対応」『日本リスク研究学会第25回春季シンポジウム資料』，pp. 1-19。
［11］島崎邦彦（1998）「名古屋大学大学院理学研究科地震火山観測研究センターインタビュー記事」http://www.seis.nagoya-u.ac.jp/NANKAI/answer1.html。
［12］損害保険料率算定機構（2008）「中国自然災害保険制度案の動向」pp. 1〜21。

10章
中国の環境保険制度における地域指定の妥当性

权娜（東北財経大学金融学院）
劉波（東北財経大学金融学院副学院長）

要約：本稿では包絡分析法（Envelopment Analysis）を基礎としたリスク評価手法を利用して，①廃水，②二酸化硫黄，③煤煙，④工場の粉塵，⑤固体廃棄物，など5項の環境指標について，2001～2009年の中国31省の環境汚染に対して評価を行う。結果は，環境汚染が深刻な省は東部地域では河北，江蘇，遼寧と山東の各省であり，中部地域では湖南，河南と山西の各省，西部地域では広西，内蒙古の各省である。汚染の深刻な省に対して環境評価を試験的に行うことが重要である。また，東部地域と中部地域の汚染深刻度に大差なく，環境汚染責任保険の地域指定は東部地域と中部地域を統合して選択すべきである。

キーワード：環境汚染責任保険，地域試験点，包絡分析法

はじめに

　急速な経済成長に伴い環境負荷が大きくなったため，中国政府は環境汚染問題に対し大きな関心を持っている。その一つの手段として1990年代の初めに採用された環境汚染責任保険の導入がある。同保険は，第三者に生じた企業の汚染事故の被害を保険により補填するものであり，民間の損害保険会社が提供している。国によっては強制付保としている場合もある。中国では，大連市，瀋陽市，長春市，吉林市で試験的に実施されたが，実際に保険に加入した企業は少なく，保険制度は停止に追い込まれた。その反省を生かし，2007年12月に再び江蘇市，湖南市，湖北市，河南市，重慶市，深圳市，寧波施，瀋陽市で試験的な保険制度を運営し，一定の評価を得た。2008年には，国家環境保護総局と保監会（保険業の監督機関）は「環境汚染責任保険の指導意見に関して」を採

択し，重点対象業界と工場立地地区において環境汚染責任保険の試験運用を開始した。対象とされる業界は環境汚染の程度に基づいて認定され，保険対象となる施設や汚染損害額や保険金額などを個別に決定する。例えば，重非鉄金属鉱物（随伴鉱物を含む）の採掘業，同製錬業，鉛蓄電池製造業，皮革及び関連製品の製造業，化学原料及び化学品製造業などの重金属汚染物の発生と排出に係る企業などがまず対象となる。また，石油化学企業，危険化学品取扱業者，危険廃棄物取扱業者，およびダイオキシン排出などの環境汚染リスクが比較的高い企業も加入が推奨されるグループである。

現在まで，湖南，湖北，江蘇，浙江，遼寧，上海，河北，重慶，雲南，広東の10省は既に全省もしくは一部の地区で環境汚染責任保険を試験運用している。試験運用の目的は，①保険制度の基本枠組み作り，②汚染に関する基礎データの収集とデータベースの構築，③汚染評価や企業の環境リスクの管理体制作り，④環境汚染損害額の算定と保険による補填額の決定，⑤保険制度の監督体制，⑥企業の賠償責任のリスク分担，などを検討することである。そのための，対象拠点の選択はきわめて重要である。本稿ではDEA（Data Envelopment Analysis）を基礎としたリスク評価手法を用いて，各汚染種類ごとに，全国の31省（市，自治区）に対してリスクの等級付を行う。この分析により，現行の環境汚染責任保険の試験拠点の選択が合理的であるかを評価すると共に，適切な試験拠点を提案する。

第1節　データと分析手法

（1）　データの選択と処理

一般に，中国の主要な環境汚染対象物質は，①廃水，②二酸化硫黄，③工業の煤煙とほこり，④工業粉塵，⑤固体廃棄物，5点である。本稿ではこの5点の内，固体廃棄物を除く4点について，2001年から2009年版の「中国統計年鑑」に掲載されている中国31省，市，自治区（以下省と略称する）から抽出する（固体廃棄物は十分な期間のデータを取得できなかったため割愛）。

（2）研究方法

　DEA を用いた多リスク総合評価は，統計データの中からリスクの最大面と最小面を抽出する。同2面について意思決定単位（Decision Making Unit，以下 DMU と呼ぶ）を投影し評価することにより，リスク増加の可能性を予測し，リスクの圧縮方策を探ることができる。N 個の DMU について，すべての DMU が m 種のリスクを持つと仮定して，第 j 個の DMU の第 i 種のリスク指標を R_{ij} とつけて，DMU j のリスク状況は $Rj = (R_{1j}, R_{2j}, \cdots R_{mj})^T$ である。DMU の最大あるいは最小のリスクの面までの距離は $S = (S_1, S_2, \cdots, S_m)$ である。そこで，最大のリスクモデル（$D_{\max}$）と最小のリスクモデル（$D_{\min}$）は次の通り表すことができる。

$$(D_{\max})\begin{cases} \min(-e^T S) = V_D \\ s.t. \sum_{j=1}^{n} R_j \lambda_j - S = R_0 \\ \sum_{j=1}^{n} \lambda_j = 1 \\ \lambda \geq 0, S \geq 0 \end{cases} \quad (D_{\min})\begin{cases} \min(-e^T S) = V_D \\ s.t. \sum_{j=1}^{n} R_j \lambda_j + S = R_0 \\ \sum_{j=1}^{n} \lambda_j = 1 \\ \lambda \geq 0, S \geq 0 \end{cases}$$

　もし DMU のリスク指標が描いた最大と最小のリスク面の距離が0で，DMU が最大あるいは最小のリスク面にあれば，この時モデル上の1番好ましい解は0であり，この DMU は有効な DMU とされる。図1には，2つのリスク指標を用いて，R_0 から最大あるいは最小のリスク面とここまでの距離についての概要を示した。

　実際に統計処理を行う場合には，DMU をグループに分けてリスク評価を行わなければならない。

　本稿では2種類の方法を用いて中国全土と東部地域，中部地域，西部地域の環境汚染に対して，DEA を用いたリスク評価分析を行う。評価方法は①年々分析と②越年分析の2つの手法がある。前者はモデル（Dmin）と（Dmax）

図1 最大，最小リスク面の意味

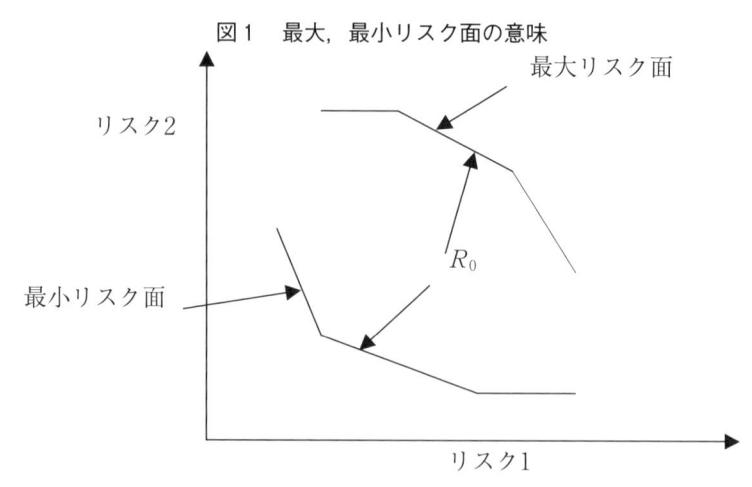

(出所) 筆者はリスク面のイメージを作図。

を用いて，それぞれ各年のデータに対して横方向に比較を行い，それにより毎年の最小，最大のリスク面を描き，環境汚染の低リスクと高リスクの省を特定する。

後者はデータを縦方向に比較する。盛昭瀚など（1996）は中国の都市についてのマクロ経済評価分析の中で1983年と1984年のデータからDEA分析を行い合理的な結果を得ている。この考え方を踏襲し，本稿では2001～2009年のデータを統合してDEA分析を行い，2001年から2009年までの期間において各省の最小，最大のリスク面の抽出する。

第2節　分析結果

中国大陸の31の省に対して年々分析と越年度分析を行う中で，チベットは常に唯一の最小のリスク面の省となり，このため，他の省のリスクの状況を明確化できなくなるため，データからチベットを除くこととする。分析結果は，表1と表2に示した。

（1）最小のリスク面

　まず，東部地域から見ると，ここ数年，上海，天津，海南の各省の汚染が軽微であるとされている。PM2.5など空気中の有害物質が大きく取り上げられるが，工場排水や個体の廃棄物が少ないこともあり良好な環境状況を達成している。中部地域は，江西，吉林，黒龍江各省の汚染程度が最も低く，2006年までは山西省にあった最小リスク面は，2008年と2009年には湖北省へ移行した。江西省が2001年，2002年，2009年に最も良好な環境状況を示し，吉林省が2002年，2003年，2008年，2009年に最も良好な環境状況を達成している。

　西部地域では，青海，寧夏両省の汚染程度が相対的に軽い。青海が2002年，2003年に最も良好な環境情況を達成し，寧夏省が2008年と2009年に最も良好な

表1　環境汚染についての最小リスク面に属する省，都市
（2001年～2009年）

	東部	中部	西部	全国
2001	海南*	江西*、吉林、山西、黒龍江	青海	海南*、青海
2002	海南	江西*、吉林*、山西*、黒龍江	青海*	海南、青海*
2003	海南	江西、吉林*、黒龍江	青海*	海南、青海*
2004	海南	江西、吉林、山西	青海	海南、青海
2005	海南、上海	江西、吉林、山西、黒龍江	青海、寧夏	海南、上海
2006	海南、上海	江西、吉林、黒龍江	青海、寧夏	海南、上海、青海
2007	海南*、上海、天津	江西、吉林、黒龍江	青海、寧夏	海南、上海、天津
2008	海南*上海*天津*	江西、吉林、湖北	青海、寧夏*	海南*、上海*、天津*
2009	海南*上海、天津	江西、吉林*、黒龍江、湖北	青海、寧夏*	海南*、上海、天津

（注）同表はすべての省を年々分析した結果であり，星印（＊）をつけた省は越年度分析を行った省である。また，下線（―）を付した省・都市は環境汚染責任保険の試験拠点となっている省である。
（出所）筆者がDEAを用いて推計し，作表。

環境状況を達成した。

全国的には，2001年から2004年に海南，青海が，2005年から2008年には海南と上海が最小のリスク面にある。2007年に最小リスク面に移動した天津は2009年まで続いている。

（2）最大のリスク面に属する省，都市

東部地区では，山東，江蘇，河北各省の環境汚染が深刻である。2007年から2008年には遼寧省も最大リスク面に移行した。河北省は2004年，2005年，2006年に，山東省は2003年，2005年に環境汚染が最も深刻な状況となった。中部地域では，河南，山西，湖南各省の環境汚染は深刻である。河南省は2005年から2007年，そして2009年に環境汚染が最も深刻な状況となった。

西部地域では，広西，内モンゴルの両省の環境汚染は深刻である。四川省は2007年以前は毎年環境汚染が深刻であったが，その後改善して最大リスク面に

表2　環境汚染についての最大リスク面に属する省，都市
（2001年～2009年）

年	東部	中部	西部	全国
2001	山東、江蘇、河北	河南、山西	四川*	山東、江蘇、河南、山西、四川
2002	山東、江蘇、河北	河南、山西	広西、四川	山東、江蘇、河北、河南、山西、四川
2003	山東*、江蘇、河北	河南、山西、湖南	広西、四川、内モンゴル	山東*、江蘇、河南、山西、四川
2004	山東、江蘇、河北*	河南、山西、湖南	広西、四川*	山東、江蘇、河北、河南、山西、四川
2005	山東*、江蘇*、河北*	河南*、山西*、湖南*	広西*、四川*、内モンゴル*	山東*、江蘇*、河南*、山西*、湖南*
2006	山東、江蘇、河北*	河南*、山西、湖南	広西、四川、内モンゴル*	山東、江蘇、河北、河南、山西、湖南
2007	山東、江蘇、河北、遼寧	河南*、山西、湖南	広西、内モンゴル	山東、江蘇、河北、河南、山西、湖南
2008	山東、江蘇、河北、遼寧	河南、山西、湖南	広西*、内モンゴル	山東、江蘇、河北、河南、山西、湖南、広西
2009	山東、江蘇、河北	河南*、山西、湖南	広西、内モンゴル	山東、江蘇、河北、河南、山西、湖南、広西

（注）同表はすべての省を年々分析した結果であり，星印（＊）をつけた省は越年度分析を行った省である。また，下線（—）を付した省は環境汚染責任保険の試験拠点となっている省である。
（出所）筆者がDEAを用いて推計し，作表。

属する省ではなくなった。内モンゴルは2005年と2006年に，広西省は2005年と2008年にそれぞれ環境汚染が最も深刻になった。

全国的に見ると，全期間（2001年～2009年）で江蘇，山東，山西，河南の各省は常に最大のリスク面にある。2001年から2006年に四川省も環境汚染の深刻な省であったがその後改善した。河北，湖南の両省は2004年以降に環境が悪化，現在も最大のリスク面にある。広西省は2008年と2009年に環境汚染が深刻であった。2005年以降では山東，江蘇，河南，山西，湖南の各省が深刻な環境汚染に見舞われている。

第3節　分析からの示唆

第2節の分析で特定した省・都市と環境保険の試験実施都市との間にミスマッチがある。東部地域においては，上海がここ数年環境汚染の程度が比較的に軽いにもかかわらず，2008年に環境汚染責任保険の試験拠点省になっている。その理由は上海地区には生産時に汚染事故を起こす可能性のある企業や危険な化学製品を貯蔵・運送する企業，そして，危険廃棄物を処置する企業が相対的に多いからとされている。現在,このような対象業種に入る企業数は11,800社ある。また，放射性物質の生産，管理，使用，貯蔵と運送に関する企業も200社を越える。上海市を流れる黄浦江上流の水源保護区内に危険品を扱う埠頭が1000基あるとされる。上海については，現状の環境汚染はさほど深刻ではないものの，試験拠点に指定することにより潜在的なリスクを抑止する効果が見込めるため，指定は合理的と言えよう。

問題は分析で汚染が深刻な省であるにもかかわらず，試験運用地域に指定されていない河北，江蘇，山東各省である。河北省では2010年末に特定業界と特定地域について環境汚染責任保険への加入を試行し，2012年末には環境汚染責任保険制度を創設する取り組みが進んでいる。江蘇省もようやく2008年から，化学工業・医薬業，運送船舶業，紡織染色業などの特定業界を指定し，環境汚染責任保険の試験導入活動を展開している。山東省も早急に重点業種や地区の

設定を進めるべきであろう。

　中部地区においては，湖北省の環境汚染は軽微であるが，「中部の飛躍」というスローガンの下で同省の武漢市の高成長（「"2つ型"社会の創立」計画）を勘案すると湖北地区の環境保護が今後重要となる。湖北省では，2008年から環境汚染責任保険の試験運用を開始している。また，湖南，山西，河南の環境汚染は深刻で，2005年から2009年に環境問題が最も際立っている。

　2003年以来環境汚染が進む湖南省は2008年に環境汚染責任保険の試験運用を開始し16社の環境汚染事故に対し保険金も支払われている。同じく山西省では2010年末に公布した「山西省の汚染物質の排出削減条例」に基づき環境汚染責任保険制度の創設が決まった。河南省もようやく2011年に2つ程度の業界を指定して環境汚染責任保険の試験運用を開始した。

　西部地域については，環境汚染が軽い青海，寧夏の両省は環境汚染責任保険の試験活動を行う予定はない。一方，汚染が重い内モンゴルにおいては環境汚染事件が頻発している。例えば，2008年3月20日には「鄂爾多斯市億利会社」は塩素漏れを引き起こし，9人が中毒となり，2008年3月24日には，「烏海化学工業会社」が有害物質が漏れ39人が中毒となった。一連の環境汚染事故を受け，ようやく内モンゴル自治区政府は環境汚染責任保険を導入することを決定した。環境汚染責任保険の試験拠点は，東部地区が江蘇，河北，遼寧，上海，浙江，広東の6地点であるのに対し，中部地区では湖南，湖北の2地点，西部地域は重慶，雲南も2地点である。東部地域が優先して環境責任賠償保険の試行運用がなされているが，中部地区等に試験導入の拠点を増やすべきであろう。また，2013年1月21日に，中国環境保護部及び中国保険監督委員会は「環境汚染強制責任保険試行実施に関する指導意見」を公布し，同保険を強制実施することを決めた。適切な地域指定とそこでの強制適用が望ましいと考えられる。

参考文献
○中国語文献
［１］馬占新（2010）「数据包络分析模型与方法」［M］，科学出版社。
［２］何静（1995）「只有输出（入）的数据包络分析极其应用」［J］，系统工程学报，1995年第10期。
［３］盛昭瀚，朱喬，呉広謀（1996）「DEA 理論，方法と応用」［M］，科学出版社。
［４］中国統計年鑑（2001年～2009年版）

11章
中国の充実した保険教育と学生の早期就職決定が日本の保険教育に与える示唆

久保英也（滋賀大学大学院経済学研究科教授）

要約：中国の大学は，日本に比べ保険教育を広範かつ戦略的に提供している。「保険学部」を有する名門大学や保険学の学位を授与する大学が数多く存在し，また学部，博士前期課程，博士後期課程の一貫した保険教育を行う大学も見られる。更に，保険数理分野の教育を重視し，金融の中で保険の立ち位置を確立すると共に金融イノベーションを保険分野から起こせる素地も作ろうとしている。中国の大学は保険業界に高度専門人材の提供を行う役割を果たしていることから，アジアでの国際競争において日本の大学や日本保険学会は危機意識を持って今後の教育戦略を考え直す必要がある。

また，個人の能力を最大限引き出すためには，中国等の学生に比べ遅い日本の学生の将来の進路の決定時期を前倒しにすることが重要である。将来のライフコースの早期決定を促す，大学1回生から2回生向けの新たなライフサイクル教育を具体的に提案する。

キーワード：教育再生実行会議，保険数理，ライフサイクル

はじめに

2013年5月28日に教育再生実行会議が提出した「これからの大学等の在り方について（第三次提言）」には，(1) グローバル化に対応した教育環境づくりを進める，(2) 社会を牽引するイノベーション創出のための教育・研究環境づくりを進める，(3) 学生を鍛え上げ社会に送り出す教育機能を強化する，(4) 大学などにおける社会人の学びなおし機能を強化する，(5) 大学のガバナン

ス改革，財政基盤の確立により経営基盤を強化する。の5つの柱が掲げられている。日本保険学会が保険教育を考える時，この（1），（2），（3）の柱を踏まえた議論が必要である。

　日本は世界の保険市場シェアにおいて生命保険分野で20％，損害保険分野で10％を占める保険大国であるが，学会はその産業基盤を十分生かしきれていない。本来，保険の知識基盤となるべき大学において，保険についての基礎教育や実務にも通用する高度専門教育，そして，実務に資する実証的研究はほぼ放棄されているように見える。基礎教育は両業界の協会や生命保険文化センター，損害保険事業総合研究所などの団体が細々とこれを担い，高度専門能力はアクチュアリー会等が，そして，実務に資する研究は保険会社の調査部や付属研究所がこの役割を担ってきた。

　この状況は，保険業界の日本保険学会の活動への信頼感や各大学における保険学，とりわけ，保険経済分野におけるステータスを減じ，大学における保険学の人事ポストの減少を誘引する一因となっている。欧米や中国等アジア諸国でも保険・リスクマネジメントは専門の学部さえ存在する。国際的には大学における重要分野であるはずだが，日本だけが保険経済分野の地盤沈下が激しい状況にある。

　本稿では，中国の保険教育の現状と日中の学生の将来進路の決定状況を観察することにより，上記の（1），（2），（3）に貢献できる保険教育の在り方を考えてみたい。

　なお，本稿の作成に際し，施錦芳中国東北財経大学国際経済貿易学院副教授と王美滋賀大学大学院経済学研究科博士後期課程院生に多大な協力をいただいた。この場を借りて感謝の意を表したい。

第1節　中国における保険教育の現状
（1）保険学部を有する大学

　中国は保険が爆発的に普及し始めるとされる国民1人当たりGDP4,000ドル

表1　中国の主要大学の中で保険講座を有する大学一覧

雲南大学、西北大学、湖南大学、中国人民大学、対外経済貿易大学、河北経貿大学、南開大学、武漢大学、上海財経大学、華東師範大学、鄭州航空工業管理学院、浙江財経大学、江西財経大学、山東公商学院、復旦大学、華東理工大学、広東外語外貿大学、広東商学院、厦門大学、山東大学、中山大学、西南財経大学、天津財経大学、上海対外経貿大学、江蘇大学、山東農業大学、南京財経大学、雲南財経大学、東北財経大学、吉林財経大学、中南財経政法大学、中南民族大学、湖北経済学院、瀋陽航空航天大学、内蒙古財経大学、中央財経大学（保険、保険学）、北京工商大学、首都経済貿易大学、南京審計大学、上海金融学院、上海師範大学、東北農業大学、安徽財経大学、江西中医薬大学、天津理工大学、湖北工業大学、五邑大学、広東金融学院、重慶工商大学、貴州財経大学、仰恩大学、遼寧大学、浙江工商大学、蘭州商学院、銅陵学院、西北農林科技大学、新疆財経大学、浙江大学、河北金融学院、山東財政学院、湖南商学院、西安財経学院、瀋陽工程学院、中南林業科技大学、安徽農業大学、岷江学院（保険学と保険数理）、西北民族大学、吉林農業大学、西南民族大学、哈爾濱金融学院、吉林工商学院、南昌工程学院、唐山師範学院、広西財経学院、西華大学、広東薬学院、天津天獅学院、河南大学、武漢長江工商学院、徐州医学院（医療保険）、成都信息工程学院（信用保険）、無錫太湖学院（金融学（保険））、防災科技学院（災害保険）

(注) 大学の後ろにカッコ書きが入っている大学は「保険学」ではない講座名称を使用していることを表す。
(出所) 大学のHPや東北財経大学からの情報から，筆者作成。

を超え，保険市場が経済成長率以上の成長を続ける可能性が高い。この成長市場と表裏一体にある中国の保険教育の現状を鳥瞰してみよう。

　まず，中国の主要大学（中国大学ランキングでほぼ150位内の大学）で，保険講座を有する大学は表1の83校である。

　中国の大学は理工系が多いとされる中で，主要大学150校のうち過半の大学がこの保険講座を有していることが分かる。中国の2010年の大学総数は約1,100校であるので，この比率を援用すると中国全体では約600校で保険講座が開講されていると推察される。

　この中から，保険教育をとりわけ重視しているとされる6つの大学について，保険学部（中国では学院と呼ばれる）や保険専攻の状況を見てみよう。

（2）主要6大学の保険教育の概要

①中央財経大学保険学院（北京市）

　中央財経大学は1949年に設立され，2013年現在で24の学院を有する有力大学である。同学の保険学院は1952年設立の元中央財政学院の保険学基礎部門から

発展し，中国で最も長い歴史を有する。1998年に中国政府の教育部（日本の文部科学省に相当）により学科設立が認可され，2002年には中央財経大学の金融関連学部の一つとして，「国家レベル重点学科」の指定を受けている。2008年には特色のある専門性を有する学部として教育部の強化指定学部となり，2010年から保険数理を専門とする中国精算研究院と一体的に運用されている。

　学部は「保険・労働」と「社会保障」「保険数理」の3分野を有し，博士前期課程と博士後期課程には「保険学」，「社会保障学」，「精算学（保険数理）」の専門分野を設置している。また英国アクチュアリー協会，イギリスの保険学会，オーストラリアとニュージーランドの保険金融学会など海外のアクチュアリー会や学会などとも連携している。

　英国アクチュアリー会の中国における試験を実施する北京試験センターは同学院に設置されている。保険学科の学部生は推薦により，オーストラリアとニュージーランドの保険金融学会会員になる機会も与えられている。また，同学博士前期課程と博士後期課程の卒業者でかつ5年以上の保険業界で実務経験を有する者は，同保険金融学会の上級会員の資格申請が可能となる。このような国際活動が認められ，2005年に開催された世界保険大会において中央財経大学保険学院は世界の保険業に優れた貢献を行った3つのアジア大学の1つとして評価された。

②西南財経大学保険学院（四川省成都市）
　西南財経大学は1925年創設の私立の光華大学を前身とし，1952年に四川省内の財経系（社会科学系）の学部学科を集約した四川財経学院が出発点である。1985年に西南財経大学に改称されたが，保険専門課程はそれより早い1983年に設置され，中国で最も古い保険専門課程を有する大学の一つである。中国で最大規模を誇り，保険学院，金融学院が共同して創立した中国金融研究センターは「国家レベル重点学科」と「国家重点研究実験室」の認定を受けている。

　同学院には①保険学，②労働と社会保障学，③国際保険演習の3つの専門分

野からなり，2013年現在で在籍学生数は約1,300人である。同学院で学習し，保険会社で勤務する社会人は2万人，保険の販売員資格である「中国保険従業資格試験」の同学受験者数は13万人を越えたと言われている。各専門分野が提供するカリキュラムは以下のとおりである。

（ⅰ）保険学（含むリスク管理）

政治経済学，経済学原論，法学通論，政治学，財政学，通貨金融学，会計学，統計学，社会学通論，計量経済学，保険学原論，財産と責任保険，生命保険，保険法，金融市場投資，生命保険精算（数理），非生命保険精算（数理），リスク管理等からなる。

（ⅱ）労働と社会保険（企業年金含む）

政治経済学，経済学原論，法学通論，政治学，財政学，通貨金融学，会計学，統計学，社会学通論，社会保障学，尽力資源管理，社会保険基金管理，労働経済学，労働と社会保障法，企業年金と職員待遇，外国社会保障理論と政策，社会保険精算（数理），社会医療保険，社会福祉と社会救助，リスク管理と保険，生命保険論，金融市場投資等からなる。

（ⅲ）国際保険演習

国際保険第一演習（国際保険財務と会計）は，管理学，財務会計，財務管理，リスク管理と保険，財産と責任保険，生命保険，生命保険精算（数理），保険財務会計，国際保険法等で構成。また，同第二演習（保険数理）は，管理学，経済学原論，財務会計，リスク管理と保険，生命保険数理，国際保険法，リスク理論と保険数理モデル，保険数理実務等からなる。

③南開大学経済学院リスク管理・保険学専攻（天津市）

南開大学は1904年に設立された名門大学で，1984年に保険学専攻を設立し，1996年にリスク管理・保険学専攻となった。1988年には北米アクチュアリー会と共に保険数理の修士学生を養成するなど中国の保険数理教育の先駆けとなった。1991年にはアメリカのテンプル大学と共同で国際保険研究所を開設し，中

国における保険研究の中心的存在である。1998年には国際保険専攻の博士課程の運用を開始し，2012年までに同大学院の保険学専攻を卒業した学生数累計は77名である。

学部教育は大きく保険学と保険数理に分かれる。保険学のカリキュラムは，政治経済学，西方経済学，貨幣銀行学，財政学，国際金融，国際貿易，会計学，統計学，経済法，民法，国際商法，保険学原理，財産保険，人身保険，海上保険，再保険，責任と信用保険，社会保険，保険投資，保険会計，保険学原理・保険理論，実務専題（ケーススタディ）などからなる。一方，保険数理のカリキュラムは，政治経済学，西方経済学，貨幣銀行学，財政学，会計学，オペレーションズリサーチ，民法，保険学原理，人身（生命）保険，保険投資，利子理論，精算数学（保険数理），人口構造と設計，生命保険の精算（数理）実務，資産負債管理，損失分担，リスク理論，人口理論，社会保険等からなる。

修士課程のカリキュラムは，保険経営管理，国際保険，衛生経済学と医療保険，中級ミクロ経済，中級マクロ経済，上級保険学，保険経済学，保険数理学，保険消費とマーケティング，保険産業組織研究，保険会社の財務管理などからなる。

博士課程のカリキュラムは，上級ミクロ経済，上級マクロ経済，保険産業経済論，国際保険論，保険経済学，上級計量経済学，数理経済学，保険法・制度研究，経済学研究手法と論文作成，上級計量経済などからなる。

④東北財経大学金融学院保険専攻（大連市）

東北財経大学は1952年に東北地区（中国の東北部）の3つの専門学校が合併してできた東北財経学院が前身。1985年に現名称に改称。同学金融学院は東北財経大学における最大の学部の一つで，経済金融学，金融工学(Financial Engineering)，保険学の3専攻を有し，学部から博士前期，博士後期課程までの一貫した教育と学位授与を行っている。

学部のカリキュラムは，会社金融，金融市場，証券投資学，保険学，人身(生

命）保険，財産（損害）保険，保険計算，利子理論，リスク管理，二次（再）保険，海洋関係保険，財務と会計，社会保険，保険法，等であり，博士課程では保険学研究，リスク管理研究，保険数学基礎，保険財務分析がある。

　なお，保険学専攻には，米国の生命保険管理学会（Life Office Management Association）と協定を結び，同学会の資格試験の中国における受験センターが設置されている。

⑤中国人民大学財政金融学院保険専攻（北京市）

　中国人民大学は1950年に設立され，人文社会学分野における中国重点大学の一つである。同学の財政金融学院は財政金融領域の上級幹部職員を育てることを目的に最初に設置され，中国国内における財政金融の教育・研究の中心となっている。とりわけ，金融学と財政学は国家レベルの重点分野指定を受けている。

　学部教育の主要分野は，財政学分野，金融学分野，税務分野，保険学分野，金融工学分野などからなり，修士課程には財政学分野，金融学分野，金融工学分野，税務分野，保険学分野，リスク投資分野の6分野が設けられている。更に各分野の下に各々，中国税制，金融計量学，貨幣銀行学，国際金融，人身（生命）保険，などサブ分野が設けられている。

⑥対外経済貿易大学保険学院（北京市）

　1951年に設立された国立大学（教育部直轄大学）で，2007年に保険学院が設立された。2011年10月現在で，学部生549名，博士前期課程学生159名，博士後期課程学生14名，研究生500名，留学生60名を擁する。

　同保険学院は学部において，「保険学」と「労働と社会保障」の2つの専門分野を有し，博士前期課程では，「金融学（保険）」，「保険学」の学位を，博士後期課程では「金融学（保険）」「法と経済学」と「労働経済学」の学位を授与する。

学部の保険学分野は，数理コースとリスク・マネジメントコースに分かれ，前者には利子理論，保険数理数学，金融数学，ランダム数学方法，保険財政管理企画，非生命保険（損害保険）精算（数理）学，生存モデル，保険投資学が，後者にはリスク管理学，保険学，財産と責任保険，生命と健康保険，企業リスク管理，従業員福祉，企業年金，海上保険，再保険，保険精算（保険数理）学，保険会社経営管理などのカリキュラムが準備されている。

　また，「労働と社会保障」（従業員福祉と社会保障）分野のカリキュラムには，社会保障学原理，従業員福祉計画，企業年金理論と実務，社会保障基金管理，社会保障国際比較，労働と社会保障法，社会保障精算（社会保障数理）学などがある。

　一方，大学院はリスク管理と保険，従業員福祉と社会保障，保険法の３分野に分かれる。カリキュラムは，国際リスク管理と保険，保険経済分析，保険法研究，精算（数理）数学，社会保障理論，応用ランダム過程，財産保険理論と実務，生命保険理論と実務，企業リスク融資，従業員福祉計画，人身保険法，人間行為と保険，健康と長期保護管理保険，再保険理論と実務，海上保険理論と実務，保険仲介理論と実務，保険資金管理，保険会社財務分析，保険前線問題研究，リスクモデルとリスク分析，保険数理実務，企業リスク管理などからなる。

　この６大学以外にも戦略として保険教育に力を入れている大学が数多く存在する。保険学部や保険学科を外形的に有しなくとも，学位に「保険学士」や「保険修士」の称号を設けている主要大学がある。主要大学の中で保険学士と保険学修士の称号を付与している大学を表２にまとめた。保険学士を出す大学は43大学，保険修士を出す大学は12校にも及ぶ。中国が保険分野を重要な学問分野であると考えていることが分かる。

　また，アクチュアリーの育成は，前出の日本の教育再生実行会議の提言の（１）と（２）への一つの対応となるが，この分野でも中国は積極的である。アクチュアリー育成という観点から中国の大学を見ると各大学が外国のアクチュアリー

協会と組んで，情報提供や育成プログラムや資格試験の実施を行っている。表3のとおりアメリカのアクチュアリー協会と連携する大学が多く，地理的に中国と近いにも関わらず日本の出遅れ感が目立つ。

このように，保険教育で先発しているはずの日本より中国の方がはるかに充実した保険教育システムを有していることがわかる。

すなわち，中国においては，①保険を金融分野の中で極めて大きな存在と認

表2　保険学に関する学位を与える中国の大学

学部：「保険学士」の称号付与		博士課程前期：「保険修士」の称号付与
中南財経政法大学	四川大学	中南財経政法大学
遼寧大学	中国海洋大学	遼寧大学
上海財経大学	広東財経大学	上海財経大学
中央財経大学	山東財経大学	中央財経大学(保険修士と金融統計・アクチュアリー修士)
南開大学	西南民族大学	南開大学
中国人民大学	鄭州大学	中国人民大学
山東大学	東北師範大学	山東大学
廈門大学	貴州財経大学	廈門大学
安徽財経大学	江西財経大学	対外経済貿易大学
南京財経大学	山東財政学院	東北財経大学
首都経済貿易大学	天津財経大学	西南財経大学
雲南財経大学	河南大学	大連理工大学(金融数学、アクチュアリーの学位)
復旦大学	中国農業大学	
河北経貿大学	対外経済貿易大学	
浙江工商大学	河北大学	
北京航空航天大学	蘭州商学院	
西南大学	山東経済学院	
浙江財経大学	新疆財経大学	
北京工商大学	中南大学	
広西大学	武漢大学	
湖南大学	東北財経大学	
青島大学		
全43校		全12校

（出所）各大学のHPや東北財経大学の資料に基づき，筆者作成。

表3　中国の大学における海外のアクチュアリー会との連携

学校・会社名	センター名	中心所在地	国・地域	成立時期
南開大学	天津南開試験センター	天津	北アメリカ	1992
湖南財経学院	長沙試験センター	湖南	北アメリカ	1994
復旦大学	友邦－復旦アクチュアリーセンター	上海	北アメリカ	1994
中国人民大学	北京試験センター	北京	北アメリカ	1995
中山大学	友邦－中山試験センター	広州	北アメリカ	1996
中国科技大学	合肥試験センター	河北	北アメリカ	1996
陝西財経学院	西安試験センター	陝西	北アメリカ	1998
平安本社	深セン試験センター	広州	北アメリカ	1998
中央財経大学	北京試験センター	北京	イギリス	1995
上海財経大学	財大鷹星試験センター	上海	イギリス	1998
西南財経大学	日本アクチュアリー資格試験センター	成都	日本	1998
中国金融学院	日本アクチュアリー資格試験センター	北京	日本	1998

（出所）東北財経大学の資料などから筆者作成。

識し，名門大学の中に保険学部を保有する大学もある。②保険学と並列して保険数理を重視した教育体制を取っている。また，そのベースとなる数学教育にも力を入れ統計学部を併存する大学もある。③学部，博士前期課程，博士後期課程に一貫した保険教育プログラムを有する大学があり，階層別に合理的な教育が提供されている。

　このような保険教育プログラムを広範に提供することにより，金融業界に高度専門人材を数多く提供すると共に，業界の保険販売試験等も大学が運営する等保険業界からの信頼も厚い。アジアにおける国際競争の激化を考えると日本の保険教育の提供システムの再構築が求められている。

第2節　日本の学生にライフコースの早期検討を促す仕組み作り

　多くのアジア人留学生，とりわけ，中国人留学生と学部や大学院のゼミナールにおいて対話する時，自分の将来のライフコースについて日本の学生と彼ら

との間には大きな意識の差があることに気付く。日本では，就職活動の解禁直前のわずかな期間で将来の進路を考え，時間的制約から即時に就職先を決めてしまうことから，自分の個性を十分生かせる仕事や企業を選べていない可能性が高い。当然のことながら，この日中の学生意識の差は，教育現場だけの要因ではなく，彼我の社会・経済構造の差によるところも大きい。しかしながら大学の入学当初からライフコースを考える機会を提供することは大学自身の問題であると同時に日本保険学会の役割でもある。

　自分の個性と能力を生かした豊かな人生を送るには，将来の自分のライフコースを大学でゆっくり時間をかけ考える必要がある。学会が責任を持って提供する保険教育の重要な一つの分野がここにあると考える。

　前述の教育再生実行会議による提言が指摘する（1）と（3）は，日本の弱点であると共に欧米先進諸国に比して若年失業率が低く，大卒の学生の就業機会が多いなど，日本が極めて恵まれた環境にあることも示している。海外生産比率が高まっても，企業の多くは国内に主要生産拠点を残し，地域雇用を守ることを使命と考えている場合も多い。

　ただ，この日本企業の踏ん張りがこの先も続くかどうかは不透明である。国際競争が激化する中で，高付加価値商品の生産部門は国内に残るとしても，売上高に占める海外生産比率が上昇する。これに伴いそれ以上の商品群の生産拠点は消費国もしくは消費国に効率的に商品を届けられる国に日本から移動していくと考えた方が自然であろう。また，市場を睨み，デザイン部門や研究開発部門など本社機能の一部も海外に移す動きも加速しよう。日本の雇用構造が欧州やアメリカに近づいていく可能性が高い。既に先進国であるアメリカや欧州だけでなく，日本より成長率の高いアジアの韓国や中国においても若年失業率は高く，むしろ日本だけが長い間特殊な状況におかれてきたとの認識が正しかろう。この長い安定した時間が，日本の学生に将来の人生を真剣に考える必要性を低下させ，また，考え始める時期を大きく後ろ倒しにさせた。

　表4に示した通り，日本の2010年の失業率は5.1％と欧米に比べ低いものの，

高い経済成長率を維持するアジア諸国の中国，タイ，韓国より高い。しかしながら，日本の若年失業率（15〜24歳の失業率）は，アメリカ，フランスの半分程度であるのに加え，全体の失業率が日本より低い韓国についても若年失業率は日本より高いことが分かる。これは，日本の新卒学生の就職率が非常に高いことの裏返しである。

この新卒学生の一括採用方式による安定的な就職事情が大学に安心と共に「油断」を生んだ可能性がある。第一に，多くの大学生，とりわけ社会科学系学生の採用決定において，在学中の学習分野やその習熟度が問題になるケースは少なく，むしろ勉学以外に向けられるクラブ活動やボランティア活動などの大学における過ごし方などが重要な採用ポイントとなっている。このため，学生に目的を持った授業選択や授業への高い参加意識は生まれにくく，卒業要件である単位取得のためだけの授業参加になりがちである。

一方，教える大学側も企業側に対し，①就職活動期間とその開始時期の早さが大学の教育時間を圧迫，②企業から就職後の職務内容や必要な人物像についての情報提供が無い，③大学での教育成果を尊重しない，④不明確な採用基準と就職浪人学生の再チャレンジの大きなハンディ，などに反発を感じている。そのような中で教員も授業の工夫は進めるものの，目的意識や学習意欲の乏し

表4　失業率，若年失業率の国際比較

（単位：％）

	失業率（合計）				若年失業率（15歳〜24歳）			
	1995	2000	2005	2010	2000	2005	2010	
中国	2.9	3.1	4.2	4.1	—	—	—	15-24歳失業者の全体に対する構成比
タイ	1.7	3.6	1.9	1.0	—	—	—	
マレーシア	3.1	3.0	3.5	3.3	—	—	—	
インドネシア	7.2	6.1	11.2	7.1	—	—	—	
アメリカ	5.6	4.0	5.1	9.6	9.3	11.3	18.4	26.0
ドイツ	8.3	8.0	11.2	7.1	8.4	15.2	9.7	15.6
フランス	11.2	9.1	9.3	9.8	20.6	20.3	22.5	25.1
韓国	2.1	4.4	3.7	3.7	10.8	10.2	9.8	15.2
日本	3.2	4.7	4.4	5.1	9.2	8.6	9.2	15.3

（出所）独立行政法人労働政策研究・研修機構（2013）「2012国際労働比較」の原データを筆者が加筆・修正。

い学生を対象とすることにある種のあきらめがあるかもしれない。それが甘えに変わり，授業の準備不足や参加型授業への転換努力の不足に陥っていることを，自戒も含め否定できない。

　このような学生の需要サイド（企業）と供給サイド（大学）のミスマッチは，表5に見る大学生の就職決定時期の後ろ倒しを招来している。各国の中学在学時から大学の2回生までに既に就職を決めている比率（以後，これを早期決定割合と呼ぶ）は中国やタイなどが約30％，マレーシア，インドネシアが約40％，ベトナムは約60％であるのに対し日本はわずか14.4％にとどまっている。日本の高等教育機関（大学と大学院）への進学率の高さがその要因ではない。日本の同進学率は韓国の6割程度であるにもかかわらず，韓国の早期決定割合は30％と日本の2倍である。また，約100％の高等教育機関進学率を誇るアメリカに至っては57％と日本の4倍にあたる約半数以上の学生が早期に就職を決めている。

　ところが大学卒業時点での就職の決定率を比較すると中国，韓国の76％に対し，日本は82％と最も高い数値を示している。また，卒業後3カ月以内に就職する学生の比率も84％とトップである。

　これは，①日本の学生が自分のライフコースや具体的につきたい職業について真剣に考え始め，就職を決定する時期は大学の3〜4回生である。②この短い期間で就職を決定する学生の割合は67.6％と全体の3分の2以上に達し，その割合は韓国，中国の1.5倍，アメリカの3倍である。日本の学生は極めて短時間の間に自分の進路を決めている。③そのため，学生側も企業側も在学中に長期間の就職・採用活動を要請される。④その結果，余裕を持った就職活動ができず，職業選択においてミスマッチが発生している可能性を否定できない。

　日本の学生が自分の人生や就職の意味，そして具体的な就職先をゆっくり考え，その進路決定までの十分な時間を確保することが重要である。2015年度の卒業生から適用が決まった「就職活動の解禁時期の後ろ倒し」よりも，「学生が人生の送り方を考え始める時期の前倒し」の方が重要である。そのためには，

表5　就職決定時期の国際比較

(単位：％)

	高等教育機関進学率	早期決定割合 (a)	中学以前	高校	大学前期	大学後期	大学卒業後	在学時就職決定率(b)	卒業から3カ月以内で就職	3～4回生の就職決定者割合(b-a)
中国	26.0	27.6	0.0	6.5	21.1	48.6	23.6	76.2	74.4	48.6
韓国	103.0	30.5	2.7	13.5	14.3	45.9	23.6	76.4	49.0	45.9
インド	18.0	36.9	7.4	12.6	16.9	20.3	42.9	57.2	40.3	20.3
タイ	46.0	28.9	2.9	15.3	10.7	28.1	43.0	57.0	46.7	28.1
マレーシア	40.0	39.5	3.0	17.8	18.7	16.1	44.3	55.6	59.6	16.1
インドネシア	22.0	36.9	0.8	14.7	21.4	18.5	44.5	55.4	55.9	18.5
ベトナム	22.0	58.8	2.4	31.6	24.8	11.6	29.6	70.4	63.6	11.6
アメリカ	95.0	56.9	2.7	19.7	34.5	20.2	22.9	77.1	44.8	20.2
日本	60.0	14.4	0.7	1.4	12.3	67.6	18.1	82.0	84.3	67.6

（注）在学時就職決定率は，早期決定割合＋大学後期決定割合。
（出所）豊田（2013）リクルートワークス調査資料のデータから筆者が加筆修正。

学生の意識変化とそれを促す大学の働きかけが必要となる。

　そこで，大学側が学生側に働きかける手段として，少なくとも大学4年間のうち1～2回生の時期（以後，大学前期と呼ぶ）に人生の進路を考えさせる仕組みを保険学の分野でも提供できないかと考えてみた。

第3節　早期に人生の進路を考えさせるための保険学からの提案

　前出表5に見る中学以前の進路決定の多寡はその国の経済水準や社会構造，価値観が色濃く影響するため，日本の水準が低いこと（中国は更に低くゼロ）に問題はない。高校時代においては自分がやりたいことや興味があることを掴んで欲しいが，大学入試の在り方により大きな影響を受けよう。従って人生を考える機会として最も効果的な時期は「大学前期」である。中国の留学生は学部生でも大学院生でも，例えば，「日本の文化が分かる人材として，帰国し現地の日系企業に就職する」，「日本で日本企業に一旦就職し，その後転職して同業種の中国の現地企業に中途入社する」などの明確な進路希望を有している。

また同時に，実現できない場合には中国に帰国し，中国で就職活動を行う等リスク対応もよく考えている。そして希望進路を実現するために「日本語」の学習にとどまらず，例えば，金融機関に就職するために集中的にファイナンス分野の授業単位の取得に努めたりしている。彼らの進路決定は高校時代から大学前期で行なわれている。

　日本の大学前期に学生に将来の自分の進路を考えさせるには，自分のライフサイクルを展望させることが重要である。流れに乗っていればなんとなく職にありつけるという安易な思いを払拭し，就職，結婚その後の家庭づくりや独立も自ら考え行動せざるを得ないことをシミュレーションさせる必要がある。

　この時，最もよいツールは，保険販売時に使用するライフサイクル表の作成である。当然，保険の販売が目的ではないため，ここで使用するライフサイクル表は次の3つの特色を有している。まず第1に，人生の進路選択には経済的裏付けが必要であることから，生涯の必要費用と生涯所得を明確にする。また，それを算出できる正確な基礎データを提供すること，第2に，選択したライフコースの「リスク」を検討すること，第3に，作成者が自分の人生を具体的にイメージできるように，標準的な人生のコースと自分の描く人生コースを比較し，学生と対話しながら作成させること，の3点である。今迄考える機会がなかった自分の人生を改めて考えさせる効果的なライフサイクル表の提案はまさに保険学の領域である。

　筆者は学部の担当専門科目である「保険論」，「機関投資家論」とは別に学部共通科目として主に1〜2回生を対象に「経済学からの問い」という科目を提供している。ここで，実験的にライフサイクル表を作成しながら学生に将来のライフコースを具体的にイメージさせる授業を行っている。何も情報がない中で自分の将来を一度も考えたことのない学生に「将来の人生を考えてみよう」と言っても頭も筆も動かない。

　むしろ，日本人の平均的な人生でも起こるリスクを切り口に話を始める方がリアリティがでる。例えば，「幼少期のリスク（修学，両親の離婚等）」，「勤労

期のリスク（就職，転職，結婚，子育て等）」，「老後のリスク（老後生活，病気など）」に分けて講義を行う。この時，日本の平均像とは異なるOECD諸国のデータなどにより，①国際的にみれば多様な社会構造や選択があること，②日本の異質性，とを伝えることが重要である。

　表6はこれらの情報を日本人の「標準」ライフサイクル（例えば29歳に結婚し，子供は2人，親とは別居，老後は夫婦で老人ホーム暮らし等）に基づき作成した見本である。標準ライフスタイルをとる場合において各人生イベントの費用と生涯にかかる総費用と総収入を明示する。次に表7で自分が希望する人生のライフサイクルを作成し，標準ライフサイクルと比較して生涯支出や生涯所得の差異を実感させる。そして，自分のライフサイクルの持つ妙味やコストに着目させる。結婚資金や子育てコスト，住宅購入費，留学経費などは生命保険文化センター発行の「ライフプラン情報ブック」などを利用して，金額を具体化することが重要である。

　そして，自分が選択した人生に潜むリスクを認識させる。例えば，まず大企業に就職し10年後に外資系企業に転職，その5年後にコンサルタントとして独立することを考えた場合に，そのリスクをじっくりと考えさせる。具体的には，表8の「リスク分類：リスクを分類と対応」を用い，例えば，①転職希望する会社に採用されない可能性，②社風が異なり適合できない場合，そして③独立したが地盤もなく顧客がつかず廃業に追い込まれる場合などを想定する。標準ライフサイクルと自分独自のライフサイクルの2ケースについて発生するリスクを各々，「リスクの頻度（リスクの発生しやすさ）」と「リスクの強度（リスクが顕在化した場合の損害の大きさ）」に分け整理する。リスクを考えることはリスク回避を助長するのではなく，リスクを知るからこそリスクを取ったチャレンジができる。

　最後に，これらの作業は基本的には学生の作業になるものの，ライフサイクルやそのリスクを具体的にイメージさせるまで表6，7，8の作成方法を説明しつつ学生とディスカッションを行うことが重要である。

表6　標準ライフスタイルと準備すべき生涯費用

平均ライフスタイル									毎月の生活費以外の経費（貯金で対応万円）					計	勤労期間1年あたり
	私		配偶者		第1子		第2子									
	年齢	イベント	年齢	イベント	年齢	イベント	年齢	イベント							
これから	22	就職	20												
10年後 (22〜31歳)	23		21						車購入	200				200	5.3
	24		22	就職											
	25		23												
	26		24												
	27		25												
	28		26												
	29		27												
	30	結婚	28	結婚					結婚費用	500				500	13.2
	31		29												0.0
これから 20年後 (32〜41歳)	32		30	退社	0	誕生			出産費用1	50				50	1.3
	33		31		1						教育費				0.0
	34		32		2		0	誕生	出産費用2	50				50	1.3
	35		33		3		1					第1子	第2子		0.0
	36		34		4	幼稚園	2		住宅の購入	4000		24		4024	105.9
	37		35		5		3					24		24	0.6
	38		36	再就職	6	小学校	4	幼稚園				31	24	55	1.4
	39		37		7		5					31	24	55	1.4
	40		38		8		6	小学校				31	31	62	1.6
	41		39		9		7					31	31	62	1.6
これから 30年後 (42歳〜)	42		40		10		8					31	31	62	1.6
	43		41		11		9					31	31	62	1.6
	44		42		12	中学校	10					47	31	78	2.1
	45		43		13		11					47	31	78	2.1
	46		44		14		12	中学校				47	47	94	2.5
	47		45	退社	15	高校	13					52	47	99	2.6
親と同居	48		46		16		14		リフォーム	1000		52	47	1099	28.9
	82	(死亡)	80		50		48					60	0	60	1.6
	83	平均寿命	81		51		49								
	84		82		52		50								
	85		83		53		51								
	86		84		54		52								
	87		85		55		53								
	88		86		56		54								
	89		87		57		55								
	90		88		58		56								
	91		89	(死亡)	59		57								
	92		90	平均寿命	60		58								

＊60歳以上の可処分所得18.8万円、消費支出24.1万円で約5万円不足。

必要資金累計（82歳まで）　6714　176.7

〈勤労期間は23〜60歳の38年間〉

●給与以外の収入　退職金　-2600　-59.1

（現実には、この一部は住宅ローンの返済へ）　4114　108

勤労期間（44年＝22歳〜65歳）

●必要経費①介護費用　3792　99.8

介護保険：7割まかなう　-2652　-69.8

必要差額　1140　30

②その他（生命保険、損害保険：月2万）　912　24

○ボーナス1回あたり平均60万円を充当することも可。

合計（1年あたり）　162
（月当たり必要貯金）　13.5

（出所）筆者が作成

表7 自分のやりたいこと、望む家族像を年代別に考える（標準との差）

私の年齢	自分のライフスタイル			必要経費(＋、－)	勤労期間1年あたり
	自分のやりたいこと(自己分析シートより)（年代別）	平均ライフスタイルと異なることによるリスク	リスク分類【リスク象限 A〜D】		
22					
23					
24					
25					
26					
27					
28					
29					
30		(例)独立のための資金：＋500万円			
31					
32					
33		(例)子供は一人だけ：△1,381万円			
34					
35					
36					
37					
38					
39					
40					
41					
42					
43					
44		(例)			
45		親と同居を決め、自宅購入費無：△4,000万円			
46					
47					
48					

（省略）

必要費用増減標準シナリオとの差異合計	0	0

（出所）筆者が作成

第11章　中国の充実した保険教育と学生の早期就職決定が日本の保険教育に与える示唆　205

表8　リスクを探る：リスクの分類と対応（簡略版）

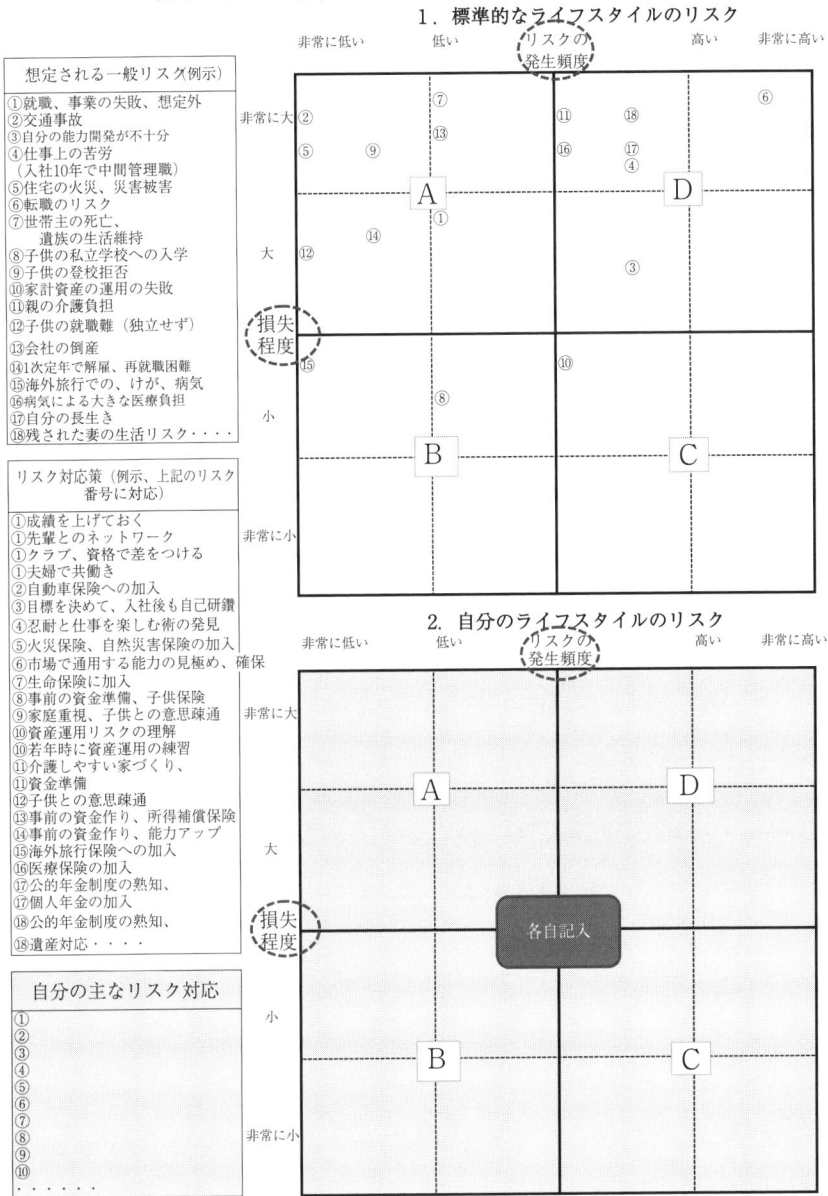

1．標準的なライフスタイルのリスク

想定される一般リスク例示
① 就職、事業の失敗、想定外
② 交通事故
③ 自分の能力開発が不十分
④ 仕事上の苦労
　（入社10年で中間管理職）
⑤ 住宅の火災、災害被害
⑥ 転職のリスク
⑦ 世帯主の死亡、
　　遺族の生活維持
⑧ 子供の私立学校への入学
⑨ 子供の登校拒否
⑩ 家計資産の運用の失敗
⑪ 親の介護負担
⑫ 子供の就職難（独立せず）
⑬ 会社の倒産
⑭ 1次定年で解雇、再就職困難
⑮ 海外旅行での、けが、病気
⑯ 病気による大きな医療負担
⑰ 自分の長生き
⑱ 残された妻の生活リスク‥‥

リスク対応策（例示、上記のリスク番号に対応）
① 成績を上げておく
① 先輩とのネットワーク
① クラブ、資格で差をつける
① 夫婦で共働き
② 自動車保険への加入
③ 目標を決めて、入社後も自己研鑽
④ 忍耐と仕事を楽しむ術の発見
⑤ 火災保険、自然災害保険の加入
⑥ 市場で通用する能力の見極め、確保
⑦ 生命保険に加入
⑧ 事前の資金準備、子供保険
⑨ 家庭重視、子供との意思疎通
⑩ 資産運用リスクの理解
⑩ 若年時に資産運用の練習
⑪ 介護しやすい家づくり、
　　資金準備
⑫ 子供との意思疎通
⑬ 事前の資金作り、所得補償保険
⑭ 事前の資金作り、能力アップ
⑮ 海外旅行保険への加入
⑯ 医療保険の加入
⑰ 公的年金制度の熟知、
⑰ 個人年金の加入
⑱ 公的年金制度の熟知、
　　遺産対応‥‥

自分の主なリスク対応
①
②
③
④
⑤
⑥
⑦
⑧
⑨
⑩
・・・・・・

2．自分のライフスタイルのリスク

（出所）筆者が作成

結　　語

　中国における保険教育を重視する大学の意思と学生自身が自分の将来を早い時期に考え決定していく仕組みは，日本の大学や日本保険学会にも示唆を与えてくれる。すなわち，大学が保険分野の高度専門人材を育て実業界に届ける機能を低下させることは大学の国際競争力を低下させ，また，日本保険学会の存在感を消失させる誘因となる。また，大学前期に日本の学生に自分のライフサイクルやつきたい職業を考える機会を与えることは学生の中に潜む起業家精神を呼び覚ますと共に，減少してきている海外留学意欲を掻き立てることに繋がる可能性がある。

　今回提案した「リスクを勘案したライフサイクルシート」は，更に工夫改善の余地がある。学会を上げてこれらの事象に地道に取り組むことなどが，実は教育再生会議が投げかけた3つの方向性を実現する糸口ともなる。

主要参考文献
［1］金瑢（2005）「中国の高等教育レベルにおける保険・リスクマネジメント教育の動向」生命保険論集153号，2005年12月，pp.157〜170。
［2］下和田功（2005）「保険・リスクマネジメント高等教育の現状と課題」保険論集153号，2005年12月，pp.171〜196。
［3］独立行政法人労働政策研究・研修機構（2013）『データブック国際労働比較2012』，pp.1〜270。
［4］豊田義博（2013）「日本の大卒就職市場の真の課題は何か―アジア主要国のキャリア選択行動比較，「Works Review」Vol.8，2013年6月，pp.36〜49。
［5］柳瀬典由（2005）「保険・リスクマネジメント・アクチュアリー教育の拠点」保険論集153号，2005年12月，pp.111〜126。

おわりに

　中国大連市の東北財経大学との国際共同研究を通じて日本と中国とを何度も往復する中で実感したことは，国と国が対立しても両国民は決して離れられないということであった。2012年9月15日に大規模化した反日デモからわずか2週間後に，東北財経大学60周年記念式典と共同研究に参加するため関西国際空港から飛行機に乗った。機内にはわずか20名程度の乗客しかおらず，無事中国に入国できるのかという不安を抱えつつ訪中したが，共同研究者のみならず会う人すべてが笑顔で何も変わっていなかった。

　この時以来，将来，万が一に政治がこじれ，企業活動も制約される事態が発生した場合でも最後の信頼のきずなとして大学という存在があるのではないかと考えるようになった。更にそういう信頼関係を強固にするには何をなすべきなのかと自問する日々が続いている。この拙書の発刊はその一つの解ではあるが，一里塚に過ぎない。

　国際共同研究の妙味は，共通の手法を使い相手国や相手側研究者の主張を分析することが実は自国や自分を分析することになる鏡面性にある。これを押し進めれば必ず相互理解が進む。一人で行う研究はある意味効率的ですべて自分で決められるのに対し，国際共同研究は留学生を受け入れ教育するのと同様に手間がかかり効率的な研究手法とは言えまい。しかしながらもう少し広く研究者の使命を考えると国際共同研究は研究者にとっての必修科目のように思えてくる。

　各分野でこのような研究者が増え，その研究者の下で学ぶ留学生が1人でも増えることを祈念している。

2014年3月

滋賀大学経済学研究科教授，リスク研究センターセンター長　久保　英也

索　引

A
AIG　　92
ALM　　130

C
CATボンド　　172
CRS Model　　37

D
DEA　　94
DEAモデル　　29

F
FDH　　114
Fit　　146

G
Gomperlz-Mkeham　　163
Greville　　163

I
Isotonic regression　　149

M
M&A　　112
Millerの事例　　152
Millerの定義　　158

N
NIRS Model　　37

P
PAVA法　　153

R
Rスクェアー　　101

T
Theil指数　　15

V
VRS Model　　37

あ
赤池情報量基準（AIC）　　178

アクチュアリー会	192	英国アクチュアリー協会	194
アメリカのアクチュアリー協会		衛生システム	48
	198	衛生室	45
アルゴリズム	118	越年分析	186
１回当たり外来診給付額	41	円滑性	158
イギリスの保険学会	194		
意思決定単位	184	**か**	
異常危険リスク	172	外国企業資本金	116
異常災害保険責任	173	外資生命保険会社	121
一元配置分散分析	50	外資保険会社	120
医薬衛生体制改革	10	改正保険業法	112
医療アクセス	29	外来診療	29
医療衛生事業	30	外来診療家庭アカウント方式	84
医療格差	10	外来診療サービス	35
医療技術士	34	外来診療積み立て方式	84
医療消費価格指数	63	格差是正	26
医療制度改革	10	格差倍率	13
医療の質	45	確率的関数型	94
医療費自己負担比率	27	確率的フロンティア生産関数	91
医療報酬制度	31	確率的フロンティア分析法	114
医療保険	112	確率論的地震予測地図	179
インシュアランス統計号生保版		カクワニ指数	10
	114	貸倒引当金繰入額	135
因病致貧	68	貸付償却	135
売上効率	141	家庭財産保険	169
売上高付加価値率	131	株主資本	116
売上の効率性	91	為替差益	135

環境汚染強制責任保険試行実施	190	基礎利益	135
環境汚染事故	189	規模効率	110
環境汚染責任保険	183	規模効率性	38
環境汚染責任保険制度	189	規模の効率性	37
環境汚染損害額	184	規模報酬可変のVRSモデル	118
環境リスクの管理体制	184	規模報酬不変のCRSモデル	118
観測死亡率	153	基本医療保険制度	29
環太平洋地震帯	168	基本薬品	30
完治退院	76	給付水準	31
監督管理当局	117	教育再生会議	208
看病貴	68	教育再生実行会議	191
看病難	68	協栄生命	111
企業財産保険	169	距離関数	129
企業の賠償責任のリスク分担	184	近代的中国保険制度	146
企業保険	120	金融緩和	111
基金格差	24	金融業	138
基金使用率	68	金融サービス	115
基金制度（積立金）	165	金融仲介	115
基金余剰率	84	金融仲介機能	115
危険準備金	174	金融仲介業務	115
危険準備金取崩額	135	金融派生商品益	135
技術効率	110	金利連動商品	97
技術効率性	38	勤労期のリスク	204
規制緩和	91	偶然変動	163
基礎診療	74	グループ間格差	15
		グループ内格差	15
		経営効率	113

計画経済時代	30	国際保険研究所	195
計量分析手法	114	国内株式市場	111
決定係数	140	国内資本保険会社	120
決定論関数型	94	国民皆保険	30
権益資本	116	国民所得	165
減価償却	135	国民皆医療保険	29
健全性	117	国務院常務会議	170
県立病院	30	国務院保険業	171
公益医療分野	30	個人拠出金	80
公共財	27	個人資本金	116
公社制	172	個人年金	112
公衆衛生サービス	30	個人年金保険	112
広州保険行	91	個人保険	116
郷鎮衛生院	34	コスト構造	113
郷鎮クリニックセンター	30	コスト効率	113
公的医療	26	国家環境保護総局	183
公的医療保険制度	10	国家基本薬物制度	30
高等教育機関進学率	202	国家資本金	116
高度専門教育	192	国家重点研究実験室	194
高度専門人材	208	国家レベル重点学科	193
購買力平価為替レート	135	五保戸人口	68
高付加価値商品	200		
効率性	110	さ	
効率性水準	139	財源補助	21
効率性の変化	113	財産保険	169
公立病院	30	財政支援金	68
効率分析	115	最大尤度推定	151

最低賃金	138	地震保険加入世帯率	180
再保険会社	173	地震保険収支	175
再保険制度	165	地震保険制度	165
再保険対象地震保険	171	地震保険保障検討会	171
財務管理	116	地震保険料	165
債務資本	116	地震リスク時間分散	165
最尤法	134	指数分布族	150
サブプライムローン問題	119	四川省汶川大震災	165
作用グループ	53	シックフロンティア分析法	114
参加型授業	201	実質消費支出	63
残差	99	疾病予防意識	43
産出額	117	ジニ係数	11
産出物	113	死亡保険市場	146
シェア志向型経営	128	資本負債比率	131
ジェネラル再保険会社	171	社会保障	194
自己回帰係数	178	社会保障制度	26
自己回帰モデル	178	若年失業率	200
自己申告退院	76	収益構造	111
自己負担比率	43	終身保険	93
死差益	135	重度入院	24
資産運用効率	137	十二五計画	27
資産運用収益	116	重病リスク	85
資産負債管理	122	自由分布法	114
資産法	115	純技術効率	110
市場シェア重視主義	91	生涯支出	204
地震災害保険事業	171	生涯所得	204
地震保険	166	商業生命保険会社	128

消費者物価指数	178	責任準備金運用	130
消費者物価総合指数	33	切断面データ	118
商品ポートフォリオ	112	説明変数	136
所得格差	11	線形計画法	94
所得の逆再配分	60	先験情報	158
所有権構造	113	早期受診	43
新型農村合作医療保険制度	10	想定死亡率	153
新規契約獲得志向	112	損害保険業	112
新疆建設兵団保険公司	92	損害保険事業総合研究所	192
新農合	10		
診療費	33	た	
仁和保険公司	91	退院希望	32
スイス再保険会社	171	対外経済貿易大学保険学院(北京市)	197
数学的危険論	163	泰康人寿	141
済和保険公司	91	対照グループ	53
スムージング	153	対数尤度関数	134
スムージング手法	146	第百生命	111
政策の純効果	53	太平洋保険	129
精算学（保険数理）	194	太平洋保険公司	92
西南財経大学保険学院（四川省成都市）	194	代理変数	116
生命保険会社の効率性	110	弾性値	140
生命保険業	110	地域試験点	183
生命保険事業概況	114	地殻内地震	169
生命保険標準生命表	163	地方政府	26
生命保険文化センター	192	中央財経大学保険学院（北京市）	193
責任準備金	115		

索　　引　215

中央政府	26	唐山大地震	168
中央テレビ局健康専門チャンネル	30	投資収益	97
中国衛生部	27	投入コスト	113
中国科学院データセンター	167	投入資源	113
中国国務院	171	東邦生命	111
中国再保険（集団）株式有限会社	181	東北財経大学金融学院保険専攻（大連市）	197
中国地震保険制度	165	特困人口	68
中国人寿	141	都市就業者	18
中国人寿保険	129	都市就業者基本医療保険制度	17
中国人民大学財政金融学院保険専攻（北京市）	197	都市住民	18
中国人民保険公司	91	都市住民基本医療保険制度	29

な

中国政府の教育部	193	南開大学経済学院リスク管理・保険学専攻（天津市）	194
中国生命保険会社	128	南海トラフ大地震	175
中国保監会	170	2元配置分散分析	50
中国保険学会	171	2次連続導関数	150
中国保険監督委員会	190	日中統合フロンティア	127
中国保険監督管理委員会	128	日本地震再保険株式会社	181
中国保険従業資格試験	194	日本生命保険相互会社	141
超低金利局面	137	日本保険学会	192
直接減免方式	75	入院医療サービス	35
千代田生命	111	入院費補填率	10
貯蓄型の保険	112	入院ベッド数	34
ティエル指数	10	任意値	160
デフレーター	98		

年々分析	186	標本死亡率	146
農業保険	170	フォルティス	104
農業保険条例	170	付加価値法	115
		富国生命保険株式会社	141

は

ハーフィンダール指数	92	フロンティア	114
倍差分析	52	フロンティア関数	114
倍差法	48	フロンティア分析	113
配置効率	113	フロンティアモデルの関数	113
パス依存	30	分散分析	48
破綻生命保険会社	122	平安人寿保険	129
バブル崩壊	110	平安保険公司	92
パラメータ法	113	平均賃金	138
半正規分布	133	米国の生命保険管理学会	197
販売効率	122	北京試験センター	194
販売至上主義	127	変額保険	93
東日本大震災	165	変動係数	118
費差益	135	法人資本金	116
1人あたり医療支出	16	法則性	158
一人当たり国内総生産	139	包絡分析法	183
1人あたり入院給付額	41	保監会（保険業の監督機関）	183
非パラメータ法	114	北米アクチュアリー会	195
病院経営	33	保険・年金コンサルティングサービス	116
費用関数	94	保険会社の調査部	192
標準正規分布の密度関数	133	保険学	192
標準正規分布の累積分布関数	133	保険学基礎部門	193
		保険監督	110

保険管理サービス	116
保険業	110
保険教育	191
保険業法	110
保険金の支払額	116
保険金融学会	194
保険経済分野	192
保険数理	191
保険数理教育	195
保険専門課程	194
保険担保責任	169
保険販売	204
保険販売試験	199
保険法	92
保険補填率	29
保険料収入	116
保険料率自由化	129
保障性商品	93
ボックス・リュング統計量	178
補填方式	75
補填率	24
保有契約	111

ま

マクロ経済環境	110
末端医療衛生機構	44
末端医療衛生サービスシステム	

	30
末端医療サービス	17
末端医療サービス機構	18
マルムキスト DEA モデル	29
マルムキスト効率性	40
未受診	20
密度関数	148
未入院	20
未入院率	48
民営化	30
民間生命保険会社	128
民間責任負担	173
無交互作用分散分析ム	50
村衛生室	17
名目消費支出額	63

や

薬価の規制	30
有価証券売却益	135
有価証券売却尊	135
有価証券評価損	135
有交互作用分散分析	50
ユーザーコスト法	115
有配当保険	93
ユーラシア地震帯	168
幼児死亡率	147
幼少期のリスク	204

養老保険　　　　　　93
義和保険公司　　　　91
予定利率　　　　　　112
予定利率対応額　　　116
予定利率リスク　　　98
予防医療体制　　　　31

ら

ライフサイクル　　　191
ライフサイクル教育　191
ライフサイクル表　　204
リーマンショック　　111
利益効率　　　　　　127
利益の効率性　　　　91
利差益　　　　　　　135
リスク細分化保険　　146
リスクの強度　　　　205
リスクの時間分散　　165
リスクの頻度　　　　204
連続変数　　　　　　158
老後のリスク　　　　204
労働医療保険　　　　10

わ

歪度　　　　　　　　99

編者紹介

1953年	兵庫県神戸市に出生
1977年	神戸大学経済学部卒業，日本生命保険相互会社入社
1985年	社団法人日本経済研究センター研究員
1987年	The Conference Board（ニューヨーク）研究員
1993年	日本生命保険相互会社総合企画部次長
1998年	ニッセイ基礎研究所上席主任研究員（チーフエコノミスト）
2001年	社団法人生命保険協会調査部長
2003年	神戸大学大学院経営学研究科助教授
2005年	商学博士（神戸大学）
2007年	滋賀大学大学院経済学研究科教授
2010年	滋賀大学経済学部附属リスク研究センター　センター長
2014年	滋賀大学　学長補佐
専門分野	保険論，リスクマネジメント論

主要業績

『中国における医療保障改革—皆保険実現後のリスクと提言』（李蓮花等，共著）ミネルヴァ書房，2014年

『保険の独立性と資本市場との融合』千倉書房，2009年

『生命保険の新潮流と将来像』千倉書房，2005年

『生命保険ダイナミクス』財経詳報社，2003年

『政策危機と日本経済』（小川一夫・竹中平蔵等，共著）日本評論社，2001年

中国の公的医療保険など保険制度にかかわる計量分析
—滋賀大学リスク研究センター東アジア保険プロジェクト報告—

2014年3月31日　初版第1刷発行

編著者　久保 英也

発　行　滋賀大学経済学部附属リスク研究センター
　　　　〒522-8522　滋賀県彦根市馬場1-1-1
　　　　TEL 0749-27-1404　FAX 0749-27-1189

発　売　サンライズ出版
　　　　〒522-0004　滋賀県彦根市鳥居本町655-1
　　　　TEL 0749-22-0627　FAX 0749-23-7720

©Hideya Kubo 2014　無断複写・複製を禁じます。
ISBN978-4-88325-536-8 Printed in Japan　定価はカバーに表示しています。
乱丁・落丁本はお取り替えいたします。